If 195
384
A

AUX FEMMES DE FRANCE

HOMMAGE

DE PROFOND RESPECT

L'AUTEUR

Monsieur,

Le Président du Comité général de la Souscription patriotique des Femmes de France accepte, au nom de ce Comité, l'hommage de la deuxième édition de l'ouvrage : L'Armée de l'avenir, étude sur l'organisation militaire, pour être vendu au profit de l'œuvre. Il s'empresse de vous en exprimer ses remercîments et vous prie de recevoir l'assurance de sa considération distinguée.

DROUYN DE LHUYS.

Paris, le 20 avril 1872.

Paris, le 10 mai 1872.

Mon cher Commandant,

Vous avez, en même temps, écrit un bon livre et accompli une bonne action.

Les femmes de France vous tiendront compte de la bonne action, parce que vous aurez, avec elles, contribué à la délivrance du territoire.

L'armée profitera de vos études et trouvera dans ces pages, dictées par l'expérience, l'espoir d'une régénération.

Le livre est tout militaire. Vous avez scrupuleusement évité le terrain de la politique et vous n'avez pas eu d'amères paroles pour un passé que le malheur doit rendre sacré.

C'est à Vauvenargues que vous empruntez l'épigraphe de votre livre : « *Nous avons si peu de vertu,* » *que nous trouvons ridicule d'aimer la gloire.* »

Vous auriez pu demander à un écrivain militaire l'épigraphe d'un livre composé pour l'armée. Les Foy, les Lamarque, les Gouvion-Saint-Cyr ont assez écrit sur le recrutement pour vous fournir l'une de ces citations magistrales qui s'emparent de l'esprit du lecteur, l'entraînant dans la voie choisie par l'auteur.

Vous avez préféré le philosophe aux illustres généraux, le moraliste aux orateurs.

Cette préférence vous honore, car elle indique une sorte de parenté intellectuelle entre le simple officier du xviii° siècle et l'auteur de *l'Armée de l'Avenir*. Tous deux ont aimé la guerre et les livres, tous deux ont connu les obscures fatigues des campagnes lointaines et les douces consolations de l'étude.

En faisant *l'Éloge des officiers morts dans la guerre de 1741*, Voltaire a rencontré la véritable éloquence. Il a été comme inspiré par l'esprit de sacrifice, qui était le caractère dominant de Vauvenargues.

Vous avez donc eu la plus heureuse pensée, en empruntant au soldat philosophe l'épigraphe de votre livre. C'est comme un parfum que vous répandez sur ces pages.

Ne craignez-vous pas, cependant, que cette épigraphe, où l'amertume se fait jour, ne laisse supposer que vous doutez, comme tant d'autres, et que vous seriez heureux de rencontrer plus de vertu et plus d'amour pour la gloire?

Lorsque votre main a tracé ce titre : *L'Armée de l'Avenir*, votre esprit a dû aller bien au delà des limites que vous imposiez à votre travail.

Vous avez dû comprendre que, pour fonder l'armée de l'avenir, il fallait transformer la société civile, lui demander de grandes vertus et lui faire aimer la gloire.

Cette question de la réorganisation de l'armée est la plus importante de toutes celles qui agitent les sociétés modernes. Aussi de nombreuses publications paraissent-elles chaque jour. La plupart des écrivains, n'osant pas rompre avec les traditions du passé, se contentent d'élargir les cadres de l'armée. Ils ne comprennent pas qu'il ne s'agit plus de formuler une loi de recrutement, mais de fonder une institution sociale.

Ce n'est pas l'armée qui a été vaincue en 1870, mais bien la France, chez laquelle l'esprit militaire n'existait plus.

« L'esprit militaire, a dit M. Guizot, est cet esprit
» d'obéissance, de respect, de discipline et de dévoue-
» ment, l'une des gloires de l'humanité et qui est le
» gage de l'honneur, comme il est celui de la sûreté
» des nations. »

Si la France avait eu cet esprit, son armée n'eût pas été vaincue.

Depuis les défaites sanglantes subies par la France, de longs mois se sont écoulés, entremêlés d'épouvantables crimes, de folies sans nom et d'actes plus ou moins réparateurs.

Mais avez-vous vu renaître l'esprit d'obéissance, de respect, de discipline et de dévouement, dont parle M. Guizot ?

Les mêmes causes produisent les mêmes effets. Supprimez donc les causes.

C'est à ce prix que vous fonderez *l'Armée de l'Avenir*.

**

Si les causes subsistent, vous aurez l'armée du passé, l'armée du présent; elle sera bien outillée, bien vêtue, disciplinée en apparence et pour les temps ordinaires, mais le souffle national ne réchauffera pas les cœurs, et les saines doctrines du devoir et du sacrifice resteront confuses.

Quelques bons esprits espèrent que l'armée peut, par sa discipline et ses mœurs, exercer une salutaire influence sur le pays, qui sera amené à prendre son armée pour modèle.

Ce fait peut se produire dans une certaine mesure; on a vu de grandes nations créées par les armées, et la Prusse en est un exemple.

Les démocraties ont toujours vu la déroute succéder au délire; dans leur déroute, ces démocraties se réfugient toujours à l'ombre d'une épée. Si cette épée n'est pas un symbole, si elle n'exprime que la force matérielle, ces démocraties ne sont sauvées que pour quelques jours; elles retombent fatalement aux mains des rhéteurs.

Je ne puis et ne veux qu'effleurer ce sujet, d'une délicatesse extrême; mais cherchez dans vos souvenirs historiques la loi invariable des révolutions : elles commencent par le rhéteur et finissent par le soldat.

Est-ce une solution? — Non.

La solution n'est que dans les institutions durables, respectées et respectables.

On parle sans cesse de la discipline de l'armée allemande; on semble croire que l'homme a été transformé par l'éducation régimentaire; il n'en est rien.

Le soldat de l'Allemagne arrive de son village, de son université, de son usine, complétement discipliné, c'est-à-dire respectant l'autorité, comprenant la hiérarchie, honorant l'âge, les supériorités sociales, rendant hommage à Dieu, à la loi, au souverain.

La discipline militaire a une action très-prompte sur des hommes ainsi préparés.

Mais, si l'homme des villes et des champs ne recevait aucune éducation morale, s'il était abandonné à ses instincts les plus pervers, la discipline militaire n'existerait que dans les rangs, lorsque les soldats sont coude à coude, encadrés de sous-officiers et d'officiers. Ce n'est pas là la discipline vraie, la discipline morale.

On ne peut se défendre de douloureuses pensées en reconnaissant que sans *l'armée de l'avenir* la France est perdue, et que cette armée ne peut être fondée chez une nation sans respect pour Dieu et pour la loi.

Le service personnel et obligatoire est imposé à toute l'Europe continentale par l'Allemagne. Ne valait-il pas mieux rester dans les errements du passé? Les guerres de Turenne et de Montecuculli n'étaient-elles pas préférables, pour les nations, à ces débordements de peuples armés qui rappellent l'invasion des barbares?

Nous n'avons plus le choix. Quelles que soient nos idées philosophiques, quelque émotion qu'éprouve la civilisation chrétienne, nous n'en sommes pas moins en présence de la devise anglaise : *être ou n'être pas*.

VIII

Si nous voulons *être*, il faut que l'Allemagne ne soit pas plus forte que nous ne le sommes, puisque désormais : la force prime le droit !

Ces puissances allemandes ne se sont pas trompées sur le caractère véritable de nos désastres.

S'ils les avaient considérés comme irréparables, Metz et Strasbourg n'auraient pas été enlevés à la France. En prenant ces places fortes sans tenir compte des vœux des populations, les Allemands donnaient la mesure de leurs craintes pour l'avenir.

Les victoires récentes de l'Allemagne sont plus productives que glorieuses. On avait cru, jusqu'à nos jours, que les succès honoraient une armée.

Il n'en a rien été cette fois, parce que les victoires sont dues au calcul matériel, et que le courage, l'inspiration, la grandeur morale y sont étrangers.

L'Allemagne a fait une bonne affaire. Sa spéculation a réussi.

Mais elle n'a grandi ni aux yeux de Dieu, ni aux yeux des hommes.

J'ai lu avec attention, et plusieurs fois, ce volume que vous intitulez *l'Armée de l'Avenir*.

Ce sont des études successives qui ont exigé de longues méditations et de profonds calculs. Combiner, coordonner des éléments si divers, présentait les plus sérieuses difficultés.

Vous les avez vaincues, parce que vous êtes homme du métier.

Parmi ceux qui exercent une grande influence sur notre nouvelle constitution militaire, combien peu sont gens du métier, combien peu connaissent l'armée.

Le journalisme français semble vouloir jeter un défi à l'expérience et au bon sens. Sur cent rédacteurs qui traitent les questions militaires, il n'en est pas trois qui possèdent les connaissances les plus élémentaires. Il s'imprime chaque jour dans les feuilles publiques estimées et estimables d'ailleurs, des articles dits militaires qui égarent l'opinion publique.

Sous le rapport de la transformation de nos forces armées, la presse n'a donc rendu aucun service à la France. Au lieu de les éclairer, elle a obscurci les questions, au lieu de les élever elle les a abaissées.

Je ne chercherai pas à analyser votre travail. Il me suffit de vous dire qu'il est extrêmement sérieux, fortement combiné, basé sur une longue expérience et de consciencieuses études.

Peut-être, en certains détails, ne serai-je pas toujours en parfait acccord avec vous.

Mais nous ne sommes infaillibles ni les uns ni les autres. Qu'il nous suffise d'être dans le vrai quant à l'ensemble, quant aux principes.

Il faut vous féliciter d'avoir laissé de côté des questions importantes, mais qui se résoudront d'elles-mêmes.

Vous n'avez pas voulu toucher aux questions de l'intendance et de l'état-major. Ce travail vous eût entraîné trop loin peut-être.

Cependant, soyez convaincu que vous ne créerez jamais l'armée de l'avenir, si vous ne supprimez complétement le corps spécial de l'état-major, corps d'officiers sans troupe.

Comme s'il pouvait y avoir un pasteur sans troupeau !

Créé en 1818 pour servir d'instrument au commandement, le corps d'état-major a fini par absorber le commandement.

Le maréchal Saint-Cyr était loin de penser qu'un jour viendrait où le Ministère de la Guerre, la direction du personnel, les inspections générales *de l'infanterie*, le commandement des divisions territoriales et actives, le commandement des corps d'armée, en un mot toutes les positions capitales, élevées, donnant impulsion et direction, seraient envahies par un corps spécial, étranger aux troupes.

Il s'est formé ainsi lentement un groupe nombreux d'hommes de mérites divers, vivant hors de l'armée et exerçant sur ses destinées une influence déplorable.

Cette société ou corporation n'admettait pas dans son sein l'officier de troupe, quels que fussent d'ailleurs son savoir et ses services.

Placé sur les grands théâtres et aux endroits les mieux éclairés, le corps d'état-major exerçait en temps de paix une souveraine influence, et lorsque venait la guerre, il se partageait les commandements importants.

Ce que la discipline, ce que l'esprit militaire ont perdu par les empiétements du corps d'état-major est incalculable.

Combien de réputations réciproquement faites dans le corps d'état-major, ne se sont-elles pas évanouies pendant la dernière guerre.

Que d'intelligence, que d'instruction, que d'esprit ont été étouffés, depuis trente ou quarante ans, dans l'atmosphère des bureaux de l'état-major.

Il faut conserver *le service* de l'état-major, et confier ce service à tout officier de l'armée qui se soumettra à des épreuves, bien autrement sérieuses que celles que subissaient de jeunes lieutenants au sortir de l'École.

On ne verra plus des officiers généraux d'état-major commander des divisions et des corps d'armée sans avoir, au préalable, commandé des régiments, des bataillons ou des escadrons.

Alors l'emploi de chef d'état-major se trouve naturellement supprimé, car tout général aura subi avec succès les épreuves pour le service d'état-major. Tel qu'il existe, le chef d'état-major est tout ou n'est rien.

Vous avez raison d'exclure l'armée de la politique. Depuis le général en chef jusqu'au dernier soldat, chacun doit se renfermer dans son rôle militaire et n'en jamais sortir.

En refusant de faire partie de l'Assemblée nationale, le maréchal de Mac-Mahon a donné un grand et noble exemple.

Cette lettre est bien longue, mon cher commandant, mais je vous rappellerai ce mot de Voltaire : *Je n'ai pas eu le temps de la faire plus courte.*

Recevez, mon cher commandant, l'assurance des sentiments dévoués et affectueux de votre ancien capitaine des spahis.

Général Bon AMBERT.

PUBLICATION VENDUE
Au profit de l'OEuvre des Femmes de France
POUR LA LIBÉRATION DU TERRITOIRE

L'ARMÉE DE L'AVENIR

ÉTUDES

SUR

L'ORGANISATION MILITAIRE

AU POINT DE VUE DU SERVICE OBLIGATOIRE

PAR UN OFFICIER SUPÉRIEUR DE L'ARMÉE D'AFRIQUE

DEUXIÈME ÉDITION

CONTENANT LE PROJET DE LOI SUR LE RECRUTEMENT PRÉSENTÉ
A L'ASSEMBLÉE NATIONALE
PAR LA COMMISSION DE RÉORGANISATION DE L'ARMÉE.

> « Nous avons si peu de vertu,
> » que nous trouvons ridicule
> » d'aimer la gloire.
> » VAUVENARGUES. »

PARIS
J. DUMAINE
ÉDITEUR D'OUVRAGES D'ART ET D'HISTOIRE MILITAIRES
30, RUE ET PASSAGE DAUPHINE
1872

Tous droits réservés.

AVANT-PROPOS

Depuis quelque temps, les colonnes des journaux ne cessent d'être remplies de projets de loi sur la réorganisation militaire. De tous côtés, hommes de loi, publicistes, industriels, militaires apportent à l'envi une pierre à ce nouvel édifice où semblent devoir s'abriter l'avenir, la grandeur et surtout la sécurité de notre patrie.

Des travaux remarquables ont déjà été publiés, et plusieurs indiquent les moyens de donner à la France des institutions militaires qui présentent toutes les garanties de force; malheureusement, nos finances ne peuvent supporter les lourdes charges qu'impose toujours l'entretien d'une armée réunissant la double condition de la *qualité* et de la *quantité*. D'un autre côté, les systèmes reposant sur le service obligatoire pour tous, et d'une durée restreinte, présentent des inconvénients tellement graves, au point de vue de la solidité et de la bonne constitution de l'armée, qu'il serait dangereux d'en faire l'expérience.

Comme on le voit, le problème est fort difficile à résoudre. Il a fallu trouver une combinaison économique qui tînt le milieu entre les deux systèmes, et qui permit d'organiser les forces militaires de notre pays, de manière à faire face aux situations suivantes :

1° *En temps de paix*, une armée active variant de 250 à 300 mille hommes ;

2° *Dans l'état de paix*, les nations ont souvent à traverser des crises politiques et sociales qui, tout en n'impliquant pas *l'état de guerre*, exigent cependant que le Pouvoir exécutif soit suffisamment armé pour parer, dans le plus bref délai, aux premières éventualités. Le Gouvernement, en pareil cas, par le rappel des hommes en congé renouvelable, pourra avoir à sa disposition une armée de 400 000 hommes en moins de six jours ;

3° Si les événements politiques, plus graves, exigeaient que le pays mobilisât des forces plus imposantes, l'armée active, par le rappel d'une partie de la première réserve, serait portée, en six jours, de 650 à 700 000 mille hommes, et quatre jours après, c'est-à-dire dix jours après l'ordre de mobilisation, l'armée aurait un million d'hommes dans le rang ;

4° Enfin, en cas d'invasion, ou pour tout autre péril imminent, le rappel de la deuxième réserve permettrait de porter, en moins de vingt jours, nos forces nationales à environ 1 500 000 hommes, ayant tous acquis une instruction militaire complète.

La première et la deuxième réserve ne pourraient être mobilisées qu'en vertu d'une loi.

Ce système économique repose :

1° Sur une composition de cadres d'élite, préparés avec le plus grand soin pendant la paix, et prêts à recevoir les réserves au premier signal ;

2° Sur une forte organisation des réserves, organisation basée sur ce principe : que pour faire un soldat, il faut d'abord complétement l'instruire, et qu'il suffit ensuite d'entretenir son instruction par des exercices annuels, même de courte durée ;

3° Sur la consécration du service personnel et obligatoire pour les citoyens, principe réparateur qui, tout en faisant disparaître l'odieux privilége du remplacement, c'est-à-dire du trafic du sang, donnera à l'armée les plus précieux éléments de moralisation.

Quelle que soit sa situation, chaque citoyen doit participer, d'une manière ou d'une autre, à l'entretien de la force publique.

La loi ne doit admettre que de très-rares exceptions en faveur de quelques infortunes dignes d'intérêt, tout en s'efforçant d'apporter de grands adoucissements aux rigueurs du service militaire.

L'armée organisée d'après les bases que nous proposons ne serait pas seulement forte et nombreuse, elle serait surtout redoutable par sa puissance morale.

L'instruction solide que nous voulons voir donner au soldat par des hommes de mérite et d'un talent réel, élèvera son niveau intellectuel et moral, et par suite celui de la nation tout entière.

Les écoles créées dans les garnisons et dans tous les grands centres militaires seront désormais une source de lumière où tous les jeunes soldats viendront tour à tour puiser la force d'âme, les sentiments généreux et toutes les vertus civiques qui font l'honneur, la gloire et la grandeur d'un pays.

Ces écoles sont surtout spécialement destinées à former d'excellents cadres et à donner à tous, sans distinction de rang ni d'origine, les moyens d'arriver aux plus importantes fonctions.

Nous inspirant des hautes pensées que nous avons méditées dans un ouvrage devenu célèbre (1), nous avons cherché à faire disparaître de l'armée cette plaie dont parle Tacite, à propos des vétérans des légions romaines, qui, devenus vieux et usés, faisaient entendre des clameurs toutes les fois que les exigences de la vie militaire leur faisaient éprouver des fatigues et des privations.

Les armées permanentes conçues d'après l'esprit égoïste de la loi du 21 mars 1832, ont désormais fait leur temps en France.

Ne pouvant donner qu'un effectif limité, elles ne sauraient conjurer le danger dont nous menace sans cesse la forte organisation militaire de nos voisins.

Ce ne sont plus des armées de quatre, cinq, six cent mille hommes qu'il faut pouvoir leur opposer, mais bien la nation tout entière.

C'est donc d'une armée éminemment nationale, peu nombreuse en temps de paix, mais fortement constituée par l'excellence de ses cadres, qu'il s'agit de doter le pays ; armée qui soit une véritable force, et non un simulacre de force ; armée qui, au jour du danger, puisse ouvrir ses rangs et recevoir toute la population virile du pays ; armée dans les veines de laquelle coule le sang de tout un peuple, armée enfin qui ne succombe jamais, quel que soit le sort des batailles, parce que le pays tout entier est debout.

C'est la France armée et invincible que nos ennemis doivent trouver désormais devant eux.

---

(1) *L'armée française en 1867.*

NOTA.

Dans le présent travail, on s'est attaché à répandre dans l'armée es bienfaits de l'instruction. Le développement intellectuel et moral du soldat doit nécessairement exercer, dans l'avenir, une salutaire influence sur l'esprit militaire.

Nous consacrons donc quelques lignes à ce sujet avant d'entreprendre l'étude de la nouvelle législation du recrutement de l'armée.

DE L'INFLUENCE

DE L'INSTRUCTION ET DE L'ÉDUCATION MORALE

SUR L'ESPRIT MILITAIRE

> « Quand on veut gouverner les hommes par la raison, on doit les éclairer, car l'effet de la lumière est de jeter dans les esprits des idées justes sur les droits et les devoirs de chacun. (Général Foy, *De l'esprit public dans l'armée.*) »

Après les douloureux événements auxquels nous venons d'assister, plus que jamais il est nécessaire de travailler à former l'esprit de l'armée. Si nous désirons arriver au terme des crises qui mettent l'ordre social en péril, il faut que l'esprit militaire, qui pardessus tout est un esprit de sacrifice (1), soit capable de résister aux entraînements et aux passions des partis. Plus les libertés publiques seront étendues, plus les liens de la discipline devront être resserrés. Mais ce but ne peut être atteint qu'autant qu'on s'occupera

---

(1) L'esprit militaire est cet esprit d'obéissance, de respect, de discipline et de dévouement, l'une des gloires de l'humanité, et qui est le gage de l'honneur, comme il est celui de la sûreté des nations.

(Guizot. *Mémoires de mon temps.*)

sérieusement du développement intellectuel et moral du soldat, et à cet égard tout reste à faire, car nos écoles régimentaires, comme le dit si bien M. le général Trochu, ne sont que des trompe-l'œil, l'enseignement n'y est que superficiel.

Les relevés statistiques, ci-après consignés, démontrent avec évidence combien l'ignorance est fatale ; les différentes armes sont classées en raison du nombre d'hommes condamnés par les conseils de guerre :

Année moyenne sur un effectif de 10 000 hommes.

Infanterie	100
Cavalerie	65
Artillerie	62
Génie	50
Gendarmerie	3

Comme on peut le remarquer, ce sont les corps d'élite, où l'instruction est le plus répandue, qui ont le moins de condamnations.

Ces chiffres sont pris sur des statistiques de l'armée avant 1848. Il est probable que, depuis l'admission dans les corps d'un grand nombre d'individus illettrés, attirés par l'appât des primes de rengagement et de remplacement, cette proportion doit être considérablement augmentée.

Quant à l'éducation morale, elle doit entrer pour une large part dans la nouvelle législation. Si toute la jeunesse valide est appelée à l'honneur de défendre la patrie, il faut au moins que les années passées sous les drapeaux profitent non-seulement au soldat, mais à l'homme et au citoyen. Ce qu'il importe avant tout de lui inspirer, c'est l'esprit de conduite, l'amour de l'ordre et du travail ; il faut élever son âme, l'habituer à l'obéissance et au respect des lois, il faut enfin cultiver chez lui toutes les vertus qui font aussi bien le bon soldat que le bon citoyen ; mais c'est par l'exemple des chefs surtout que l'on arrivera à ce résultat.

« Ce fut à l'assemblage des vertus civiques et de l'esprit militaire
» passé des institutions dans les mœurs que les Romains furent
» redevables de leur grandeur. Lorsqu'ils perdirent ces vertus et
» que, cessant de regarder le service militaire comme un honneur
» autant que comme un devoir, on l'abandonna à des mercenaires,
» la perte de l'Empire devint inévitable. »

(JOMINI, *Précis de l'art de la guerre.*)

Un homme éminent, qui a consacré toute sa vie aux questions d'instruction et de moralisation populaires, a bien voulu, consulté par nous, nous venir en aide et nous communiquer sa pensée au sujet de ce qu'il conviendrait de faire pour l'instruction et la moralisation de l'armée. Nous nous faisons un devoir de la reproduire ici, c'est un véritable programme.

« Le 21 avril 1871.

» Monsieur,

» Je ne connais point de livre qui traite la question militaire, je
» sais seulement qu'en Amérique et en Prusse on a lié l'éducation
» à l'avancement du soldat, et qu'on a obtenu de cette façon
» d'excellents résultats.

» L'instruction qu'il convient de donner au soldat est l'instruc-
» tion primaire supérieure. Il faut lui apprendre à lire, à écrire,
» à compter, y joindre la tenue des livres et du dessin autant
» qu'on pourra ; j'entends le dessin linéaire, la levée des plans, etc.
» Mais cette instruction qu'on a droit d'imposer, ne sera du goût
» du soldat et du sous-officier qu'autant qu'elle servira à son
» avancement.

» Il faut donc, comme en Prusse et aux États-Unis, donner les
» places de caporal et de sergent après examens, et faire de l'exa-

» men et du concours le grand moyen de fortune pour tous les
» hommes qui font partie de l'armée.

» Naturellement, il y a des connaissances techniques dont on
» doit tenir compte, mais ces connaissances ne doivent pas suffire.
» Il faut exiger des connaissances générales qui attestent la cul-
» ture de l'esprit.

» Quant aux qualités morales qui font l'honneur et la force
» d'une armée, la sobriété, l'obéissance, le désintéressement,
» l'amour du drapeau, cela s'enseigne par l'exemple, et tous les
» livres du monde n'y feront rien, si les officiers démentent leurs
» leçons par leur conduite.

» Cependant, si un officier enseignait l'histoire militaire, si de
» bons livres faits exprès, des *Morales en actions*, rappelaient aux
» soldats ce qu'ont fait leurs prédécesseurs, les d'Assas, les Bayard,
» les Turenne, les Viala, etc., on relèverait un moral fort abattu,
» et on raviverait des sentiments qui étaient ceux de l'armée
» française il y a cinquante ans. Mais il faut pour cela un grand
» effort, et ce n'est pas avec des supérieurs qui vivent au café,
» qu'on ranimera jamais l'âme du soldat.

» La réforme de l'armée peut régénérer la France. En appelant
» tous les citoyens sous les drapeaux pendant deux ou trois ans,
» elle obligera la bourgeoisie à travailler pour conquérir les grades
» d'officier; elle habituera le peuple à la discipline, au respect, à
» l'obéissance, toutes vertus perdues chez nous et sans lesquelles
» il n'y a ni gouvernement, ni liberté qui puissent durer. La Prusse
» vient de nous prouver ce que peut la discipline chez une nation
» armée, ce n'est pas le courage qui nous a vaincus; c'est l'orga-
» nisation, la science et le nombre; nous avons payé l'expérience
» assez cher pour en profiter.

» Quand vous viendrez à Paris, venez me voir, vous me ferez
» grand plaisir.

» Vous y verrez un vieux philosophe fort affligé des malheurs
» de la patrie, mais qui ne désespère pas de l'avenir, si tous les
» bons citoyens veulent s'unir pour instruire, élever et moraliser
» un peuple qu'on a trop longtemps abandonné à l'ignorance, et
» qui a été la victime des intrigants et des charlatans.

» Veuillez agréer, etc.

» LABOULAYE. »

PREMIÈRE PARTIE.

La nouvelle loi sur le Recrutement.

CHAPITRE Ier.

DISPOSITIONS PRÉLIMINAIRES.

SOMMAIRE.

Consécration du service personnel et obligatoire.
Infirmités physiques. — Restriction dans les motifs d'exemption.
Cas et conditions d'exemption. { Soutiens de famille. — Instruction publique. — Élèves des Écoles polytechnique, normale supérieure, ou Jeunes de langues. — Étudiants en médecine.
Écoles militaires dans les villes de garnison.
Nouveau mode d'enseignement. Participation de l'Université à cet enseignement.
Ministres des cultes. Lauréats de l'Institut.
Dispositions concernant les jeunes gens condamnés à des peines correctionnelles. — Leur envoi aux colonies. — Surveillance et éducation morale. — Libération et dispositions pénales. — Militaires condamnés par les Conseils de guerre.
Durée et division du service militaire.
Mariage des réservistes.
Considérations générales sur la durée du service actif.

Article premier.

La loi consacre le principe que tout citoyen se doit personnellement à la défense de son pays, à l'exception toutefois de ceux que leurs infirmités physiques, bien et dûment constatées, rendent complétement impropres à un service quelconque.

L'état d'incapacité physique ne libère pas entièrement des charges militaires ; chacun doit, suivant ses ressources et moyens, concourir à la défense de sa patrie.

Art. 2.

Ceux que leurs infirmités physiques rendront incapables de servir dans l'armée active seront affectés, selon leurs aptitudes, aux services administratifs et sédentaires de l'armée (1) ainsi que les jeunes gens qui auront moins de 1 mèt. 54 cent. de taille.

Ceux qui seront reconnus complétement impropres à toute espèce de service seront imposés, d'après les rôles des contribuables, ou d'après une enquête administrative faite à ce sujet, d'une somme proportionnée à leur degré de fortune, laquelle somme sera versée à la caisse de l'armée. (Voir ci-après art. 38.) La quotité du versement sera fixée par le Conseil général.

Nous comprenons que ces idées, de prime abord, puissent surprendre; elles reposent cependant sur un principe bien établi en philosophie, principe fondé sur la réciprocité qui

---

(1) La loi sur le service militaire dans la Confédération de l'Allemagne du Nord dispose que tout Allemand se doit à la défense de son pays, et doit passer un temps déterminé dans l'armée active. Celui qui n'est pas capable de servir activement peut être requis pour être employé dans d'autres services militaires en rapport avec ses occupations civiles et ses aptitudes.

Au point de vue social, par suite de l'obligation du service militaire personnel imposé à tous les citoyens sans distinction, l'armée prussienne a fait plus pour l'émancipation des basses classes que toutes les lois. Sa dénomination est essentiellement démocratique; on ne dit pas : l'armée, mais bien : le peuple en armes. (Colonel baron Stœffel.)

Dans l'ouvrage si remarquable de la réorganisation des forces militaires de la France, du colonel d'artillerie M. le baron Berge, nous lisons : « La possibilité d'utiliser une partie des 98 000 exemptés » pour infirmités ou défaut de taille rendant impropre au service actif, « est surabondamment prouvée par ce seul fait: « que, pareilles aux hôtes de la Cour des miracles, ces masses de prétendus inva-
» lides ne s'échappent du Conseil de révision que pour courir à leur travail. Il
» n'y en a pas un vingtième qui soit réellement condamné à s'abstenir d'une vie
» active.

» Aussi, la loi allemande, au lieu de chercher dans le conscrit, comme la loi
» française, les infirmités qui peuvent le faire exempter, cherche, en lui, les
» moyens de l'utiliser tel qu'il est. Elle ne se résigne qu'à la dernière extrémité à
» lui délivrer son brevet d'incapacité physique. »

existe entre les droits et les devoirs. Personne n'ignore que du droit naît le devoir, et que du devoir naît le droit. Toute société bien organisée n'est que la réunion d'hommes jouissant des mêmes droits, mais devant aussi remplir les mêmes devoirs. Or, la liberté, la tranquillité, sont des bienfaits dont tout citoyen a le droit de jouir ; mais ce droit n'est acquis qu'au prix de sacrifices que chacun doit s'imposer; les lois qui l'assurent ont besoin d'être soutenues par la force publique, qui n'est autre chose que le concours armé de tous les citoyens.

Lacédémone, Carthage et maintes autres villes de l'antiquité sacrifiaient impitoyablement les enfants qui, naissant avec un corps difforme, n'auraient pu prendre part à la défense de la République.

La civilisation a fait disparaître ces lois barbares, mais nous a fait tomber dans l'exagération contraire. Nous avons donné trop d'extension aux droits dont peuvent jouir, dans nos sociétés, ces êtres que dans les temps antiques on immolait sans pitié. Les borgnes, les goutteux, les bossus, les boiteux et toute cette série d'hommes inutiles ont joui de toutes les immunités que leur procurait la société, sans en supporter les moindres charges. Ils ont vu leur tranquillité, leur liberté, leur vie défendues par leurs concitoyens : à la rigueur cela peut se comprendre.

Mais leurs richesses, leurs biens, pourquoi seraient-ils, eux aussi, privilégiés ?

Pourquoi ces hommes, dont la pauvreté fait toute la fortune, seraient-ils obligés de défendre, au prix de leur sang, ces richesses qui leur sont complètement étrangères? Là où est le droit, avons-nous dit, là doit être le devoir. Ce principe n'est-il pas singulièrement renversé?

Qu'à l'avenir donc ceux qui moins que personne peuvent se passer d'être défendus ne soient plus étrangers à leur propre défense. Qu'ils y participent suivant leur fortune : s'ils ne peuvent verser leur sang, qu'ils donnent du moins de l'argent pour alléger les lourdes charges que nécessite l'entretien de la force publique.

Art. 3.

Pour les catégories énumérées ci-après : l'aîné des orphelins de père et de mère, le fils unique, ou l'aîné des fils, ou, à défaut de fils ou de gendre, le petit-fils unique ou l'aîné des petits-fils d'une femme actuellement veuve, ou d'un père aveugle ou entré dans sa soixante et dixième année : la loi ne conférera l'exemption du service militaire qu'aux fils de familles indigentes et entièrement dépourvues de moyens d'existence.

Ces exemptions ne seront du reste accordées qu'à la suite d'une enquête administrative, dont le résultat lui-même ne sera définitif qu'après avoir reçu l'approbation du Conseil général.

Toutefois, les jeunes gens admis au bénéfice de cette exemption feront partie de la deuxième réserve, qui ne pourra être appelée qu'en cas de péril imminent, et en vertu d'une loi. (Voir l'art. 10.)

Les familles recevront alors des secours sur la caisse de l'armée.

Art. 4.

La loi continue à exempter du service militaire les jeunes gens qui se vouent à l'instruction publique, à la condition formelle qu'ils se consacreront pendant douze ans à l'enseignement, dont deux employés gratuitement dans les écoles militaires instituées à cet effet dans les garnisons. (1)

---

(1) Les écoles régimentaires ne devront plus servir dorénavant qu'à l'enseignement des sciences militaires, et à tout ce qui se rapporte à l'art de la guerre.

Art. 5.

Les élèves de l'École polytechnique qui n'entreront pas dans les services des armées de terre et de mer ; les élèves de l'École normale supérieure et ceux de l'École dite « Jeunes de langues » jouiront des mêmes avantages, à la condition expresse qu'ils passeront douze ans dans les services publics, dont deux années employées gratuitement à l'enseignement supérieur dans les écoles de garnison.

Art. 5 bis.

L'étude de la médecine est longue, pénible et coûteuse ; jusqu'ici la législation n'a accordé aucune dispense du service militaire aux jeunes gens qui se destinent à cette carrière.

Les derniers événements nous ont montré combien les cadres des officiers de santé militaires étaient insuffisants pour assurer le service médical de nos armées. On a dû trop souvent prendre au hasard des auxiliaires. Il convient donc, pour l'avenir, de n'avoir plus à redouter de semblables éventualités.

La nouvelle loi devrait consacrer que tout jeune homme qui, au moment où sa classe est appelée, pourra justifier de quatre inscriptions au moins, sera laissé libre de continuer ses études jusqu'à l'âge de vingt-six ans. A cette époque, s'il n'a pas été reçu docteur en médecine, il sera envoyé d'office dans un corps de l'armée, pour y faire le temps de service prescrit par la loi.

Ceux qui auront obtenu leur diplôme de Docteur en médecine devront prendre l'engagement de se mettre à la disposition du Ministre de la Guerre pour le cas où les premières et deuxièmes réserves seraient mobilisées.

Cet engagement sera de douze ans.

Ces médecins seront inscrits sur les contrôles des dépôts de recrutement de leurs départements. Ils pourront être requis pour faire le service gratuitement pendant les tournées des cadres d'instruction dans les communes, sans qu'ils puissent être déplacés au delà du rayon cantonal qu'ils habitent.

Art. 6.

Les écoles dont il est parlé aux articles 4 et 5 comprendront l'enseignement primaire du premier et du deuxième degré, et l'enseignement supérieur.

Il y aura, en outre, une section de droit public et de sciences morales.

Art. 7.

Toutes ces écoles seront placées sous la haute direction de l'Université, qui prendra les mesures nécessaires pour régler l'emploi et la répartition des professeurs. Les Ministres de la Guerre et de l'Instruction publique se concerteront pour arrêter le programme de l'enseignement.

Art. 8.

Sont exempts des charges du service militaire : les jeunes gens qui se consacrent aux cultes reconnus par l'État, à la condition, toutefois, qu'à l'âge de vingt-sept ans ils auront reçu la consécration ou l'ordination.

Quant aux lauréats de l'Institut ou de l'Université, ce serait leur faire injure que de leur continuer l'exemption du service militaire. Plus que tout autre ils doivent, en raison de leur savoir et de leur haute intelligence, contribuer à la défense nationale ; agir autrement serait leur accorder un grand prix de couardise.

Art. 9.

Sont exclus de l'honneur de servir dans l'armée française ceux qui auront été condamnés à une peine afflictive ou infamante avant le tirage au sort.

La nouvelle loi militaire réclame le concours de tous les citoyens, sans distinction, pour la défense de la patrie.

S'il est vrai que les jeunes gens tarés, les indignes, doivent être exclus des rangs de l'armée, il ne faudrait cependant pas créer un privilége en faveur du vice; d'autre part, la loi militaire ne doit pas seulement réagir contre les défauts de l'éducation morale des jeunes soldats, il faut encore qu'elle soit une véritable institution étendant ses bienfaits sur l'État social tout entier.

« Les vices de l'humanité, » a dit un savant publiciste anglais, » peuvent souvent exiger la sévérité de la justice; mais un État » prévoyant doit faire tourner cette sévérité au plus grand bien » moral et politique. » (COLLINS.)

Considérant, par exemple, un jeune homme que les accidents d'une vie licencieuse et vagabonde ont conduit devant les tribunaux, et qui, après avoir subi une condamnation à plus d'un an de prison, est rendu à la liberté, il est certain que les premiers germes du mal, les passions ardentes, n'ont pas disparu, et la réprobation dont il sera l'objet dans la société va le mettre aux prises avec les difficultés de tout genre. Il aura bien de la peine à gagner sa vie d'une façon honnête.

L'armée le repousse, avec raison, comme indigne de porter des armes, dont il pourrait faire un usage criminel. Cependant, en jetant un coup d'œil de commisération sur les faiblesses humaines, sur les égarements et l'inexpérience de la jeunesse, que souvent un moment d'oubli fait clouer, à tout jamais, au pilori de la honte, n'est-on pas pris de pitié ? Bien des fautes ont été commises par des jeunes gens inconscients et dépourvus d'éducation morale, abandonnés dès leur enfance aux séductions et aux entraînements des passions ardentes de leur âge.

Cet homme, jeune encore, au lieu de le condamner, faites qu'il puisse se repentir et renaître à la vie morale.

Tendez-lui une main généreuse ; s'il y a encore chez lui une lueur d'espérance, donnez-lui le moyen de se réconcilier avec la société ; faites qu'à la suite de pénibles et très-sévères épreuves, il puisse se réhabiliter. Ces épreuves l'auront purifié ; la société aura à redouter un bandit de moins, et elle aura retrouvé un bon citoyen de plus.

Qu'à l'avenir donc, tout individu condamné, avant le tirage au sort, à plus de six mois de prison, pour délits correctionnels n'entachant pas d'infamie, soit incorporé dans un corps militaire des colonies, pour y effectuer les quatre années de service prescrites par la loi. La discipline, quoique sévère, ne sera nullement tracassière.

Les hommes seront l'objet d'une grande sollicitude, sous le rapport de la culture morale ; l'instruction primaire sera rendue obligatoire ; tout individu n'ayant pas de profession sera tenu d'apprendre un état. Après quatre ans de service, ceux qui se sont fait remarquer par une conduite exemplaire recevront leur congé de libération pour rentrer en France, où ils seront remis en possession de leurs droits civils et politiques. Rentrant dans le droit commun, ils feront partie pendant quatre ans de la deuxième réserve.

Quant aux natures réfractaires, après avoir épuisé tous les moyens de persuasion, si elles ne s'amendent pas, on les soumettra à un régime des plus sévères ; on pourra les interner. Un conseil de discipline pourra prononcer une prolongation de service à faire dans la colonie, pour une durée de six mois à deux ans.

A leur libération, ces incorrigibles ne recevront pas de certificat de bonne conduite, leurs droits civils et politiques resteront suspendus pendant quatre ans, durée pendant laquelle, en cas de guerre, ils seraient rappelés avec la deuxième réserve; mais, dans aucun cas, ils ne seront armés, et ils seront utilisés dans les corps de pionniers.

Les dispositions qui précèdent sont applicables, en tous points, aux militaires **condamnés par les** conseils de guerre.

Ils seront envoyés aux colonies après l'expiration de leur peine.

Art. 10.

L'armée se recrute exclusivement par des appels (1). Chaque année la partie du contingent qui doit être incorporée, est désignée par le sort; on peut devancer l'appel. (Voir art. 27.)

Les cadres seuls sont admis à contracter des engagements et des rengagements dans les conditions définies aux articles 32, 33, 34 et 35.

La durée du service est de douze ans (2) :

1° Quatre ans dans l'armée active, avec faculté pour le Pouvoir exécutif d'accorder, dans les troisième et quatrième années, des congés renouvelables aux jeunes gens dont l'instruction militaire sera reconnue complète; (Voir art. 23.)

---

(1) D'après les tables du docteur Chenu, la moyenne de la population recrutable varie entre 300 et 320 mille jeunes gens. Avec les prohibitions apportées, dans le cas d'exemption, par la nouvelle loi, il paraît à peu près établi que le chiffre des jeunes gens valides et reconnus propres au service militaire ne s'élèvera pas à moins de 160 à 180 mille hommes, tout en tenant compte de la diminution apportée par la séparation de l'Alsace et d'une partie de la Lorraine.

(2) A la veille de publier ce travail, l'ouvrage de M. le général Charreton tombe sous nos yeux. Nous sommes heureux de nous être rencontrés sur ce point et quelques autres, avec une autorité aussi compétente. Notre étude est entre les mains de la Commission militaire depuis les premiers jours de juin.

2° Quatre ans dans la première réserve, pour ceux qui ont fait partie de l'armée active. Elle ne peut être mobilisée qu'en vertu d'une loi ;

3° Enfin, quatre ans dans la deuxième réserve, pour ceux qui ont fait partie des deux catégories précédentes, et douze ans pour ceux qui n'en ont pas fait partie, par suite de leur numéro de tirage. La deuxième réserve comprend également les individus dont les causes d'exemption sont stipulées à l'article 3.

Les jeunes gens de la première et de la deuxième réserve pourront contracter mariage ; mais la loi ne leur accorde aucun privilége ni exemptions pour les obligations qu'impose le service militaire quand les réserves sont mobilisées.

Nous aurions voulu fixer la durée légale du service sous les drapeaux à trois ans ; mais il aurait fallu porter à un chiffre très-élevé la portion du contingent annuel à verser dans l'armée active. De plus, cette portion du contingent, composée au moins de 120 000 hommes, aurait dû être maintenue pendant les trois ans entiers sous les drapeaux, afin d'être en mesure de faire face aux nécessités politiques qui peuvent surgir à l'intérieur.

Dans notre système, nous admettons que le contingent annuel sera fixé à 90 000 hommes, ce chiffre représentant à peu près la moitié de la classe, apporte évidemment un grand adoucissement aux rigueurs de la loi.

Quatre contingents de 90 000 hommes font 360 000 hommes, plus 120 000 hommes de cadre environ; total : 480 000 hommes. Défalcation faite de 60 000 hommes pour les pertes et les non-valeurs, il resterait donc 420 000 hommes disponibles.

Telle serait l'armée dont pourrait disposer le Pouvoir exécutif, sans avoir besoin de recourir aux réserves, moyen extrême qui produit toujours une profonde sensation dans le pays.

Mais il est évident que nous ne pouvons pas, en temps ordinaire, entretenir 420 000 hommes, et s'il est vrai que nous ayons cherché dans le présent système économique à avoir toujours cette force réelle (1) de 400 000 hommes prête au premier signal, on verra, par la suite de ce travail, que la plus grande partie des contingents qui ont atteint leurs troisième et quatrième années de service, est renvoyée en congé renouvelable, ce qui réduit réellement l'effectif entretenu à 300 000 hommes, cadres compris.

Une deuxième raison qui nous a fait rejeter la fixation du service effectif à trois années, provient de l'impossibilité où l'on se trouverait de donner une certaine stabilité aux troupes destinées au service des colonies et à l'armée d'Afrique. C'est à peine si elles pourraient y séjourner dix-huit mois ; ces déplacements répétés seraient non-seulement une source d'embarras, mais encore une cause de grandes dépenses.

---

(1) L'armée active étant débarrassée de tous les *impedimenta* administratifs qui grossissent démesurément les effectifs (soldats hors rang, soldats d'administration, ouvriers, commis aux écritures, etc.), toutes ces non-valeurs disparaissant, les effectifs prendront une fixité réelle.

CHAPITRE II.

DES APPELS.

SOMMAIRE.

Conseils de révision.
- Convocation des jeunes gens. — Examen. — Classement. — Infirmités physiques.
- Services sédentaires.
- Visite et contre-visite.
- Impositions pécuniaires.

Intervention des Conseils généraux en matière de recrutement. — Départ des classes. — Instruction militaire préparatoire dans les Dépôts de recrutement. — Habillements. — Catégories. — Exercices militaires.

Fixation du contingent annuel. — Affichage des tableaux de recrutement. — Tirage au sort. — Répartition de la 1re portion du contingent. — Renvoi de la 2e portion du contingent.

Prohibition du remplacement, de la substitution et de l'exonération. — Classement dans les différentes armes de la 1re partie du contingent. — Aptitudes physiques.

Art. 11.

Tous les jeunes Français ayant atteint au 1er octobre l'âge de vingt ans, seront inscrits sur des tableaux de recensement dressés à cet effet dans chaque commune.

Préalablement ces tableaux devront être affichés et publiés le 1er juillet dans chaque commune.

Art. 12.

Les opérations du Conseil de révision commenceront le 1er août et devront être terminées pour le 1er septembre.

A cet effet, les jeunes gens seront convoqués au chef-lieu de chaque canton, aux jour et heure indiqués sur les tableaux de recensement, afin d'être examinés par les Conseils de révision.

Outre l'examen physique des jeunes gens, le Conseil de révision procède :

1° Au classement, suivant leurs aptitudes et leur profession, des individus qui, malgré leurs infirmités, peuvent cependant être employés dans les services administratifs ou sédentaires;

2° A l'établissement, pour être soumis au Conseil général, de l'état des jeunes gens que leurs incapacités physiques rendent complétement impropres à toute espèce de service, même sédentaire.

Le Conseil général fera procéder à la contre-visite des uns et des autres, approuvera, s'il y a lieu, le classement des premiers et fixera la somme dont les derniers devront être composés, conformément à l'article 2.

Le Conseil général pourra ajourner ceux pour lesquels il y aurait doute.

S'il y a nécessité, l'ajournement annuel sera renouvelé jusqu'à ce que le Conseil général soit en état de se prononcer en parfaite connaissance de cause. Tel individu qui n'a pas, à vingt ans, tout son développement sera, à vingt et un ou vingt-deux ans en état d'être requis pour le service militaire.

Le temps que les jeunes gens devront passer dans les services administratifs ou sédentaires sera de quatre ans.

Ils ne participeront pas au tirage au sort.

Ils seront rendus aux chefs-lieux des départements le 1er avril de l'année suivante, pour être mis à la disposition de l'autorité militaire.

Les commandants des dépôts de recrutement les immatriculeront sur des contrôles particuliers, et seront chargés d'en faire la répartition dans les différents services administratifs, suivant les demandes qui leur auront été faites.

Si la loi appelait la deuxième réserve, ils sont susceptibles d'être rappelés aux postes administratifs ou sédentaires auxquels ils avaient été affectés. Ils restent sous le coup de la loi pour cette dernière obligation pendant huit ans. Cette mesure fera cesser un abus scandaleux ; on ne verra plus la fleur de notre jeunesse se réfugier dans la trop nombreuse bureaucratie militaire, pour se soustraire aux obligations du service actif ; on ne verra plus de gros et solides gaillards jouer au soldat amateur, on en fera de véritables soldats et surtout d'excellents sous-officiers.

Un règlement d'administration publique déterminera le mode de répartition et l'emploi à faire des jeunes gens qui sont impropres au service actif. Il est certain que le nombre en sera considérable, mais on n'en sera jamais embarrassé. Les besoins des services administratifs assurés, l'excédant pourra être mis à la disposition des entrepreneurs, manufacturiers, etc., qui font des fournitures ou exécutent des travaux pour le compte de l'État ou des Administrations publiques, en leur imposant une réduction sur le montant de leurs fournitures ou travaux, réduction faite au profit de la caisse de l'armée. Les jeunes gens de cette catégorie auront la faculté de se libérer des obligations que leur impose la loi, au moyen d'une prestation en argent équivalente au bénéfice qui doit résulter, pour le Trésor, du service qu'ils sont appelés à faire, conformément aux dispositions du présent article.

Ceux qui n'auront ni profession, ni état, seront employés comme manœuvres ou hommes de peine, à la condition formelle, pour l'entrepreneur ou le manufacturier, de leur apprendre un état en rapport avec leur constitution physique. Tous ces individus seront soumis aux règlements militaires.

Les sous-officiers libérés qui se trouvent dans les conditions d'aptitude spécifiées aux articles 33, 34, 35, 36 et 37, pourront être commissionnés et employés, à titre de surveillants militaires, dans les ateliers des entrepreneurs, à la charge, pour ces derniers, de subvenir à leur entretien, suivant des conditions établies.

Art. 13.

Le 1er octobre, tous les jeunes gens, à l'exception de ceux que leurs incapacités physiques éloignent de l'armée, devront être rendus au chef-lieu du département, où ils seront immatriculés dans les dépôts de recrutement.

Ils seront soumis pendant six mois aux exercices militaires de l'infanterie et du canon de campagne.

Il serait à désirer que l'instruction à pied devînt la même pour toutes les armes. Il y aurait certainement peu de changements à apporter dans l'ordonnance pour arriver à ce résultat. On voit à l'avance les grands avantages qui en seraient la conséquence.

Ces hommes seront versés, dès leur arrivée, dans les cadres de un ou deux bataillons, selon les effectifs, et recevront l'instruction militaire par les soins de ces cadres ; ils seront munis des effets strictement nécessaires, et n'auront pas de sac ; l'uniforme sera celui de l'infanterie.

On conservera dans les magasins les effets civils de ces jeunes gens, pour les leur rendre après le tirage au sort. Ceux qui ne sont pas pris par le service devront verser leurs uniformes dans le magasin des sous-dépôts. (Voir l'article 29.)

Pour faciliter le développement de l'instruction militaire, les jeunes gens seront divisés dans chaque bataillon en trois catégories :

1° La première comprendra ceux qui auront une instruction primaire complète ;

2° La seconde ceux dont l'instruction ne sera qu'élémentaire ;

3° La troisième, enfin, ceux qui seront complétement illettrés.

Indépendamment de l'instruction pratique, les jeunes gens compris dans les première et deuxième catégories seront astreints à l'étude des principales dispositions des règlements militaires, dont la connaissance est exigée pour les caporaux et sous-officiers d'infanterie.

L'expérience a déjà démontré l'excellence de ce système, puisque l'hiver dernier, au moment où nos dépôts étaient encombrés de recrues, il a suffi de quelques mois pour constater des résultats surprenants.

En un mot, on s'attachera à développer chez les jeunes gens les qualités essentielles qui font un bon soldat d'infanterie.

L'école de peloton, l'école de tirailleurs, l'exercice du canon de bataille, l'escrime à la baïonnette, la manière d'entretenir les armes, etc., etc., devront être l'objet de soins tout particuliers. Enfin, le tir à la cible, comme initiation militaire à l'odeur de la poudre et à la puissance de l'arme que le soldat a entre ses mains *(ne serait-ce que dix cartouches à tirer)*.

Dans les départements du Nord, en raison de la rigoureuse température de l'hiver, on construira de vastes abris où l'instruction, poursuivie sans interruption, pourra être donnée dans les limites prescrites par la loi.

Les jeunes gens pourvus de certificats de capacité délivrés par les officiers commandant les sous-dépôts dont il est parlé à l'article 29, seront l'objet d'un examen approfondi ; s'ils ont réellement l'instruction militaire voulue, ils seront renvoyés, pour n'être appelés que le 1ᵉʳ février.

Art. 14.

Le 1ᵉʳ mars, le Pouvoir exécutif fera connaître au Préfet de chaque département la répartition du contingent annuel, qui aura été fixée par une loi de finances.

Cette répartition comprend :

1° La portion à verser dans l'armée active ;

2° Celle qui doit être renvoyée dans ses foyers pour former la deuxième réserve.

Ces tableaux seront affichés dans toutes les communes et dans toutes les casernes.

Art. 15.

Le 5 mars, la liste générale des jeunes gens formant le contingent annuel du département sera affichée dans les casernes; dans chaque commune, un extrait sera envoyé pour les jeunes gens faisant partie de cette commune.

Art. 16.

La désignation des jeunes gens qui doivent faire partie de la première portion du contingent, c'est-à-dire de celle qui est à verser dans l'armée, se fera par tirage au sort. Cette opération aura lieu à la préfecture, par les soins des autorités civiles et militaires.

Ne prennent part au tirage au sort que les individus qui sont aptes à un service de guerre; les autres sont ajournés ou placés, suivant le cas, dans les positions définies aux articles 2 et 11 (1).

---

(1) Pendant les six mois que les jeunes gens doivent passer dans les dépôts de recrutement, avant le tirage au sort, on pourra être parfaitement renseigné sur leur état de validité. Ils seront en quelque sorte passés au crible. On aura alors des recrues dans des conditions d'aptitude militaire inconnues jusqu'à ce jour. Les effectifs ne subiront plus les variations résultant des cas de réforme, du renvoi de soutiens de famille, etc. etc.

La liste du tirage, faisant connaître les jeunes gens compris dans la première portion du contingent, sera immédiatement publiée et affichée dans les casernes ainsi que dans chaque commune du département.

Art. 17.

Les jeunes gens destinés à la deuxième réserve seront immédiatement renvoyés dans leurs foyers. Ils emporteront leurs effets d'habillement qu'ils devront verser dans les sous-dépôts. (Voir l'article 29.)

Par exception, les jeunes gens dont l'instruction militaire ne serait pas complète seront retenus dans les dépôts jusqu'à ce qu'elle soit entièrement achevée.

Art. 18.

Le remplacement, la substitution et l'exonération du service sont à tout jamais supprimés dans l'armée française.

Si nous avons dit que l'armée devait devenir une école de haute moralisation, c'est à la condition formelle de faire cesser l'inique privilége du remplacement, c'est-à-dire le trafic du sang qui a permis, jusqu'à ce jour, aux classes riches de se soustraire aux obligations du service militaire.

Le remplacement a eu pour conséquence fatale d'éloigner de l'armée la partie la plus intelligente de la nation ; celle qui eût jeté tant d'éclat sur notre état militaire. La loi si égoïste de 1832, en laissant peser toutes les charges du service militaire sur les classes pauvres et ignorantes, a évidemment contribué à abaisser le niveau moral et intellectuel de l'armée. Peu à peu le dégoût de la carrière des armes s'est emparé de la jeunesse ; l'habit militaire, autrefois si honoré et si respecté, a été déconsidéré au point que bien des gens avaient honte de parler à un soldat. Et cependant n'est-ce pas à ces hommes qui ne possèdent rien que vous confiez le soin de défendre votre fortune, d'assurer votre sécurité et celle de vos familles ? Qui donc est le plus intéressé à ce que l'ordre et la propriété soient respectés ? Ce sont précisément ceux qui doivent en avoir le plus de souci qui n'y prennent aucune part !

Au milieu de nos désastres, les malheureux soldats démoralisés ont fait entendre plus d'une fois des plaintes amères; elles n'étaient pas, il est fâcheux d'avoir à le reconnaître, sans fondement. Est-il juste, disaient-ils, que nous allions nous faire mutiler ou tuer, lorsque les riches restent tranquillement chez eux ? Cette criminelle apathie était telle que dans certains départements du Midi, on dut organiser des colonnes mobiles, la gendarmerie ne suffisant plus à la recherche des nombreux réfractaires.

Dans un seul département on en a compté plus de dix mille, la plupart appartenant aux classes riches. Malgré les recherches les plus actives, un grand nombre d'individus purent se soustraire aux recherches de l'autorité, ainsi que le fait remarquer M. Léon Marès, dans son opuscule si plein de sentiments patriotiques sur la réorganisation de l'armée.

« Il serait à désirer que ces réfractaires fussent obligés à faire
» six mois et même un an de service dans un régiment; ce serait
» un excellent exemple pour les compagnies. »

Voilà où nous en étions arrivés, avec les complaisances coupables de la loi de 1832, qui autorisait le remplacement. Aussi n'est-il pas étonnant que les jeunes gens des classes privilégiées aient manqué souvent de virilité et de patriotisme. Le luxe, les jouissances d'une vie matérielle avaient éteint en eux les sentiments généreux ; leur cœur était plus blasé que leurs sens. Insensibles aux malheurs de la patrie, ils étaient incapables de comprendre leur part de solidarité dans le sacrifice commun ! Qu'était devenu le vieux sang gaulois ?

Pour faire cesser cette lâche insouciance, cet affaissement des caractères, cette profonde décadence, il est indispensable que le service militaire soit désormais rendu obligatoire et personnel ; il importe qu'à l'avenir il amène dans l'armée tous les citoyens sans distinction ; que l'humble capote du soldat abrite aussi bien le riche que le pauvre, le savant que l'ignorant, le fils de famille que le laborieux artisan ; que tous viennent puiser dans l'armée des sentiments de fraternelle égalité. Les préventions, l'antagonisme, les défiances qui existent entre les différentes classes disparaîtront ; elles seront unies par des liens formés dans la confraternité militaire.

Lorsque les hommes seront rendus à la vie civile, le souvenir des années passées sous les drapeaux exercera une heureuse influence sur la paix et la concorde des esprits.

Comme on le voit, l'armée a une mission de réconciliation à remplir, mission qui aidera à relever les ruines morales que les passions ont accumulées parmi nous, ruines bien autrement désastreuses que celles qui nous entourent dans l'ordre matériel.

N'est-ce pas, en effet, une institution admirable que celle où l'on apprend à tous à obéir aux lois et à les respecter, à souffrir, à se sacrifier et à se dévouer? C'est dans cette existence en commun que se contracteront pour l'avenir des liens indissolubles qui feront plus pour notre régénération sociale que les plus belles théories du monde.

Art. 19.

Les jeunes gens appelés à faire partie de l'armée active seraient classés suivant leurs aptitudes physiques et leurs professions. (Voir le tableau B.)

L'artillerie exige des hommes bien établis, de la taille et des muscles; choisis, autant que possible, parmi les jeunes gens sachant lire et écrire. Un certain nombre de bateliers, mariniers, pêcheurs, bourreliers, maréchaux ferrants, ouvriers en fer ou en bois, seront désignés pour cette arme.

On pourra user, pour les ouvriers, d'une certaine tolérance pour ce qui concerne la taille.

Le génie recevra des hommes robustes, autant que possible sachant lire et écrire. On y fera entrer, dans une certaine proportion, des hommes ayant l'habitude des travaux de la terre, des mineurs, des terrassiers, des maçons, des ouvriers en fer ou en bois, des dessinateurs, des architectes, des télégraphiers, des mécaniciens, etc.

Le train aura des hommes de taille moyenne, lourds et forts, ayant l'habitude de conduire des voitures.

La cavalerie de réserve (cuirassiers), des hommes de taille moyenne, mais fortement constitués; poitrine large, épaules très-développées, ayant la connaissance de l'équitation ou habitués à soigner les chevaux.

A la cavalerie légère on affectera des hommes nerveux, agiles, de petite taille, ayant autant que possible l'habitude du cheval. Ce sera le moyen d'alléger le cheval de 10 à 15 kilogrammes et d'abaisser en même temps le centre de gravité du poids total, ce qui est conforme aux lois de l'équilibre. Nous sommes fondé à croire que la cavalerie légère est destinée à devenir une véritable *infanterie rapide*, pouvant, par un mouvement hardi et promptement exécuté, devancer l'ennemi dans une position, dans un défilé, et s'y maintenir jusqu'à l'arrivée de l'armée.

L'infanterie, la *reine des batailles*, a été depuis trop longtemps sacrifiée; on ne lui donnait que le rebut des contingents et, de plus, elle était épuisée annuellement par le recrutement des corps d'élite. Il importe, plus que jamais, de constituer solidement notre infanterie. Les hommes grands, forts, robustes y entreront dans une notable proportion.

C'est à cette condition que nous rendrons à notre infanterie sa vieille réputation.

Le 5 avril, les jeunes gens de la première portion du contingent seront dirigés sur les corps auxquels ils auront été affectés.

Il est de principe que les corps ne doivent accepter que des hommes possédant l'instruction complète du fantassin. Ceux qui ne rempliront pas ces conditions seront retenus dans les dépôts jusqu'à ce qu'ils soient complétement instruits.

Plus tard nous ferons ressortir l'importance de ce mode d'éducation, surtout pour la cavalerie.

CHAPITRE III.

VERSEMENT DU CONTINGENT DANS L'ARMÉE. (1).

SOMMAIRE.

Incorporation et immatriculation.
Progression de l'instruction. — Emploi du temps.
Camps d'instruction.
Congés renouvelables aux hommes complétement instruits. — Examens.
— Classements. — Mesures coërcitives contre les retardataires. —
Effets d'habillement à emporter par les congédiés. — Dispositions
spéciales concernant les tambours et clairons.
Appels périodiques dans les cantons. — Plaintes.
Hommes gradés.

Art. 20.

Lors de la répartition du contingent dans les différents corps de l'armée, on devra opérer une fusion complète, c'est-à-dire y mélanger des hommes de divers départements, chose de toute nécessité pour avoir une bonne armée ; car il faut que les jeunes gens rompent avec les habitudes locales,

---

(1) Le système d'instruction adopté pour les jeunes gens d'une classe, avant le tirage au sort, présente un très-grand avantage, dans le cas où des événements politiques viendraient à surgir. Si la guerre éclatait au printemps, il fournirait de suite 160 à 180 mille hommes suffisamment instruits pour compléter les bataillons de guerre, de même qu'il donnerait de bons auxiliaires à l'artillerie, en lui fournissant un fort appoint d'hommes déjà familiarisés avec l'exercice du canon de bataille ; mais dans notre système d'organisation nous en tirerons encore un meilleur parti. En cas de guerre, ils doivent former l'armée de réserve, avec les hommes appartenant aux dernières classes de la deuxième réserve. (Voir l'art. 29 bis.)

se lassent promptement à la vie militaire et à toutes ses exigences.

C'est cet amalgame qui a fait la force de notre esprit militaire.

L'expérience nous a montré que, sous la Restauration, l'adoption du système des légions départementales présentait de très-sérieux inconvénients ; du reste, tout le monde sait que le système de recrutement localisé ne compte pas un précédent qui lui soit favorable en France, où il n'a été qu'un instrument politique. Cependant, pour les réserves, nous adopterons le système départemental, parce que les inconvénients signalés sont considérablement atténués ; les soldats, en passant deux et trois ans dans l'armée active, ont fait leur éducation militaire, abandonné la plus grande partie des préjugés locaux, enfin contracté des habitudes d'ordre et de discipline ; toutes choses qui garantissent sérieusement le maintien de l'esprit militaire.

D'un autre côté, on y trouve l'avantage de la rapidité, lorsqu'il s'agit de mobiliser les réserves.

Nous n'aurons plus à voir les désordres qui se sont produits lors de l'appel des réserves au début de la dernière guerre : toutes nos voies encombrées, des hommes destinés à l'armée du Rhin partant des villes du Nord (Dunkerque, Lille, etc.) pour aller à Marseille ou à Bayonne rejoindre leurs dépôts. Il fallait plus de deux mois pour que l'homme rappelé fût sur le théâtre de la guerre.

Ce système de réserve par département nous donnera l'avantage de mobiliser la première en six jours, et la deuxième en dix et vingt jours.

Notre organisation militaire doit reposer sur ces données que, par suite de l'appel de la première réserve, fait toujours en vertu d'une loi, on puisse avoir sous les armes, en six jours, au moins 700 000 hommes ; dix jours après 1 million ; enfin, dans vingt jours, 1 500 000 hommes et au delà.

Dans chaque dépôt de recrutement, les jeunes gens seront divisés en détachements et dirigés, sous la conduite d'officiers et de sous-officiers, sur leurs corps respectifs.

Là, ils seront versés définitivement dans les cadres des compagnies, escadrons ou batteries, et recevront l'uniforme de leur arme. (1)

Chaque arme aura une tenue uniforme, ainsi que cela a lieu pour l'artillerie ; la différence qui devra exister dans les différentes subdivisions de la cavalerie ne consistera que dans l'armement, l'équipement, les boutons, et dans la couleur du drap des collets et des parements.

Art. 21.

L'instruction spéciale se fera par les soins des officiers et caporaux des compagnies, escadrons ou batteries auxquels appartiendront les hommes, sous la responsabilité des capitaines.

Aucune mutation ne pourra avoir lieu dans une compagnie, un escadron ou une batterie, sans l'autorisation du général sous les ordres duquel seront placés les corps de troupe.

Il est important que les compagnies, escadrons ou batteries, une fois constitués, restent les mêmes pendant tout le temps que le contingent doit passer sous les drapeaux. On choisira un certain nombre de jeunes gens parmi ceux qui ont les meilleures dispositions pour faire des élèves tambours, clairons ou trompettes, et on les exercera en conséquence.

Art. 22.

Dans les armes spéciales (artillerie, cavalerie), les pre-

---

(1) Les effets d'infanterie des hommes dirigés sur les corps d'artillerie et de cavalerie seront versés dans les magasins du dépôt d'infanterie le plus voisin.

miers six mois seront consacrés à l'enseignement professionnel. (1)

Pour bien saisir le mécanisme de notre système, dès que le contingent sera versé dans l'armée, nous suivrons, pas à pas, celui qui est destiné à l'infanterie.

Que le lecteur nous excuse d'entrer dans certains petits détails du métier; ils nous ont paru indispensables pour savoir comment sera employé le temps passé sous les drapeaux par le jeune soldat.

Dans l'infanterie, on commencera immédiatement les manœuvres d'ensemble, tout en reprenant très-rapidement l'instruction de détail. On s'occupera aussi très-activement de la manœuvre du canon, et le tir à la cible sera l'objet d'une attention toute spéciale.

Pour habituer les hommes à la marche, on fera, une fois par semaine au moins, des promenades militaires progressives, de façon à faire parcourir à la troupe 40 kilomètres sans efforts.

Les promenades militaires devront avoir lieu en toute saison.

On fera exécuter aux soldats des travaux de fortification volante, de manière à leur apprendre à se couvrir rapidement en rase campagne.

Art. 23.

L'hiver de la deuxième année sera consacré au perfectionnement de l'instruction de détail et d'ensemble ; au mois d'avril, on commencera les grandes manœuvres et les évolutions, qui devront cesser à la fin de mai.

Les bataillons, escadrons et batteries seront embrigadés le

---

(1) Dans une prochaine étude sur la réorganisation de notre système militaire, la question de l'enseignement professionnel sera examinée avec le plus grand soin; nous ne pouvons en ce moment nous étendre sur ce sujet.

15 juin et envoyés dans les camps d'instruction où seront réunis les différents éléments d'un corps d'armée.

Les camps d'instruction ont pour but l'exécution fictive de toutes les opérations de la guerre : le soldat y acquiert en peu de mois l'expérience que ne peuvent lui donner le séjour de la caserne et les habitudes de la vie de garnison. C'est là que nos officiers généraux et supérieurs viendront, tour à tour faire évoluer des masses, apprécier des accidents de terrain, calculer les distances pour acquérir l'habitude du coup d'œil si nécessaire aux hommes appelés à conduire les opérations militaires.

Les camps seront levés le 15 septembre, époque à laquelle les troupes rentreront dans leurs garnisons respectives. Les hommes dont l'instruction sera complétement achevée seront envoyés en congé renouvelable. Le nombre d'hommes à renvoyer ne pourra pas dépasser les trois quarts du contingent.

La désignation de ces hommes donnera lieu à un examen approfondi ; les quinze derniers jours du camp seront consacrés à cet examen, qui sera fait, dans chaque arme, par une commission présidée par un officier général. A mérite égal, la préférence sera toujours donnée aux jeunes gens qui sauront lire et écrire et à ceux qui se seront fait remarquer par leur bonne conduite.

Le 1er décembre, la partie du contingent qui n'aura pas été renvoyée sera soumise à un nouvel examen d'instruction ; tous ceux qui auront satisfait à cet examen seront renvoyés dans leurs foyers.

Enfin, le 1er février, ceux qui restent seront soumis à un dernier examen ; s'ils remplissent les conditions voulues, ils seront renvoyés dans leurs foyers.

Les soldats qui, à cette époque, n'auront pas acquis l'instruction militaire spéciale de l'arme à laquelle ils appartiennent seront l'objet d'une enquête sévère, et s'il est prouvé que c'est la faute de l'homme, il sera envoyé d'office dans un corps d'Afrique, où il restera jusqu'à l'expiration de sa quatrième année de service, et au besoin dans une compagnie de discipline.

Les hommes qui rentrent dans leurs foyers et dont l'instruction est terminée, ne seront rappelés qu'autant que le Pouvoir exécutif le jugera à propos.

Art. 24.

Les hommes renvoyés en congé renouvelable emportent leurs effets d'habillement, moins le manteau et la capote. Ils seront responsables de leur entretien.

Les tambours, clairons, trompettes, partant en congé renouvelable, qui voudront emporter leur instrument en s'engageant à s'exercer dans leurs foyers pour se maintenir en état de battre ou de sonner l'ordonnance, auront droit à une prime journalière de 50 centimes, c'est-à-dire à 182 fr. 50 c. par an, à la condition que chaque année, lors du passage dans les communes des bataillons d'instruction, ils iront se faire délivrer un certificat de capacité par l'officier supérieur commandant le bataillon d'instruction. Les mêmes avantages seront faits, aux mêmes conditions, aux tambours, clairons et trompettes de la première réserve. L'entretien et le remplacement de l'instrument seront à la charge des tambours, clairons et trompettes.

En raison des avantages attachés à ces emplois, nous sommes certains qu'en cas de guerre, nous ne serons plus exposés à manquer de cette partie essentielle de nos cadres, et nous n'y verrons plus ces mauvais souffleurs qui, au lieu de donner l'élan à nos bataillons, y excitaient une hilarité générale.

Les jeunes soldats en congé renouvelable seront soumis à des appels périodiques dans les chefs-lieux de canton. Ces appels seront faits par les commandants des sous-dépôts de recrutement. (Art. 29.)

Ils ne pourront s'absenter de leur résidence qu'en vertu d'une autorisation du général commandant le département.

Ceux qui donneraient sujet à des plaintes, ou qui s'absenteraient de leurs foyers sans autorisation, seraient renvoyés à leurs corps.

Ils devront être toujours prêts à partir dans les quarante-huit heures pour rejoindre leur corps.

Les jeunes gens gradés ne seront envoyés en congé renouvelable que s'ils en font la demande.

Si les jeunes gens ayant devancé l'appel et qui ont seuls le droit de rester pendant quatre ans sous les drapeaux (Art. 27), n'étaient pas en nombre suffisant pour assurer d'une manière convenable le recrutement des cadres des sous-officiers, brigadiers, caporaux et soldats d'élite de première classe, on pourra maintenir un certain nombre de jeunes soldats qui en feraient la demande, mais cette faveur ne sera accordée qu'à ceux d'entre eux qui, sachant lire et écrire, se seront fait remarquer par une conduite exemplaire et leurs aptitudes militaires.

La faculté laissée aux hommes gradés et aux jeunes soldats de pouvoir rester sous les drapeaux dans les conditions ci-dessus spécifiées, ne leur confère aucun droit pour l'engagement volontaire ; elle les met seulement en position de pouvoir le contracter, mais sous la réserve qu'ils rempliront les conditions d'aptitude prescrites par l'article 31.

La même observation s'applique aux jeunes gens qui, ayant devancé l'appel, restent sous les drapeaux pendant quatre ans.

CHAPITRE IV.

DE L'INSTRUCTION DES RÉSERVES.

SOMMAIRE.

Première Réserve.

Incorporation dans les grands dépôts les plus rapprochés.
Exercices annuels.
Mobilisation.

Deuxième Réserve.

Bataillons d'instruction envoyés annuellement dans les communes.
Durée de l'instruction. — Centres d'instruction dans les chefs-lieux d'arrondissement. — Instruction de détail.
Instruction d'ensemble. — Effets militaires.
Officiers de l'armée de réserve. — Théories. — Conférences.
Dispositions disciplinaires.
Examens des tambours, clairons et trompettes des réserves.
Certificats de capacité.
Contrôles des réserves. — Annotation. — Renvoi dans les sous-dépôts.
Comptes à rendre.
Hommes gradés.

Art. 25.

De l'instruction des Réserves.

PREMIÈRE RÉSERVE.

En quittant l'armée active pour passer dans la première réserve, les militaires de toutes armes cessent de faire partie de leurs anciens corps et passent dans la réserve de leur département. Ils seront inscrits sur les registres matricules du recrutement, au titre des grands dépôts divisionnaires de leurs armes respectives, dans la circonscription desquels se trouve placé leur département. (Voir, à la 2° partie, l'organisation des grands dépôts divisionnaires.)

Pendant deux mois la première année, et un mois les années suivantes, autant que possible au moment où les travaux agricoles sont suspendus, les hommes de la première réserve seront appelés dans les dépôts de leurs armes respectives les plus rapprochés, pour y être exercés. Ils seront du reste définitivement affectés à ces dépôts ; en cas de mobilisation, c'est là qu'ils devront rejoindre.

Ces exercices devront être terminés avant le premier avril, c'est-à-dire avant l'arrivée du contingent annuel.

Art. 26.
INSTRUCTION DE LA DEUXIÈME RÉSERVE.

D'après les dispositions qui auront été arrêtées à l'avance par les autorités civiles et militaires du département, les cadres des bataillons d'instruction seront, à partir du premier avril, envoyés, en suivant un itinéraire indiqué, dans les communes du département, pour faire l'instruction des hommes de la deuxième réserve.

Cette instruction sera de vingt jours. Les cadres d'un bataillon pourront être employés à l'instruction des jeunes gens appartenant aux communes d'un même arrondissement. On adjoindra à ce bataillon une ou deux pièces d'artillerie avec les instructeurs nécessaires (1).

Le centre d'instruction sera placé dans chaque chef-lieu d'arrondissement. A leur arrivée, les cadres des compagnies sont répartis dans les communes pour l'instruc-

---

(1) Chaque cadre de bataillon aura à sa suite les armes qui doivent servir à l'instruction dans les communes.

tion de détail qui sera de huit jours. L'instruction de détail comprendra le tir à la cible; chaque homme devra tirer vingt cartouches à balle. Pour l'instruction d'ensemble et l'exercice du canon, les hommes seront réunis au chef-lieu d'arrondissement, à tour de rôle et par canton. Pour les manœuvres d'ensemble, les hommes reprendront leurs effets d'habillement déposés aux magasins des sous-dépôts. La durée de cette réunion sera de douze jours. Les hommes recevront dix cartouches à blanc, pour l'exécution des feux d'ensemble. Autant que possible, on ne fractionnera pas les cadres des compagnies; il est nécessaire qu'un capitaine commande chaque détachement envoyé dans les communes.

Les officiers de l'armée de réserve, commissionnés dans les conditions définies aux articles 33 et 35, assisteront en même temps que les hommes de leur canton, qui font partie de la deuxième réserve, aux exercices annuels. Pendant leur réunion au chef-lieu d'arrondissement, il leur sera fait journellement des conférences, par un officier des cadres d'instruction, sur les différents changements et perfectionnements apportés dans l'organisation militaire, et principalement sur ce qui est spécial à l'arme de l'infanterie. Ils devront tous commander un peloton dans les manœuvres et exercices de la deuxième réserve. Ils auront la tenue de l'infanterie, avec un signe distinctif sur le képi. La tenue est obligatoire pour les réunions annuelles.

Pendant la durée des manœuvres, les hommes de la deuxième réserve seront soumis à la discipline militaire : en cas d'infraction, ils seront déférés à un Conseil de discipline.

Ce Conseil de discipline sera composé : du chef de bataillon, commandant le détachement, Président; du juge de paix, d'un capitaine du détachement, de l'officier de gendarmerie et d'un officier de l'armée de réserve.

Le Conseil n'aura qu'une seule séance, où seront expédiées toutes les affaires.

Il pourra prononcer une peine de un à quinze jours de prison militaire, suivant la gravité de la faute. Cette punition devra toujours être subie au chef-lieu du département.

Dans le cas où il y aurait voie de fait ou menaces, le prévenu serait déféré au Conseil de guerre.

A mesure que l'instruction d'un canton sera terminée, le commandant du détachement remettra aux sous-dépôts de recrutement les contrôles des hommes sur lesquels sera annoté le degré d'instruction de chacun d'eux.

Les hommes qui n'auront pu assister aux exercices du printemps seront rassemblés dans les dépôts et sous dépôts de recrutement, pour y recevoir pendant vingt jours l'instruction militaire.

Les récalcitrants seront envoyés dans un grand dépôt divisionnaire, pour y être soumis aux obligations du service militaire pendant un mois.

Le commandant adresse immédiatement un rapport sommaire au commandant du recrutement. Cet officier supérieur délivrera aux clairons, tambours ou trompettes faisant partie des première et deuxième réserves, le certificat prescrit par l'article 24, après s'être assuré qu'ils sont en état de battre ou sonner l'ordonnance.

Les hommes reverseront leurs effets d'habillement dans les magasins des sous-dépôts avant de rentrer dans leurs foyers, et ils seront responsables de toute dégradation.

Les anciens sous-officiers, brigadiers et caporaux faisant partie des première et deuxième réserves entreraient dans l'armée avec leur ancien grade, dans le cas où une loi ordonnerait la mobilisation de ces réserves. Les sous-officiers qui ont satisfait à l'examen de capacité prévu par l'article 33 sont rappelés comme officiers de l'armée de réserve.

CHAPITRE V.

DEVANCEMENT DE L'APPEL.

SOMMAIRE.

Conditions.
Avantages que procure le devancement de l'appel.
Époques fixées pour devancer l'appel.

Art. 27.

A partir de dix-sept ans, les jeunes gens sachant lire et écrire, connaissant les quatre règles de l'arithmétique et pourvus en outre d'un certificat attestant qu'ils possèdent l'instruction militaire élémentaire dont il sera parlé à l'article 29, seront admis à devancer l'appel dans les corps de l'armée qu'ils auront choisis, sous la réserve toutefois qu'ils rempliront les conditions d'aptitude et de taille requises pour l'arme où ils désirent entrer.

Seront considérés comme ayant devancé l'appel les jeunes gens admis à l'École militaire de Saint-Cyr, à l'École navale et à l'École de médecine militaire.

Les jeunes gens devançant l'appel se trouveront dans les mêmes conditions que les appelés et subiront toutes les obligations que leur impose la loi, avec cette différence toutefois qu'au bout de dix-huit mois, s'ils ont satisfait aux épreuves dont il est parlé à l'article 23, ils pourront être renvoyés en congé renouvelable, mais sur leur demande seulement. La loi leur accorde cette faveur, dans le but d'attirer dans l'armée des sujets d'élite qui désirent se vouer à la carrière des armes. Il y a un avantage réel pour les jeunes gens à devancer l'appel, puisqu'à l'âge de dix-huit ans et demi ils auront la faculté de rentrer dans leurs familles.

Ceux qui se destinent aux carrières libérales pourront reprendre le cours de leurs études. Pour éviter toute perte de temps et afin de mettre à même les corps de pousser activement l'instruction des jeunes gens qui devanceront l'appel, ces derniers ne seront admis dans les corps qu'aux époques suivantes : 1er janvier, 1er avril, 1er juillet et 1er octobre.

Cette mesure a pour but de grouper un certain nombre de jeunes gens dans les corps, afin de pouvoir leur faire commencer les classes ensemble et d'en suivre la progression.

Lorsqu'ils arrivent individuellement, ils perdent presque toujours un temps précieux, parce qu'on ne peut s'occuper d'eux séparément.

CHAPITRE VI.

DES DÉPOTS DE RECRUTEMENT.

SOMMAIRE.

Siége des dépôts de recrutement. — Commandement. — Administration. Tenue des divers contrôles et registres. — Réserves. — Officiers de l'armée de réserve.
Médecins à réquisitionner.
Instruction préparatoire des classes annuelles. — Bataillons d'instruction.
Personnel administratif. — Magasins. — Instructeurs stagiaires.
Envoi dans les communes des bataillons d'instruction.
Organisation et mobilisation des légions départementales.
But de cette organisation.
Renouvellement du personnel employé dans le recrutement.
Officiers malades et fatigués. — Non-activité. — Officiers attendant leur retraite. — Limite d'âge.
Officiers en retraite à employer, en temps de guerre, dans les dépôts de recrutement.

Art. 28.

Les dépôts de recrutement seront placés sous les ordres des officiers généraux, commandant les divisions et subdivisions militaires. Chaque dépôt aura son siége au chef-lieu du département.

Il sera créé des sous-dépôts dans chaque chef-lieu d'arrondissement.

Le dépôt départemental sera commandé par un officier supérieur du grade de colonel ou lieutenant-colonel qui aura les sous-dépôts sous sa direction. Cet officier supérieur ne pourra être maintenu dans cette position plus de trois ans. Il rentrera, passé ce délai, dans l'armée active par voie de permutation, ainsi qu'on le verra à la deuxième partie (Organisation militaire), au chapitre de la mobilisation de la réserve. Ces officiers supérieurs, en cas de guerre, seront appelés à exercer un commandement très-important ; il convient de ne pas les laisser se perpétuer dans des fonctions où ils perdraient l'habitude du commandement et du service actif.

Indépendamment des obligations imposées aux commandants des dépôts de recrutement, pour l'immatriculation des jeunes soldats, ils seront chargés de la tenue des contrôles des hommes des deux réserves, des contrôles spéciaux des officiers de l'armée de réserve, de même que des médecins qui pourront être requis dans les conditions définies à l'article 5 bis.

Ces officiers supérieurs auront la haute direction de l'instruction et de l'administration des classes annuellement appelées, aux termes de l'article 13, à recevoir l'instruction militaire du soldat d'infanterie, depuis le 1er octobre jusqu'au 1er avril.

Les cadres d'un ou plusieurs bataillons seront mis annuellement à la disposition des commandants de dépôts, par le général commandant la division, pour l'instruction préparatoire militaire desdites classes et celle de la deuxième réserve, ainsi que cela est expliqué à l'article 26. (1)

On mettra également à leur disposition un personnel d'instructeurs d'artillerie pour l'exercice du canon de bataille.

---

(1) La composition des cadres d'instruction sera l'objet d'un travail spécial (voir la 2ᵉ partie : de l'organisation militaire) ; nous ne pouvons entrer pour le moment dans d'autres détails, nous dirons seulement que ces cadres seront renouvelés chaque année ; jamais ils ne pourront être appelés à faire l'instruction des recrues deux années de suite.

L'armement, l'équipement et l'habillement des jeunes gens des classes seront fournis par les soins du dépôt de recrutement ; l'habillement sera celui du soldat d'infanterie.

Ces jeunes gens seront commandés par les chefs des compagnies des cadres d'instruction.

Dans chaque dépôt de recrutement, il y aura un nombre suffisant d'officiers et sous-officiers à titre permanent, qui participeront aux travaux d'administration et à la tenue des écritures générales.

En outre, il y aura un ou deux instructeurs brevetés stagiaires ; en attendant qu'il y ait des vacances dans les sous-dépôts, ils suppléeront les titulaires en cas de maladie.

Dès que l'instruction des classes sera terminée, les commandants des dépôts de recrutement, en raison des ordres qu'ils auront reçus du général commandant la division, et après s'être concertés avec les préfets, enverront, d'après la marche qui leur sera indiquée, les cadres d'instruction dans les communes du département, pour faire faire l'exercice annuel aux hommes de la deuxième réserve, ainsi que cela a été expliqué à l'article 26.

Art. 28 *bis*.

Indépendamment du service spécial auquel il est affecté, le personnel du dépôt de recrutement sera chargé de la mobilisation des quatre dernières classes de la deuxième réserve. Ce personnel devra comprendre des officiers des trois armes, infanterie, cavalerie, artillerie.

Chacun d'eux, pour son arme respective, sera chargé de la tenue des contrôles des hommes appartenant aux quatre classes dont il s'agit, lesquelles seront toujours formées sur le papier en bataillons, escadrons et batteries. Ces mêmes officiers en prépareront la mobilisation et feront eux-mêmes partie des cadres desdits bataillons, escadrons et batteries appelés à former une légion départementale, destinée à entrer dans la composition de l'armée de troisième ligne, laquelle est spécialement affectée à tenir les derrières de l'armée active, à assurer ses communications, à fournir des escortes, à protéger les convois, à tenir garnison dans les villes de guerre, forts, citadelles, etc., etc.

Ces bataillons, escadrons et batteries seront fortement encadrés : les éléments de ces cadres seront pris en partie dans l'armée active, ainsi qu'on le verra plus loin (à la deuxième partie, chapitre *De la Mobilisation*).

Nous pouvons dire dès à présent que les légions départementales présenteront une force de près de 400 000 hommes de toutes armes, pour former l'armée de la troisième ligne. Nous y retrouvons les anciens soldats de vingt-huit à trente-deux ans d'âge qui auront terminé les huit premières années de service (quatre ans dans l'armée active et quatre ans dans la 1re réserve). Nous aurons là quelques bons éléments pour compléter nos cadres en sous-officiers, brigadiers, caporaux, tambours, clairons et trompettes.

Les officiers de l'armée de réserve commissionnés en exécution des articles 33 et 35 de la loi entreront dans les cadres de ces bataillons.

Les officiers employés dans les dépôts et sous-dépôts de recrutement seront pris de préférence parmi ceux qui auraient besoin d'un certain temps de repos ; qui, en raison de leurs fatigues, de leur état de santé ou d'infirmités temporaires, seraient dans le cas d'être mis en non-activité.

Le service sédentaire auquel ils seront affectés leur permettra de recevoir les soins que réclame leur état de santé, tout en se rendant utiles.

Ces officiers ne pourront rester plus de trois ans dans

cette position. Tous, sans exception, devront rentrer à leur corps ou être mis en position de non-activité, s'ils ne sont pas en état de reprendre le service actif.

Les mutations s'effectueront annuellement par tiers et par permutation avec des officiers de l'armée active.

L'envoi dans le service du recrutement des officiers fatigués ou maladifs sera une économie réelle pour le Trésor ; il permettra de réduire à un très-petit nombre ceux qui étaient précédemment envoyés en non-activité pour infirmités temporaires ; il évitera en même temps le trouble qui en résultait pour l'avancement, puisqu'ils ne feront plus de vacances en quittant l'armée active.

Les officiers qui seront arrivés dans les trois dernières années de service voulues pour atteindre le temps de la retraite, pourront être envoyés dans le recrutement, mais à la condition formelle qu'ils seront mis à la retraite d'office le jour où ils auront complété leur trentième année de service, sans qu'ils puissent revendiquer le bénéfice de la limite d'âge. Cette mesure n'est applicable qu'aux officiers inférieurs.

Quant aux officiers supérieurs, ils ne pourront être maintenus dans les dépôts de recrutement au delà de cinquante-cinq ans. En temps de guerre, les officiers en retraite qui auront servi dans le recrutement seront rappelés pour remplir les mêmes fonctions dans les dépôts et sous-dépôts ; ce qui nous permettra de mobiliser tout le personnel actif.

CHAPITRE VII.

DES SOUS-DÉPOTS DE RECRUTEMENT.

SOMMAIRE.

Définition et but.
Commandement. — Personnel.
Écritures. — Registres. — Contrôles des réserves. — Officiers de l'armée de réserve. — Médecins à réquisitionner, etc.
Magasins. — Effets des hommes de la deuxième réserve. — Tambours. — Garde-magasin.
Instructeur breveté. — Devoirs et fonctions. — Séries d'instruction. — Conditions. — Certificat d'instruction. — Avantages y attachés.
En temps de guerre le personnel des dépôts est mobilisé avec les légions départementales.
Dépenses. — Participation des communes. — Armes pour l'instruction.
Avantages résultant de la création des sous-dépôts.
Manéges militaires, etc., etc.
Considérations générales.

ART. 29.

Dans chaque arrondissement, il sera créé une annexe du dépôt de recrutement, sous le titre de sous-dépôt. Cette institution a pour but d'éviter le désordre, la confusion et les retards, dans la célérité à apporter pour la mobilisation des réserves en cas de guerre, chose qui ne manquerait pas de se reproduire, comme on a eu à le regretter tout récemment.

On tiendra aux sous-dépôts les matricules des hommes de l'arrondissement incorporés dans l'armée, de même que celle des hommes appartenant aux première et deuxième réserves.

Le contrôle spécial des officiers de l'armée de réserve commissionnés dans les conditions définies aux articles 33 et 35, est tenu dans les sous-dépôts de même que celui des médecins qui ont bénéficié des causes d'exemptions prévues à l'article 5 *bis*.

Des locaux seront disposés pour recevoir les effets d'habillement des hommes des contingents annuels que leurs numéros appellent à faire partie de la deuxième réserve.

Le sous-dépôt sera commandé par un officier du grade de capitaine ou de lieutenant, qui aura sous ses ordres un sous-officier instructeur d'infanterie *breveté*, ayant rang d'adjudant, spécialement destiné à apprendre l'exercice du fantassin aux jeunes gens de la localité et des environs, qui voudraient acquérir sur place l'instruction militaire préparatoire.

Cet enseignement comprendra l'école du soldat, le maniement d'armes, le montage, le démontage du fusil et l'entretien des armes, l'escrime à la baïonnette, l'école des tirailleurs, l'école de peloton, les principes du tir à la cible, enfin les principales règles de subordination et de la discipline militaire.

L'instruction sera donnée par série de quatre mois ; chaque série comprendra au moins vingt jeunes gens.

Les jeunes gens qui désireront faire partie d'une série d'instruction, se feront inscrire au moins quinze jours à l'avance à la Sous-Préfecture, aux époques fixées ci-après : 1er janvier, 1er mai, 1er septembre.

Pour être admis à partager cette faveur, il n'y aura d'autres conditions à remplir que : savoir lire et écrire, être muni d'une vareuse d'uniforme et d'un képi, dont les modèles seront déterminés. Après chaque série d'instruction, les jeunes gens qui la composent seront l'objet d'un examen très-sérieux de la part de l'officier commandant le sous-dépôt.

Ceux qui auront acquis l'instruction militaire spécifiée plus haut, recevront un certificat de capacité qui leur permettra de devancer l'appel, ou qui les dispensera d'assister pendant les quatre premiers mois aux exercices préparatoires que les jeunes gens des classes iront faire, avant le tirage au sort, dans les dépôts de recrutement, conformément à l'article 13.

Le certificat délivré par l'officier engagera sa responsabilité.

En temps de guerre et dans le cas où toutes les réserves seraient mobilisées, les sous-officiers instructeurs brevetés des sous-dépôts pourront être requis dans les dépôts de recrutement pour entrer dans la composition des cadres de légions départementales (*armée de troisième ligne*), ou bien pour être employés à l'instruction dans ces mêmes dépôts. Il en sera de même des tambours des sous-dépôts ; on pourra les faire entrer dans l'organisation des légions départementales. Aux époques où l'instruction de la deuxième réserve doit se faire dans les communes de l'arrondissement par les cadres de bataillons d'instruction, l'officier commandant le sous-dépôt est tenu de remettre à l'officier supérieur commandant le bataillon les contrôles des hommes qui doivent participer dans chaque commune à cette instruction.

Un tambour ou clairon sera attaché au sous-dépôt ; il sera chargé de l'entretien des armes (1) et sera en outre

---

(1) Le sous-dépôt ne pourra jamais avoir plus de trente fusils, juste ce qu'il faut pour une série d'instruction.

Les cadres d'instruction amèneront à leur suite les armes nécessaires à l'instruction des hommes de la deuxième réserve.

garde-magasin des effets d'habillement des hommes de la deuxième réserve.

L'instruction des sous-dépôts procure un avantage réel aux populations. Les jeunes gens n'ayant pas besoin de s'éloigner de leurs foyers pour recevoir l'instruction militaire, il est tout naturel que les communes supportent les dépenses de premier établissement, logement, terrains de manœuvre et champ de tir. En outre, elles devront participer, pour la moitié des dépenses, à l'entretien du personnel.

Si, comme nous le pensons, cette création répond au but que l'on se propose, il est probable qu'il y aura des cantons qui s'imposeront eux-mêmes pour avoir des instructeurs brevetés.

Dans les contrées où l'on se livre à l'élève de la race chevaline, on pourra créer des manéges militaires. Les jeunes gens qui désireraient entrer dans la cavalerie pourraient y recevoir une bonne instruction équestre.

Ceux qui connaissent le mode de recrutement de nos équipages de la flotte, verront dans notre projet une imitation de l'inscription maritime, institution qui est due à Colbert. Le littoral de la France est partagé en cinq arrondissements, lesquels se subdivisent en 13 sous-arrondissements, 85 quartiers ou sous-quartiers, et près de 300 syndicats.

L'inscription maritime comprend environ 200 000 hommes.

En 1863, il y avait 170 000 inscrits. Dans toutes ces localités, il y a un personnel chargé de tenir les registres des marins inscrits. Grâce à ce système de recrutement, la marine peut préparer ses armements avec cette grande rapidité qui a fait souvent l'admiration des autres puissances.

Il conviendrait donc, tout en ne fractionnant pas sur une si grande échelle nos établissements de recrutement, de les subdiviser au moins en sous-dépôts par arrondissement. Il est évident que nos forces seront maintenant presque toutes en réserve et donneront par conséquent lieu à de nombreuses écritures dans les dépôts de recrutement où il ne serait pas possible de tenir les contrôles de 12 000 hommes et au delà. C'est tout au plus s'ils pourront centraliser et diriger les opérations des sous-dépôts.

On voit par là quels avantages considérables résulteront de ces mesures pour la prompte mobilisation de nos réserves.

Les hommes ayant leurs effets d'habillement dans les sous-dépôts seront immédiatement habillés et dirigés sans délai sur les divers corps de l'armée, sans même avoir besoin de passer au chef-lieu du département.

Les sous-dépôts n'ayant qu'une circonscription territoriale assez restreinte, la surveillance qu'ils exerceront sur les hommes des réserves sera des plus efficaces, car ils auront sur eux des moyens d'action immédiats, et il sera très-difficile à ceux-ci de se soustraire aux obligations que leur impose la loi.

Du reste, les communes devront participer, pour la moitié des dépenses, à l'entretien du personnel.

Cette disposition permettra de placer dans les sous-dépôts les officiers qui, en raison de leurs infirmités ou de leurs blessures, sont momentanément mis hors d'état de supporter les fatigues du service actif, mais qui néanmoins peuvent très-convenablement remplir ces fonctions administratives.

CHAPITRE VIII.

ARMÉE DE RÉSERVE.

SOMMAIRE.

Éléments de l'armée de réserve.

ARMÉE DE DEUXIÈME LIGNE.	Sa composition avec les jeunes soldats des deux dernières classes de la première réserve, et des huit premières classes de la deuxième.
ARMÉE DE TROISIÈME LIGNE.	Sa formation avec les légions départementales. — Composition de ces dernières. — Les quatre dernières classes de la deuxième réserve.

ART. 29 *bis*.

En cas de guerre, l'armée de réserve comprend :

1° *L'armée de deuxième ligne, composée :*

1° Des jeunes soldats appartenant aux deux dernières classes de la première réserve, c'est-à-dire ceux qui sont entrés dans leur 7ᵉ e 8ᵉ année de service ;

2° Des jeunes gens des huit premières classes de la deuxième réserve. Ce sont ceux qui, ayant amené de bons numéros, n'ont pas été pris par le service actif et qui ont été renvoyés dans leurs foyers après le tirage au sort.

2° *L'armée de troisième ligne, formée avec les légions départementales.* (Voir l'article 28 *bis*.)

Les légions sont composées des hommes appartenant aux

quatre dernières classes de la deuxième réserve : ceux qui sont entrés dans leur 9ᵉ, 10ᵒ, 11ᵉ et 12ᵉ année de service.

L'organisation de l'armée de réserve sera traitée dans tous ses détails au chapitre de la Mobilisation. (2ᵐᵉ partie : *de l'Organisation militaire.*)

CHAPITRE IX.

DISPOSITIONS SPÉCIALES CONCERNANT LES TROUPES COLONIALES

SOMMAIRE.

Inégalités dans les conditions du service effectué à l'intérieur, et de celui fait aux colonies.
Compensation à donner aux jeunes soldats appelés à servir en dehors du continent.
Recrutement. Inconvénients du système actuel.
Propositions à ce sujet. Suppression des troupes d'infanterie et d'artillerie de marine. Considérations générales.
Avantages du système proposé.

Art. 30.

Jusqu'ici, la législation n'a fait aucune différence entre le soldat appelé par le sort, qui reste en France, et celui qui fait partie du contingent mis à la disposition de la marine pour être employé en dehors du continent. Cependant ce dernier, outre qu'il s'expatrie, est exposé aux dangers du climat et aux éventualités d'expéditions lointaines (Sénégal, Cochinchine, Calédonie, Algérie) : il se trouve donc placé dans des conditions beaucoup plus pénibles.

Pour les militaires qui se vouent à la carrière des armes, l'État rémunère spécialement les services qui ont été rendus dans ces conditions; il ajoute à la retraite le bénéfice des campagnes.

Il conviendrait que la nouvelle loi tînt compte aux jeunes soldats du temps de service accompli aux colonies. Elle devrait consacrer, à l'avenir, que toute année de service aux colonies comptera pour un tiers en sus de sa durée effective, en déduction des quatre années que le jeune soldat doit passer dans la première réserve ; ainsi trois années aux colonies diminueraient d'un an le service à faire dans la première réserve.

Nous devons faire remarquer que le mode de recrutement adopté pour les troupes coloniales présente de grands inconvénients, en ce que les jeunes gens appelés à servir dans l'artillerie et l'infanterie de marine, à peine arrivés dans leurs corps, sont souvent embarqués pour les colonies, par suite de nécessités imprévues. Leur instruction militaire est tout au plus ébauchée ; la nostalgie ne tarde pas à faire de grands ravages dans leurs rangs : beaucoup, qui n'ont pas atteint leur complet développement, ne peuvent résister aux influences du climat et doivent être évacués sur France. En peu de temps, les effectifs sont considérablement réduits.

C'est une charge aussi pour le Trésor; car les rapatriements par les navires de commerce coûtent fort cher à l'État.

Mais avec l'organisation actuelle des troupes de la marine, il n'est guère possible de mieux faire.

Nous pensons donc que le recrutement des troupes destinées au service des colonies devrait être fait dans l'armée de terre par des volontaires pris dans chaque corps, et à leur défaut par des désignations d'office, ou plutôt par les individus condamnés à des peines correctionnelles, ainsi que nous l'avons expliqué à l'article 9.

Cette mesure amènerait évidemment la suppression des corps spéciaux d'artillerie et d'infanterie de marine, le

Ministère de la guerre se chargerait de l'entretien des troupes coloniales, comme il le fait pour la gendarmerie.

Il ne faut voir dans cette proposition qu'une question d'intérêt public; nous n'avons nullement l'intention de toucher au prestige militaire de l'artillerie et de l'infanterie de marine qui se sont si vaillamment conduites dans la dernière guerre; ces corps comptent des officiers généraux très-distingués. Plusieurs, dans les derniers événements, ont donné des preuves de haute capacité. Cette mesure aurait pour but de faire cesser des inégalités et des préventions que rien ne justifie. Ces corps n'ont pas été appréciés à leur juste valeur, il a fallu la dernière guerre pour qu'ils pussent montrer ce qu'ils valaient.

Nous y avons connu des officiers d'un mérite supérieur et qui, en raison de l'horizon borné que cette armée présente, n'ont pu se produire sur un théâtre plus digne de leurs talents et de leurs capacités.

Nous pouvons citer entre autres M. le général de Barolet de Poligny, qui eût fait un divisionnaire de premier ordre, si les circonstances lui eussent permis de se faire connaître.

Un motif qui mérite d'être pris en sérieuse considération, ce serait encore de ne plus renvoyer aux colonies les officiers dont la santé se trouverait altérée par suite d'un trop long séjour dans ces pays lointains, la plupart très-insalubres; la désignation roulant sur tous les officiers de l'armée de terre, porterait sur un tel nombre, qu'il serait très-facile d'obvier à ce grave inconvénient.

CHAPITRE X.

DES ENGAGEMENTS.

SOMMAIRE.

Suppression de toute espèce de prime. — Limitation rigoureuse du nombre d'engagés. — Conditions. — Commission d'examen. — Classement. — Priorité.
Avantages résultant de l'engagement.

Art. 31. (1)

Il n'y a pas de prime d'argent dans l'armée française pour les engagements et rengagements.

Les sous-officiers, brigadiers, caporaux, tambours, trompettes et soldats de toute arme, arrivés dans leur quatrième année de service, qui désirent rester dans l'armée active au lieu de passer dans la première réserve, en font la demande dans les derniers six mois, c'est-à-dire au mois de mai avant les inspections générales.

Indépendamment des connaissances techniques, ils seront soumis à un examen moral très-sérieux. L'État devant réserver à la plupart d'entre eux une honorable position, il faut que les militaires qui sont admis à la faveur de con-

---

(1) Les militaires de tous grades qui sont admis à contracter des engagements et rengagements dans les conditions définies aux articles 31, 32 et suivants, seront renvoyés d'office dans leurs foyers, s'ils se conduisent mal, sans préjudice des peines disciplinaires qu'ils pourront encourir.

tracter un engagement volontaire soient des sujets d'élite dans toute l'acception du mot.

La durée de l'engagement ne sera que de deux ans. Les simples soldats seront pris, de préférence, parmi ceux qui figurent sur le tableau d'avancement, pour le grade de brigadier ou de caporal, mais à la condition expresse que tous sachent lire et écrire.

A partir du jour où court l'engagement, les sous-officiers, brigadiers, caporaux, tambours, etc., passent à la première classe de leur grade ou de leur emploi, à la condition, toutefois, d'avoir deux ans de grade.

La première classe assurera des avantages sérieux de solde aux titulaires, surtout aux sous-officiers. (1)

Quant aux soldats, ils passent à la première classe à mesure que les vacances se produisent. Désormais ils feront partie des cadres d'une manière permanente. Les soldats d'élite de première classe seront élevés caporaux ou brigadiers. Leur instruction pratique et théorique sera dirigée en conséquence. Ils seront en quelque sorte ce que sont dans l'armée prussienne les appointés. Pour ne pas multiplier les grades, nous avons adopté cette désignation de soldat d'élite de première classe.

Le nombre des soldats à maintenir comme engagés dans chaque compagnie, escadron ou batterie, ne dépassera pas le vingtième de l'effectif. On ajoutera à ce vingtième un nombre d'hommes égal aux vacances qui se produiront dans les cadres.

A l'époque de l'inspection générale, une Commission pré-

---

(1) Nous ne pouvons ici déterminer la nouvelle position qui sera faite aux sous-officiers, mais il est nécessaire de faire connaître, dès à présent, que cette position devra être très-sérieuse. Les sous-officiers doivent entrer pour une large part dans la forte et solide reconstitution de nos cadres. Dans la deuxième partie traitant de la réorganisation de notre système militaire, cette question sera approfondie et étudiée dans tous ses détails.

sidée par l'Inspecteur général examinera et classera les sous-officiers, brigadiers, caporaux et soldats qui demandent à contracter un engagement volontaire.

Cette opération devra être faite avec le plus grand soin, car de là dépendra, en grande partie, la bonne composition des cadres de sous officiers.

CHAPITRE XI.

DES RENGAGEMENTS.

SOMMAIRE.

QUATRE PÉRIODES DE RENGAGEMENT :

Premier rengagement. — Durée, deux ans. — Conditions d'admission.
Second rengagement. — Durée, deux ans. — Exclusivement réservé aux sous-officiers. — Conditions.
Troisième rengagement. — Durée, deux ans. — Réservé aux sous-officiers.
Quatrième et dernier rengagement. — Durée, quatre ans. — Réservé aux sous-officiers. — Instructeurs brevetés. — Dispositions spéciales pour les sous-officiers arrivés à seize ans de service.
Faculté laissée aux sous-officiers libérés après huit ans de service de se faire commissionner, après examen préalable, officiers de l'armée de réserve.

Art. 32.

Premier rengagement. — Durée, deux ans.

Les rengagements se contractent dans les mêmes conditions que les engagements, avec cette différence que les cadres des sous-officiers, brigadiers, caporaux, tambours et soldats de 1re classe sont les seuls qui puissent les contracter. Exceptionnellement, les soldats engagés volontaires qui, faute de vacances, n'auraient pu entrer dans les cadres, seront admis à contracter le premier rengagement.

Art. 38.

Deuxième rengagement. — Durée, deux ans.

Les sous-officiers sont seuls admis à contracter le deuxième rengagement, qui sera de deux ans. Il est soumis aux mêmes conditions que le premier.

A huit ans de service, les brigadiers, caporaux, tambours, clairons, trompettes et soldats de première classe, ont acquis des droits aux places qui leur sont réservées dans les Administrations publiques par l'article 36. Ceux qui ont concouru pour ces emplois et qui ont été reconnus admissibles peuvent, s'il y a des vacances, être nommés de suite ; dans le cas contraire, ils sont libérés, en attendant leur nomination.

En outre, comme compensation des huit années passées sous les drapeaux, ils sont dispensés du service et des obligations de la deuxième réserve en temps de paix, c'est-à-dire des exercices de chaque année.

Exceptionnellement, les brigadiers, caporaux, etc., etc., qui, à l'inspection générale, ont demandé à servir dans les corps spéciaux ci-après : gendarmerie, douanes, etc., s'ils ont été reconnus capables, seront maintenus provisoirement sous les drapeaux, sans rengagement, en attendant qu'ils soient confirmés dans leurs emplois.

Les sous-officiers qui quittent l'armée à huit ans de service ont les mêmes droits que les brigadiers, caporaux, tambours, etc., aux places mentionnées à l'article 36.

Ceux d'entre eux qui voudraient subir les examens de sous-lieutenant, au titre de l'armée de réserve, se présenteront devant une Commission présidée par un officier général qui, s'il y a lieu, leur délivrera un certificat d'aptitude. Ce certificat les mettra à même d'être commissionnés sous-lieutenants dans l'armée de réserve, dans le cas où elle serait mobilisée conformément à l'article 29 *bis*.

Cette commission n'est valable que pour quatre ans, c'est-à-dire, pour le temps que ces militaires doivent passer dans la deuxième réserve. L'examen que devra subir le candidat ne portera que sur les connaissances pratiques militaires; les sciences et la partie littéraire du programme des écoles militaires en seront écartées ; néanmoins, le candidat devra avoir une instruction primaire convenable.

Art. 34.

Troisième rengagement. — Durée, deux ans.

Les sous-officiers sont seuls admis à contracter le troisième rengagement. Il est également de deux ans et soumis aux mêmes conditions que les précédents. Ce rengagement les conduit à douze ans de service.

Art. 35.

Quatrième et dernier rengagement. — Durée, quatre ans.

La durée du quatrième rengagement est de quatre ans.

A partir de seize ans de service il n'y a plus de rengagement.

A douze ans de service, les sous-officiers ont acquis des droits aux places qui leur sont réservées par l'article 37, sous la condition qu'ils seront pourvus du certificat d'aptitude prescrit par l'article 33, certificat qui les rend susceptibles d'être commissionnés sous-lieutenants dans la réserve, avec cette différence qu'à douze ans de service les sous-officiers ont complétement satisfait à la loi du recrutement; mais, en raison des avantages sérieux qui leur sont réservés par l'article 37, le Gouvernement aura la faculté, en cas de guerre, de les rappeler dans l'armée de réserve, pour y servir en qualité de sous-lieutenants. Ils ne sont susceptibles d'être rappelés dans l'armée de réserve que pendant une durée de quatre ans, qui court à partir du jour où ils sont commissionnés dans leur emploi.

Indépendamment du certificat d'aptitude délivré aux sous-officiers, conformément aux dispositions de l'article 33, les emplois et places énumérés à l'article 37 ne seront conférés aux sous-officiers qu'à la suite de concours. Ceux qui auront été reconnus admissibles, s'il y a des vacances, seront nommés de suite ; les autres sont libérés en attendant leur nomination.

Dès ce moment, les sous-officiers qui sont admis à contracter le quatrième rengagement doivent se préparer à acquérir les connaissances militaires approfondies qui pourraient leur manquer pour devenir instructeurs d'élite d'infanterie dans les sous-dépôts de recrutement, où ils seront employés avec le titre d'*Instructeur breveté d'infanterie*.

Le nombre en sera porté à environ 600, comptant deux ou trois stagiaires dans chaque dépôt de recrutement.

Ils auront droit à la retraite à vingt-cinq ans de service effectif.

Ils auront le rang d'adjudant sous-officier, et cette position leur offrira de sérieux avantages. Ils seront maintenus jusqu'à seize ans de service, époque à laquelle, s'ils n'ont pas reçu leur brevet d'instruction d'infanterie, ils seront envoyés d'office dans la gendarmerie, comme simples gendarmes, ou avec un grade, suivant leur position hiérarchique, dans les douanes. Ils pourront encore être employés dans les forteresses comme portiers-consignes, à moins qu'ils ne préfèrent concourir pour les emplois civils spécifiés aux articles 36 et 37.

Ainsi qu'on vient de le voir dans les dispositions qui précèdent, les brigadiers, caporaux et soldats d'élite, quittant l'armée après huit ou dix ans, les sous-officiers douze ou seize ans, doivent, à ce moment-là, être pourvus d'un emploi qui leur assure une position honorable, suivant le degré de capacité de chacun ; tous ayant été à même d'acquérir une instruction suffisante dans les écoles militaires dont il est parlé aux articles 45 et 47.

Sans vouloir anticiper sur les lois qui doivent modifier notre législation sur l'avancement dans l'armée, nous posons en principe : que tout sous-officier ayant une année de grade, jusqu'à trente ans d'âge révolus, peut concourir pour le grade de sous-lieutenant, et qu'il sera réservé aux sous-officiers la moitié des vacances.

Avec les excellents éléments d'instruction qui seront mis à la disposition de l'armée, on aura sous peu un remarquable corps de sous-officiers, qui sera une des bases principales de notre force militaire.

CHAPITRE XII.

DES EMPLOIS RÉSERVÉS AUX ANCIENS MILITAIRES.

SOMMAIRE.

Indication des emplois pour lesquels peuvent concourir les militaires de tous grades, y compris les soldats d'élite de première classe, après huit ans de service.
Emplois exceptionnellement réservés aux sous-officiers.
Énumération des emplois exclusivement réservés aux sous-officiers, après douze ans de service.
De la position faite aux anciens sous-officiers qui quittent l'armée à douze ans de service.
Avantages résultant de la création des officiers de l'armée de réserve.

Art. 36.

« Le premier moyen d'encourager l'esprit militaire, c'est d'en-
» tourer l'armée de toute la considération publique et sociale. Le
» second, c'est d'assurer aux services rendus à l'État la préférence
» dans tous les emplois administratifs qui viendraient à vaquer,
» ou même d'exiger un temps de service militaire pour certains
» emplois. » (Jomini.)

Indication des emplois réservés dans les administrations publiques, conformément à l'art. 33, aux sous-officiers, brigadiers, caporaux, clairons, tambours, trompettes et soldats d'élite de première classe, après huit ans de service accomplis dans l'armée active, et sous la réserve que tous les candidats rempliront les conditions d'aptitude.

Savoir :

1° Facteur des lignes télégraphiques;

2° Employés au service des octrois ;

3° Facteurs des postes ;

4° Facteurs ruraux ;

5° Gardes forestiers domaniaux ;

6°   —   sédentaires ;

7°   —   communaux ;

8° Gardiens dans les bureaux des diverses administrations ;

9° Gardes-pêche ;

10° Gardes de navigation ;

11° Éclusiers et pontiers ;

12° Maîtres et gardiens des phares ;

13° Employés inférieurs des établissements thermaux et hospitaliers ;

14° Surveillants dans les écoles d'agriculture ;

15° Caserniers et concierges des hôtels des quartiers généraux et des casernes ;

16° Gardes champêtres ;

17° Agents de police ;

18° Cantonniers ;

19° Garçons de bureau de la Marine ;

20° Gardiens de bureau dans les mairies et préfectures ;

21° Sergents de ville ;

22° Gardiens des promenades publiques de Paris ;

23° Gardiens des maisons centrales et des prisons ;

24° Employés inférieurs dans les haras ;

25° Gardes sanitaires ;

26° Surveillants des établissements pénitentiaires aux colonies ;

27° Concierges d'hôpitaux ;

28° Hommes d'équipe dans les chemins de fer (1) ;

---

1) L'État devra, à l'avenir, stipuler dans les contrats de concession, avec les Compagnies de chemin de fer, qu'un certain nombre de places seront réservées aux militaires qui auront servi pendant huit ans dans l'armée active.

29° Surveillants militaires commissionnés dans les ateliers des entrepreneurs de l'État. (Voir l'article 12.)

Enfin, tous les emplois d'agents inférieurs dans les administrations publiques.

Les sous-officiers qui seront pourvus des certificats d'aptitude prescrits par l'article 33, certificat qui les rend susceptibles d'être commissionnés sous-lieutenants dans l'armée de réserve, seront seuls admis à concourir pour les places suivantes :

1° Gardes du service du génie ;

2° Commis expéditionnaires dans les bureaux des Administrations départementales, municipales, préfectorales, des Ministères, du Trésor public ;

3° Piqueurs de ponts et chaussées de quatrième classe;

4° Employés des chemins de fer, partie administrative.

Indépendamment de ces places, le recrutement du corps de la gendarmerie et des douanes ne se fera à l'avenir que parmi les militaires qui auront au moins huit ans de service effectif et qui se trouvent dans les conditions spécifiées aux articles 33 et 35.

Art. 37.

Énumération des emplois exclusivement réservés aux sous-officiers qui, ayant douze ans de service, réunissent les conditions d'aptitude spécifiées à l'article 35.

1° Administration des télégraphes ;

2° Percepteurs des contributions directes;

3° Préposés des perceptions municipales;

4° Agents de l'administration des postes et du Trésor public ;

5° Personnel administratif des douanes et des octrois ;

6° Commissaires de surveillance dans les chemins de fer ;

7° Commissaires de police ;

8° Capitaines de santé en Algérie.

Enfin, on peut réserver aux sous-officiers les emplois nécessitant des conditions spéciales d'admissibilité et qui, en raison des avantages qui s'y trouvent, leur assureront un avenir convenable.

Il importe de rehausser la position faite aux sous-officiers, de manière à bien les placer dans l'esprit des populations au milieu desquelles ils seront appelés à vivre. Aussi seront-ils susceptibles d'acquérir une influence qui doit tourner au profit de l'armée. Ces anciens sous-officiers, devenus officiers de l'armée de réserve, auront en cas de guerre, sous leurs ordres, les hommes du pays même qu'ils habitent.

Il y a donc tout intérêt à ce qu'ils y soient avantageusement connus.

Comme la plupart d'entre eux seront employés ou fonctionnaires du Gouvernement, l'État ayant toujours une action directe sur eux, pourra récompenser les services militaires qu'ils rendront, en les avançant ou les avantageant dans leurs emplois ou fonctions, et au besoin par des distinctions honorifiques.

Un homme rompu au métier, ayant l'expérience du commandement, possédant à fond les connaissances pratiques militaires, jouissant de la juste considération que lui donne une position honorable, position qui implique une certaine éducation, cet homme ne présente-t-il pas des garanties sérieuses pour faire un bon officier de réserve? En brevetant les jeunes volontaires (ceux qui devancent l'appel) après dix-huit mois de service, on pourrait encore avoir des officiers auxiliaires pour l'armée de réserve.

Les volontaires d'un an brevetés officiers en Prusse, sont loin d'avoir donné d'excellents résultats à propos de la guerre de Bohême, en 1866. M. le colonel Stoëffel dit : Plusieurs officiers supérieurs des battaillons de landwehr m'ont assuré qu'à part quelques exceptions, les volontaires d'un an se sont montrés impropres à bien remplir les fonctions d'officier.

Nos anciens sous-officiers, commissionnés officiers dans les conditions indiquées aux articles 35 et 37, nous donneront un excellent recrutement et suffiront pour compléter les cadres de l'armée de réserve.

CHAPITRE XIII.

DE LA CAISSE DE L'ARMÉE.

SOMMAIRE.

But de la Caisse de l'armée.
Entretien des écoles de garnison.
Amélioration de la condition matérielle des sous-officiers, caporaux et soldats de première classe.
Secours à donner en temps de guerre aux familles nécessiteuses dont les enfants sont sous les drapeaux.
Allégement des dépenses du budget de la guerre.
Possibilité de créer une réserve d'argent pour les armements éventuels.
Recettes.
Administration et contrôle.
Aperçu sommaire des ressources annuelles de la Caisse de l'armée.

ART. 38.

La Caisse de l'armée n'a aucun rapport avec l'ancienne Caisse de la dotation de l'armée. Nous repoussons de toutes nos forces le principe odieux de l'exonération du service, au moyen d'une somme d'argent. Notre caisse est instituée dans le but d'améliorer la condition matérielle, si digne d'intérêt, des sous-officiers, et de leur donner, ainsi qu'aux caporaux et soldats, les moyens de s'instruire d'une manière très-convenable, en facilitant la création des écoles de garnisons dont nous avons parlé. En outre, elle vient en aide aux familles nécessiteuses qui se trouvent dans le cas prévu à l'article 3, et dont les membres peuvent être appelés à l'armée, en cas de guerre.

Enfin, elle est principalement destinée à alléger les charges qu'impose au pays l'entretien des forces nationales, en versant dans la caisse du Trésor toutes les sommes excédant un avoir qui sera déterminé par une loi.

On pourrait créer une réserve d'argent, sous le titre de Réserve de la guerre, spécialement affectée aux armements imprévus. La Prusse, toujours pratique dans tout ce qui touche son organisation militaire, possède cette institution. Frédéric II attachait une grande importance à cette institution connue sous le nom de *Trésor de la guerre*. En maintes occasions, la Prusse lui a dû d'échapper à de grands dangers.

Dans la dernière guerre encore, s'il n'y eût pas eu un Trésor de la guerre, les États de l'Allemagne du Sud, et notamment le Duché de Bade, n'eussent pu avoir leurs forces prêtes en temps voulu. C'est grâce aux avances qui leur ont été faites, que les alliés ont pu suivre de si près la mobilisation de l'armée prussienne.

Un projet de loi a été récemment préparé pour réorganiser, sur des bases plus larges, l'établissement et le mode d'administration du *Reichskrügsschatz*, c'est-à-dire du Trésor de la guerre de l'empire d'Allemagne. La somme de 40 millions de thalers (150 millions de francs) doit en former le fonds, lequel sera exclusivement réservé pour les premiers besoins que nécessiteraient les armements ayant pour but de repousser une invasion.

L'empereur avec le grand chancelier peuvent disposer du Trésor de la guerre, sans avoir besoin de recourir au *reichstag*. Il est inutile, pour nous, d'insister davantage sur l'importance de cette institution. C'est un moyen redoutable pour préparer en silence les éléments d'une guerre à la veille d'éclater.

La caisse de l'armée est alimentée au moyen des sommes

versées par les individus qui sont atteints d'infirmités les rendant complétement impropres à tout service militaire et qui ont été imposés sur leur fortune personnelle, conformément à l'article 2. Enfin, elle reçoit les sommes provenant des réductions opérées sur les fournitures faites à l'État, ou sur les travaux exécutés au compte de l'État, par les fournisseurs ou entrepreneurs qui ont employé des jeunes gens impropres au service militaire et qui se trouvent dans les conditions définies à l'article 12.

La Caisse de l'armée est placée sous la haute direction et le contrôle de l'Assemblée nationale. Chaque année, une Commission est nommée pour présider aux opérations administratives. Elle dresse annuellement le compte général qui doit être soumis à l'Assemblée.

Nous ne pouvons, pour le moment, nous rendre compte d'une manière très-exacte de l'importance de ces ressources, mais il est certain que si la loi est appliquée convenablement, sans même la pousser avec trop de rigueur, la Caisse de l'armée pourra, dans un avenir prochain, couvrir annuellement une certaine part dans les dépenses de l'armée.

Aperçu des ressources annuelles de la Caisse de l'armée.

Nous ne pouvons donner ici qu'un aperçu approximatif ; néanmoins, nous pensons que nos chiffres resteront bien au-dessous de la valeur réelle des faits, lorsque l'expérience aura consacré le système d'imposition que nous proposons aux articles 2 et 12.

Les tableaux de recensement portent à 310 000 jeunes gens le nombre des inscrits qui, défalcation faite des absents, participent annuellement au tirage au sort.

La portion capable de porter les armes est évaluée à 180 000 hommes ; il reste donc 130 000 individus atteints d'infirmités plus ou moins prononcées, qui les éloignent du service militaire actif. D'après les statistiques les plus récentes, on estime à 30 0/0 le chiffre des inscrits complétement impropres à tout service, même le plus sédentaire, et qui doivent, conformément à l'article 2, être imposés sur leur fortune; soit le nombre de 39 000. Il est établi que le tiers des jeunes gens pris par le service militaire a réclamé, sous l'empire de la loi de 1855, le bénéfice de l'exonération. Nous partirons de cette base pour établir le chiffre des individus qui, en raison de leur fortune, sont susceptibles d'être taxés. Leur nombre étant de 13 000, en évaluant à 500 francs l'imposition moyenne que chacun aura à verser au Trésor, comme compensation de chaque année de service non effectué, pour causes d'infirmités, conformément à l'article 2,

La taxe s'élève, pour les quatre années, à la somme de 2 000 fr. soit pour les 13 000............Fr. 26 000 000 »

Sur les 130 000 individus appartenant à la catégorie de ceux qui sont impropres au service militaire actif, déduction faite des 39 000 dont il vient d'être question, il reste 91 000 qui, conformément aux articles 2 et 12 de la loi, doivent être affectés pendant quatre ans aux services administratifs ou sédentaires de l'armée, ou encore être employés chez les entrepreneurs et les manufacturiers de l'État.

La loi leur accorde la faculté de se libérer des obligations qu'elle leur impose au moyen d'une prestation en argent qu'ils devront verser au Trésor.

A reporter...Fr. 26 000 000 »

Report......Fr.	26 000 000 »

Nous fixons à 1 franc par jour, soit à 365 francs par an le prix de la libération. En raison du taux peu élevé de cette prestation, nous pensons qu'il n'y aura rien d'exagéré en portant au tiers le nombre des individus demandant à bénéficier de cette disposition de la loi.

Soit donc, pour 4 fois 365 francs et 30 333 individus, la somme de.....Fr.	44 286 180 »

Il reste 60 667 jeunes gens à affecter aux services sédentaires de l'armée, ou à mettre à la disposition des entrepreneurs de l'État.

Nous en prendrons 10 000 pour les diverses administrations de l'armée. De la différence, 50 667, nous défalquerons un dixième pour les maladies et les empêchements de travail, il en restera 45 600. La journée moyenne de travail de chaque homme sera au moins de 2 francs. En admettant que l'on prélève 1 fr. 25 c. pour l'entretien de l'homme, savoir :

Une ration de pain,.....Fr.	0,20
Solde......................	0,75
Habillement, linge et chaussures...................	0,20
Couchage et casernement, etc.	0,10
Total.....Fr.	1,25

A reporter.......Fr.	70 286 180 »

Report........Fr.	70 286 180 »

Il restera pour le Trésor :

0 fr. 75 c. × 365 = 273 fr. 75 c.
et pour 4 ans ce sera 1 095 francs, soit
pour 45 600 hommes.............. 49 932 000 »

                    Ensemble.....Fr. 120 218 180 »

Nous avons à déduire l'entretien des 10 000 jeunes gens employés dans les services sédentaires de l'armée.

Nous les réduirons à 9 000, pour tenir compte des maladies, permissions ou congés, etc.

Nous leur allouerons les mêmes prestations qu'aux individus employés dans l'industrie, c'est-à-dire 1 fr. 25 c. par jour, et pour un an 446 fr. 25 c.

Pour les 4 années, 36 000 hommes... 16 065 000 »

                    Reste......Fr. 104 153 180 »

Indépendamment de ces ressources, on aurait encore six ou sept millions provenant de la taxe qui pourrait être appliquée aux insoumis, ainsi que le fait remarquer M. le colonel Berge. Ce serait donc une centaine de millions que la caisse de l'armée recevrait *annuellement*.

CHAPITRE XIV.

RÉPARTITION DES CONTINGENTS DANS LES CORPS DE L'ARMÉE.

SOMMAIRE.

Évaluation de la classe annuelle. — Sa division. — Première portion du contingent. — Deuxième portion du contingent.
Répartition de la première partie dans les divers corps de l'armée.
Récapitulation générale, par arme, des forces que présentent les douze classes réunies.

Art. 43.

D'après les évaluations les plus récentes, il est généralement admis que chaque classe annuelle peut donner 180 000 hommes, tous propres au service militaire actif. La loi exigeant douze ans de service (quatre dans l'armée active, quatre dans la première réserve et quatre dans la deuxième réserve), nous aurons donc une force totale, pour douze contingents, qui sera de..... 2 160 000 hommes.

Nous porterons à 25 0/0 les pertes, c'est-à-dire un quart de l'effectif, soit........................ 540 000

Il restera donc disponibles....... 1 620 000 hommes.

Commençons par répartir dans les différentes armes la portion du contingent annuel appelée sous les drapeaux.

Il est convenu que la moitié seulement sera incorporée dans l'armée active et l'autre moitié restera dans ses foyers pour faire partie de la deuxième réserve, soit donc 90 000 hommes à verser dans les différents corps, savoir :

Infanterie................	50 000	
Cavalerie................	15 000	90 000
Artillerie................	15 000	
Services accessoires........	10 000	

Disons tout d'abord que les 90 000 hommes de la deuxième portion du contingent (deuxième réserve) qui ont tous reçu l'instruction du soldat d'infanterie, dans les dépôts de recrutement, sont nécessairement destinés en partie à cette arme, pour le cas de mobilisation en temps de guerre.

C'est ce qui explique pourquoi la portion du contingent annuel destinée à l'infanterie est relativement plus faible que celle des autres armes.

Dans la répartition du contingent, on aura soin de tenir rigoureusement compte des prescriptions de l'article 19, pour classer les jeunes gens dans les divers corps de l'armée suivant leurs aptitudes physiques et leurs professions.

RÉCAPITULATION GÉNÉRALE
PAR ARME

Des forces que présentent les douze contingents réunis.

	INFANTERIE	CAVALERIE	ARTILLERIE	SERVICES DIVERS	TOTAL
ARMÉE ACTIVE. — Composée des hommes appelés à faire quatre ans de service; ils appartiennent aux quatre premières classes de la première portion du contingent.....	200 000	60 000	60 000	40 000	360 000
PREMIÈRE RÉSERVE. — Composée des hommes sortis de l'armée active après quatre ans de service; ils appartiennent aux quatre dernières classes de la première portion du contingent.....	200 000	60 000	60 000	40 000	360 000
DEUXIÈME RÉSERVE. — 1° Les hommes n'ayant pas servi, qui ont reçu l'instruction du soldat d'infanterie dans les dépôts de recrutement, renvoyés dans leurs foyers après le tirage au sort; ils forment les douze classes de la deuxième portion du contingent à 90 000 hommes, l'une........	1 000 000	»	40 000	40 000	1 080 000
2° Les hommes qui, après avoir servi huit ans (quatre ans dans l'armée active, quatre ans dans la première réserve), ont encore quatre ans à faire dans la deuxième réserve	200 000	60 000	60 000	40 000	360 000
A reporter............	1 600 000	180 000	220 000	160 000	2 150 000

— 86 —

	INFANTERIE	CAVALERIE	ARTILLERIE	SERVICES DIVERS	TOTAL
Report............	1 600 000	180 000	220 000	160 000	2 460 000
A déduire 25 0/0 pour pertes, c'est-à-dire un quart de l'effectif. (Nous ferons la mesure large pour qu'on ne conteste pas nos chiffres.)............	400 000	45 000	60 000	40 000	540 000
Reste............	1 200 000	135 000	160 000	120 000	1 620 000
Pour avoir approximativement le chiffre de l'ensemble de nos forces, en cas de guerre, nous ajouterons les cadres tels qu'ils seront constitués en permanence pour le temps de paix............	108 019	27 000	32 000	12 000	179 000
Totaux............	1 308 019	162 000	192 000	132 000	1 799 019

(1) Le travail d'organisation des cadres n'a été fait que pour l'infanterie. (Voir le tableau B.) Nous donnons les chiffres des cadres de la cavalerie et de l'artillerie approximativement; nous pensons qu'ils seront dans la proportion du cinquième de l'effectif. Nous comprenons dans les cadres les tambours, clairons, trompettes, cavaliers ou canonniers de première classe.

(2) Même observation que la précédente. Nous pensons que le dixième serait suffisant.

(3) Non compris les officiers de l'état-major général, l'état-major, l'intendance, etc., etc.

CHAPITRE XV.

DE L'EXERCICE DES DROITS POLITIQUES DE L'ARMÉE.

SOMMAIRE.

Du mandat législatif.

Incompatibilité du caractère militaire avec le mandat de député.
Les candidatures militaires et l'immixtion des chefs militaires dans les affaires politiques peuvent compromettre la discipline.
Considérations générales.

Suppression du vote militaire.

Inconvénients du vote militaire au point de vue de la discipline.
Les militaires ne seront admis à exercer leurs droits d'électeurs que lorsqu'ils seront dans leurs foyers.
Prohibition absolue du vote militaire pour l'armée active.
La participation de l'armée aux actes politiques est une cause de profonde altération de l'esprit militaire. Dangers que cette situation peut faire courir au pays.
Considérations générales.

Art. 39.

Du mandat de député.

» Les militaires sont voués par profession à l'obéissance et doi-
» vent rester, par devoir, étrangers à toute ingérence politique. »
(Discours de Washingtonn aux officiers de l'Union américaine, reprochant à plusieurs d'entre eux d'avoir pris part à une manifestation politique.)

La nouvelle législation devra interdire d'une manière

absolue aux officiers de tous grades en activité, et surtout à ceux pouvus d'un commandement de troupes, le droit de siéger aux Chambres.

Nous venons de voir quelques chefs militaires descendre dans l'arène électorale. Leurs déclarations de principe nous ont appris qu'il y avait des généraux républicains et des généraux légitimistes. Ces professions de foi ont produit sur l'opinion publique la plus pénible impression et sont, en même temps, tout à fait contraires à l'esprit militaire. Ces actes peuvent mettre en péril la discipline de l'armée et la tranquillité du pays, dans un moment aussi troublé que celui que nous traversons. De tout temps, les chefs sages et éclairés, pour maintenir les vertus militaires dans l'armée, se sont abstenus de toute immixtion dans les débats politiques. Ils se sont attachés à éviter que les soldats fussent jamais mêlés aux questions politiques, comprenant avec raison que la politique est un dissolvant de toute discipline. A quelque nuance d'opinion qu'ils appartiennent, officiers et soldats ne doivent former qu'un seul et même tout, ne former qu'une seule et même famille, n'avoir qu'un seul et même esprit; et cet esprit, qui est celui du sacrifice et du dévouement amène officiers et soldats à s'immoler ensemble pour l'honneur du drapeau qui est le symbole de l'amour de la patrie.

L'esprit militaire sera mortellement atteint le jour où les soldats et les officiers ne seront plus en communion intime, par suite de divergences d'opinions politiques.

Avant toute chose, pour maintenir la discipline dans l'armée, il faut que les chefs donnent l'exemple de l'obéissance la plus absolue au Pouvoir exécutif, qui est le seul dépositaire de l'autorité légale.

Le pays n'entretient pas une armée pour que les chefs militaires proclament leurs principes politiques; ils sont là pour obéir au Gouvernement et pour commander la force publique.

Agir autrement, c'est affaiblir l'autorité du Ministre de la guerre qui, n'ayant plus dans sa main les chefs de l'armée, ne peut plus répondre de la sécurité. En outre, depuis quelques mois, nous avons pu apprécier ce qu'amène de discussions, de plaidoyers *pro domo suâ*, de récriminations amères, même tout à fait étrangères à la politique, la présence aux Chambres de militaires de tous grades. La plupart de ces discours ne sont que de violentes diatribes contre des supérieurs sous les ordres desquels les discoureurs se sont trouvés placés. D'autre part, on a vu des officiers d'un rang élevé attaquer dans la presse, de la manière la plus violente, leurs chefs immédiats.

L'illustre vainqueur de l'insurrection n'a pas été à l'abri de ce déchaînement des passions.

Comment veut-on que les soldats respectent leurs officiers, lorsque ceux qui sont placés au sommet de l'échelle sont les premiers à jeter le blâme et la déconsidération sur leurs chefs. Quel funeste exemple donné à toute l'armée, que le spectacle de toutes ces scandaleuses querelles !

Nous comprenons très-bien que la présence des officiers généraux éminents qui siégent en ce moment à la Chambre, y soit utile pour la réorganisation de l'armée. Une fois ce mandat rempli, ils seront beaucoup mieux à la tête de leurs troupes et rendront de plus grands services au pays en consacrant leur temps et leurs lumières à l'œuvre de la reconstitution de notre armée, sur les bases de la nouvelle loi militaire. Enfin, si les candidatures militaires ne devaient pas être supprimées, ce qui serait un grand malheur, il faudrait que tout officier candidat à la députation ne pût se présenter que dans son département, à l'exclusion formelle de celui dans lequel il exerce son commandement, ou dans lequel il l'a exercé depuis moins de deux ans. Tout officier de n'importe quel grade, une fois élu député, doit être immédiatement éloigné des rangs de l'armée active.

Pendant la durée de son mandat, il ne pourra exercer aucun commandement militaire. La tenue et le port des insignes militaires lui seront formellement interdits. Il sera placé dans la position de non-activité ou de disponibilité.

Dans cette haute et importante question, nous n'avons eu en vue que les principes, sans nous préoccuper en quoi que ce soit des personnes. Les principes restent et sauvent, tandis que les personnes passent et compromettent souvent les plus grands intérêts publics.

Art. 40.

Suppression du vote militaire.

Le titre de ce chapitre semble impliquer l'idée de retirer aux militaires l'usage des droits électoraux; nous ne proposons cette interdiction que pour ceux qui sont sous les armes; pour ceux-là, plus de vote militaire. Or, comme l'armée nationale se compose de plus de quinze cent mille hommes et qu'en temps ordinaire il y aura tout au plus trois ou quatre cent mille hommes sous les armes, c'est-à-dire environ le cinquième, nous laisserons aux douze cent mille hommes qui seront dans leurs foyers, à n'importe quel titre (en congé, première et deuxième réserve), la mission de représenter l'armée au scrutin. Ils pourront voter en toute liberté, mais seulement, nous le répétons, au milieu de leurs concitoyens, lorsqu'ils seront dans leurs foyers.

Nous avons tous remarqué les graves inconvénients du vote militaire, au point de vue de la discipline. Si le chef s'y intéresse et que les hommes votent sous sa pression, le scrutin est faussé et sa sincérité altérée. Si, au contraire, les soldats votent en sens inverse, l'autorité morale du chef se trouve fortement ébranlée.

Lorsque le chef parle à ses soldats, c'est pour leur donner des ordres, et non pour discuter des actes politiques. Le chef doit être obéi instantanément, sans la moindre hésitation ; c'est la première condition de la discipline. La voix du chef doit être celle de l'oracle en toutes circonstances, et lorsqu'il a parlé tous doivent s'incliner. Le vote militaire ne compromet-il pas le caractère du chef, en l'exposant ainsi à voir ses avis et ses conseils repoussés et même à être contredit par un vote bruyant ?

Pour le cas où le chef gardera une neutralité absolue et qu'il voudra faire respecter, dans toutes ses parties, la loi électorale, les soldats discerneront aussitôt que ce chef, qui jusqu'alors a été leur supérieur, auquel ils doivent respect et obéissance, est devenu tout à coup leur égal devant le suffrage universel.

Le chef préside comme un soliveau l'opération électorale; il n'a même pas le droit de faire entendre son avis. Le scrutateur, assis à ses côtés, est un plaisant de caserne que le hasard a désigné, ou un soldat sorti de la prison disciplinaire au moment du vote.

Quelle situation faite à un chef pendant douze heures que dure l'opération électorale !

Ce n'est pas tout : dans quelle fausse position se trouvera un officier et quel grave dommage pour la discipline lorsqu'il viendra, dans un manifeste électoral, dire à ses soldats, pour solliciter leurs suffrages, qu'il est Républicain, tandis qu'un autre viendra déclarer, dans le même but, qu'il est Orléaniste, et un troisième leur apprendra qu'il est légitimiste ! N'est-ce pas le renversement de l'édifice militaire tout entier ?

La révolution de 1848 avait déjà porté une première

atteinte à la discipline, en introduisant dans l'armée le vote militaire. La participation des régiments aux actes politiques, les excitations des partis, les discussions de la rue, les déclamations d'une certaine presse, la présence des soldats dans les clubs avaient porté à l'armée un coup fatal.

On doit se rappeler combien il en coûta pour conjurer le mal; la discipline était tellement ébranlée que l'on dut envoyer en Afrique plusieurs régiments et un nombre considérable de sous-officiers qu'il fallut éloigner du foyer de la plus violente démagogie. Les passions les plus malsaines avaient envahi la plupart de nos casernes. Ajoutons que du haut de la tribune, dans nos assemblées délibérantes, des voix imprudentes se firent entendre pour protester avec véhémence contre ces mesures, qui cependant étaient commandées par la plus urgente nécessité; le pays, l'ordre social pouvant être sérieusement compromis par l'indiscipline de l'armée. C'est de cette époque, du reste, on peut le dire, que date notre dégénérescence militaire.

Le plébiscite et les derniers événements ont ramené dans l'armée le droit de discussion et d'examen dans les affaires politiques.

Nécessairement, les mêmes causes doivent amener les mêmes effets. Nous espérons que les leçons du passé seront cependant mises à profit.

Si nous voulons ramener la discipline dans l'armée, il faut, nous le répétons, soustraire les militaires de tous grades aux entraînements et aux passions politiques.

Nous signalons le danger que pourrait faire courir au pays une armée qui serait appelée à délibérer; non-seulement elle mettrait les libertés publiques en danger, mais encore l'existence du pays lui-même.

Rappelons-nous que ce sont les armées délibérantes qui ont perdu Rome. Du moment où les prétoriens purent élire les Césars, Rome perdit ses libertés et déclina rapidement. Ses déchirements intérieurs la précipitèrent dans l'abîme, et malgré l'héroïsme de ses légions, elle ne put résister aux Barbares et dut succomber sous leurs coups.

Nous concluons donc : plus de vote militaire sous les armes. La nouvelle loi devra prendre de sérieuses garanties pour que les chefs de l'armée, dépositaires de la force, ne puissent jouer jamais un rôle politique, tant qu'ils auront cette force entre les mains ; s'il en était autrement, le Pouvoir serait trop facile à saisir, et il convient de le mettre à l'abri de toute convoitise criminelle.

L'histoire contemporaine est là pour ouvrir les yeux aux moins clairvoyants.

Épargnons à notre pays la honte du spectacle des *pronunciamento* des généraux espagnols et mexicains.

Au moment où toutes les factions sont en présence, faire de nos chefs militaires des hommes politiques, c'est aller au-devant de notre ruine ; c'est livrer notre pays à la plus grande anarchie.

Les députés militaires étant divisés sur le terrain politique, l'armée pourrait en être profondément troublée. Tant que la force publique sera intacte et que les traditions d'honneur et de patriotisme, c'est-à-dire toutes les vertus qui font l'esprit militaire seront l'apanage de notre armée, nos institutions n'auront rien à redouter des fureurs des partis ; notre sécurité sera complétement assurée. Conservons donc soigneusement cet esprit militaire qui doit faire notre force, et qui en même temps sera notre sauvegarde pour l'avenir.

Que dans l'armée, depuis le soldat jusqu'au général, personne ne soit détourné de ses devoirs professionnels.

Que personne ne puisse échapper à l'autorité directe du Ministre de la guerre, si l'on ne veut pas rendre illusoire l'action disciplinaire du chef suprême de l'armée.

On ne doit pas oublier que l'armée est essentiellement destinée à assurer le respect des lois et la défense du pays contre les ennemis extérieurs.

Son rôle n'est-il pas assez beau, assez élevé, assez noble ? Et faut-il que les militaires soient autorisés à mêler la politique aux devoirs d'une si honorable profession ?

CHAPITRE XVI.

DU MARIAGE DES HOMMES DE TROUPE.

SOMMAIRE.

La suppression du mariage des hommes de troupe découle des restrictions rigoureuses apportées par la nouvelle loi dans les engagements et rengagements.
Inconvénients, pour la discipline et les mœurs militaires, du mariage des hommes de troupe.
Mise en adjudication du service des cantines régimentaires et du blanchissage du linge du soldat.

Art. 41.

Les restrictions apportées par les articles 3 et suivants dans l'engagement et le rengagement des hommes de troupe, amènent forcément leur renvoi de l'armée après huit, dix et douze ans de services. Ces dispositions de la loi nouvelle nous conduisent tout naturellement à supprimer le mariage des hommes de troupe.

Avant que le service obligatoire et personnel ne fût adopté, on conçoit que dans les armées permanentes, où on conserve des hommes de troupe pendant vingt-cinq et trente ans, le mariage leur fût permis. En effet, la loi militaire ne peut le prohiber d'une manière absolue ; elle est obligée de fléchir devant certaines nécessités morales, en faveur des vétérans qui passent toute leur existence sous les drapeaux. Mais, malheureusement, la position si précaire faite aux sous-officiers ne leur permet pas toujours de contracter des unions convenablement assorties.

Ces mariages ont porté une atteinte funeste aux cadres en les avilissant encore davantage. En dehors d'honorables exceptions, la plupart du temps le mariage des sous-officiers a été pour eux une cause de déconsidération, et leur autorité morale en a été considérablement affaiblie. Il ne faut pas craindre de le dire, ces mariages n'ont été, en général, qu'une prime donnée à l'immoralité; ils ont permis à des femmes des moins recommandables de se réfugier dans les casernes, en s'abritant derrière les droits que leur confère le Code civil. Ces mariages ont été trop souvent des causes de scandale et ont porté une grave atteinte à la morale publique.

Aujourd'hui, cet état de choses doit disparaître ; l'armée devant être une école de haute moralisation, il faut que les jeunes soldats qui passent dans nos rangs n'y soient plus témoins d'une pareille dépravation de mœurs.

Les cantinières et les blanchisseuses seront donc supprimées ; on pourvoira à leur remplacement, pour la tenue des cantines et pensions dans les quartiers, au moyen de marchés passés avec des entrepreneurs. Il en sera de même pour le blanchissage du linge des hommes de troupe. On peut être certain que les concurrents ne manqueront pas. Ce sera une économie annuelle de 4 à 500 000 francs provenant de la suppression des pensions de secours aux veuves et orphelins.

Les effets de couchage, les médicaments, le chauffage, etc., entraînent encore à une dépense annuelle de près de 100 000 francs qui sera ainsi évitée. De plus, de nombreux locaux deviendront disponibles dans les quartiers, ce qui nous permettra d'améliorer le logement des sous-officiers.

CHAPITRE XVII.

DES ENFANTS DE TROUPE.

SOMMAIRE.

Réduction du nombre d'enfants à entretenir.
Inconvénients de l'éducation régimentaire.
Sacrifices faits en pure perte par l'État, sans profit pour l'avenir de ces enfants.
Dangers auxquels ils sont exposés dans les casernes.
Nouveau mode d'éducation à adopter.
Subventions scolaires annuelles.
Économies et avantages résultant du système proposé.

La suppression du mariage des hommes de troupe amène forcément celle des enfants de troupe, ou tout au moins en réduit considérablement le nombre ; leur entretien entraîne à des sacrifices en pure perte.

Il aurait fallu que l'éducation de ces enfants fût dirigée de manière à la faire tourner au profit de l'armée. Il eût été important que ces enfants devinssent de bons sujets, pour en faire plus tard d'excellents sous-officiers et même des officiers.

Que peut gagner, en effet, l'armée, à avoir quelques tambours, musiciens, cordonniers et élèves fourriers possédant à peine les rudiments d'une instruction ébauchée le plus souvent au corps-de-garde ?

L'article 12 du règlement du 22 mai 1858 prescrit que les enfants de troupe arrivés à l'âge de quatorze ans devront, suivant leurs aptitudes, être employés comme tambours, trompettes, ou travailler dans les bureaux ou les ateliers. Ceux qui s'y refusent ou sont incapables de faire le service qui leur est imposé, sont renvoyés.

Comment peut-on exiger que des enfants de quatorze ans deviennent tambours, trompettes, musiciens, sous peine d'être abandonnés?

N'est-ce pas les détruire moralement et physiquement?

Moralement, car ils sont mis en contact avec ce qu'il y a de moins exemplaire dans les casernes; physiquement, en leur imposant un service prématuré qui épuise leur santé. Quant à ceux que leur belle écriture semble désigner pour la bureaucratie régimentaire, leur instruction est trop insuffisante pour y rendre le moindre service. Ceux qui travaillent dans les ateliers du corps sont encore les mieux partagés; ils peuvent apprendre un état; mais encore quel profit l'armée tirera-t-elle de cet apprentissage?

En somme, les services que rendent les enfants de troupe, de quatorze à dix-huit ans, sont à peu près nuls. Alors qu'il faudrait s'occuper activement de leur instruction, les fortifier contre les faiblesses de leur âge, développer avec soin leurs qualités morales, c'est à ce moment-là qu'on les expose à tous les dangers de la vie de caserne. Comme on le voit, l'institution est vicieuse dans toutes ses parties, et si quelques-uns de ces enfants ont réussi, si plusieurs même sont devenus d'excellents officiers, on le doit à des causes exceptionnelles qui leur ont permis d'éviter de trop nombreux écueils.

Nous pensons que l'État pourrait venir en aide aux officiers chargés de famille pour l'éducation de leurs enfants, ainsi qu'aux rares sous-officiers de l'armée qui seront mariés, entre autres aux adjudants instructeurs brevetés des sous-dépôts de recrutement, ainsi qu'aux sous-officiers et soldats de la gendarmerie ; car, pour ces derniers, il y a lieu de maintenir l'autorisation du mariage.

Un moyen efficace d'assurer l'instruction de ces enfants, consisterait à donner aux parents des primes scolaires annuelles, à la condition que l'enfant possédera des connaissances déterminées, et que ces connaissances seront en rapport avec son âge.

Ainsi, par exemple, on pourra accorder, à partir de six à dix ans, une prime annuelle de 100 francs ; de dix à quatorze ans, une prime annuelle de 200 francs, et de quatorze à dix-huit ans, une prime annuelle de 400 francs.

Les primes seraient payées aux parents sur la production d'un certificat délivré par le chef de l'établissement d'instruction, attestant que l'enfant a suivi régulièrement les cours et qu'il est en état d'entrer dans la classe suivante. Ce certificat sera soumis au visa de l'autorité universitaire, qui devra en faire contrôler la véracité. A partir de quatorze ans, pour avoir droit à la prime de 400 francs, l'enfant devra pouvoir entrer en quatrième, et chaque année, jusqu'à dix-huit ans, suivre la classe correspondante.

Le certificat de capacité à produire par l'élève, à partir de quatorze ans, sera délivré par les membres de l'Université.

A dix-sept ou dix-huit ans, les études étant terminées, le jeune homme sera en état de choisir une carrière suivant ses goûts et ses aptitudes.

Ceux qui seront reçus, à la suite de concours, dans les diverses écoles du Gouvernement, pourront être admis à titre de boursiers ou de demi-boursiers. Ce système d'éducation des enfants de militaires présenterait même une grande économie. Aujourd'hui, un enfant de troupe, depuis l'âge de deux ans jusqu'à quatorze ans, occasionne annuellement à l'État une dépense relativement considérable et qui est faite sans profit pour l'armée.

En voici le détail :

Ration de pain, 0,20, soit 365 rations....Fr.	73,00
Solde journalière (infanterie), 0,25..........	91,25
Habillement, environ.....................	30,00
Dépense d'entretien, chaussures, linge, etc....	18,50
Location de la literie....................	12,00
Total........Fr.	224,75

En ajoutant les frais de surveillance, les dépenses d'écoles, les médicaments, la valeur du casernement occupé, le chauffage en hiver, la dépense annuelle va au moins à 300 francs, soit 3,000 francs pour 10 ans.

Or, il y a 5 466 enfants de troupe dans l'armée, ce qui donne une dépense annuelle de........Fr. 1 639 800
Cette dépense, multipliée par 12, donne.. 19 677 600

D'après le système que nous proposons, l'enfant n'occasionne à l'Etat qu'une dépense de 1 200 francs pendant la période de six à quatorze ans, savoir : de six à dix ans, 400 francs; et de dix à quatorze ans, 800 francs. Pour 5 466 enfants, la dépense ne s'élèvera qu'à 6 559 200 francs. Bénéfice net : 13 118 480 francs. (Nous devons faire remarquer que ce chiffre actuel de 5 466 diminuera graduellement, par suite de la réduction des autorisations de mariage.)

De quatorze à dix-huit ans, les enfants de troupe, selon l'arme, ont la solde de trompette, tambour, clairon, solde relativement élevée lorsqu'on la compare à celle de soldat de deuxième classe.

La moyenne de la dépense annuelle de chacun d'eux ne s'élève pas à moins de 700 francs, ce qui, pour une durée de quatre ans, donne une dépense de 2 800 francs, laquelle, multipliée par le nombre total des enfants de troupe, 5 466, donne 15 304 800 francs.

Dans notre système, pour avoir droit aux primes scolaires, les enfants de 14 à 18 ans devront être en état de poursuivre avec fruit leurs études, car nous n'entendons pas primer la paresse et l'ignorance.

En réduisant de moitié les 5 466 enfants que nous aurons à instruire, nous serons encore bien au-delà du chiffre exact : il nous restera tout au plus 2 733 enfants qui, de quatorze à dix-huit ans, pourront terminer leurs études, en n'occasionnant à l'État qu'une dépense de 400 francs par an, soit 1 600 francs pour quatre ans. Pour 2 733 enfants, ce sera donc une somme de 4 372 800 francs, dépense moindre de 10 932 000 francs que les chiffres précédents.

Résumons : Nous avons dit que les enfants de troupe occasionnent une dépense totale de :

1° de deux à quatorze ans......Fr.	19 677 600	»
2° de quatorze à dix-huit ans........	15 304 800	»
Total........,..Fr.	34 982 400	»

D'après notre système, les dépenses s'élèveraient :

1° de six à dix ans, quatre ans à 100 fr., soit 400 francs × 5 466....Fr.. 2 186 400

2° de dix à quatorze ans, pour le même nombre de 200 fr. par an, soit 800 fr. pour quatre ans. 4 372 800

3° de quatorze à dix-huit ans, pour un nombre égal à la moitié de 5 466, soit 2 733, quatre ans à 400 fr.,= 1 600 francs × 2 733, 4 372 800

} 10 932 000 »

Dépenses de l'ancien système....Fr.	34 982 400	»
Dépenses du nouveau système........	10 932 000	»
Bénéfice net pour l'État......Fr.	24 050 400	»

Pour une période de seize ans, c'est donc une économie de

24 050 400 francs qui, divisés par seize annuités, donne une économie annuelle de 1 503 150 francs.

Ce système présente donc des avantages incontestables au point de vue de l'économie, et le mode d'instruction adopté pour les enfants des militaires est supérieur à ce qui se fait actuellement.

Si, par suite de considérations que nous n'avons ni à prévoir, ni à discuter, les enfants de troupe doivent être conservés dans les corps de l'armée, on aura des moyens nouveaux pour les instruire très-convenablement dans les écoles des grands dépôts divisionnaires tenues par l'Université, dont il sera question à la 2ᵉ partie.

Alors, nous demanderions avec instance que ces enfants ne fussent astreints à aucun service jusqu'à l'âge de dix-sept ans, pour les mettre à même de s'occuper exclusivement de leur instruction et de leur éducation. Mais la condition essentielle de tout progrès sérieux exige leur éloignement des casernes.

DEUXIÈME PARTIE

De l'Organisation militaire.

« L'armée est une machine destinée à opérer les mouvements
» militaires : comme les autres machines, elle se compose de
» parties différentes; leur bonne composition et leur convenable
» arrangement font sa perfection ; leur objet commun doit être de
» réunir comme propriétés essentielles la force et l'agilité. » (*Lloyd.*)

Les malheureux événements que nous venons de traverser nous ont montré combien notre état militaire était défectueux, au double point de vue de l'insuffisance de nos forces et de la lenteur apportée dans leur mobilisation, alors que la Prusse, en moins de quinze jours, a pu nous envahir avec des forces trois fois supérieures à celles que nous avions à lui opposer.

Voici comment s'exprime le général de Moltke, dans un ouvrage qui a paru récemment en Allemagne : (*l'Armée allemande, son organisation, son armement, sa manière de combattre*).

« Le rapide déploiement des forces militaires de l'Allemagne du
» Nord est principalement dû à ce que les corps d'armée sont
» déjà formés en temps de paix, et organisés de telle sorte, que
» toutes les armes s'y trouvent représentées dans la proportion
» voulue. Les fractions de troupe de chaque corps étant, à peu
» d'exceptions près, réparties dans le district occupé par ce corps,

» l'appel des hommes destinés à compléter l'effectif de guerre se
» trouve ainsi facilité ; de plus, leurs dépôts de matériel se trou-
» vant dans le même district, la mobilisation toujours préparée
» d'avance, dans les moindres détails, s'effectue dans un très-faible
» délai. Cette excellente organisation aura donc eu une grande
» influence sur le résultat final de la guerre avec la France, l'or-
» ganisation française étant, sous ce rapport, incomparablement
» moins pratique. Cette organisation n'admet, en temps de paix,
» que des divisions territoriales, mais point de divisions de troupe
» composant un tout organisé. Les corps ne sont formés que
» lorsque la guerre est déclarée ; les détachements qui leur sont
» destinés et leur matériel d'équipement sont alors tirés de tous
» les départements, ce qui entraîne une grande perte de temps,
» beaucoup de marches, de contre-marches et une extrême con-
» fusion sur les chemins de fer. C'est ce qui explique que nous
» ayons pu devancer la concentration entière de l'armée française
» sur le Rhin et sur la Saar. L'empereur Napoléon fut alors obligé
» d'abandonner son plan, primitivement offensif, et de laisser aux
» armées allemandes l'avantage de l'initiative stratégique, avan-
» tage qui fut mis à profit avec autant de hardiesse que de vigueur.
» On peut dire que, par leur organisation, les Français étaient
» battus par les Allemands avant que le premier coup de canon
» fut tiré. »

Cette supériorité des Prussiens n'a rien d'extraordinaire ; leurs institutions militaires sont toutes très-pratiques et ont pour base un très-petit nombre de préceptes : il y a une place pour chaque chose, et chaque chose est à sa place ; le travail est complet en toutes ses parties, on profite de la paix pour s'exercer sans relâche à la guerre : voilà tout le secret de leur force.

« Une des qualités distinctives de la nation prussienne, c'est *la*
» *prévoyance*. Elle veut être incessamment prête à tout, et pour
» qu'à tout événement elle se trouve sur pied le plus promptc-
» ment possible, elle a organisé et préparé d'avance ce qui est
» nécessaire ou utile. » (Colonel baron STOFFEL.)

Nous devons cependant faire remarquer que vouloir copier servilement les institutions des autres nations, ce serait s'exposer à de graves mécomptes ; car, avant tout, il faut que ces institutions soient en rapport avec le caractère national, les mœurs et l'état politique du pays. « *On n'aurait pas plus tiré parti d'un Spartiate en l'amusant*, dit Montesquieu, *qu'on ne tirerait parti d'un Français en l'ennuyant.* »

Nous ne devons pas oublier que notre nouveau régime politique modifiera profondément nos mœurs militaires ; notre armée est déjà très-libérale; dans sa reconstitution, on devra tenir compte de ses justes aspirations.

Le soldat de l'avenir ne ressemblera en rien au soldat du passé; les sept années d'isolement et de vie en caserne sont choses perdues à tout jamais, le jeune soldat ne devant rester dans l'armée que deux ans ou deux ans et demi, tout au plus, c'est-à-dire le temps strictement nécessaire pour son instruction.

Ce sera donc un véritable *citoyen soldat*.

S'il est vrai que la discipline doit être impartiale et modérée, mais inflexible pour briser toute résistance, aujourd'hui plus que jamais il faut bien se pénétrer de cette idée que les soldats ne pourront être conduits que par des chefs capables et qui surtout prêcheront d'exemple. C'est à cette condition seulement qu'ils pourront exercer cette autorité morale qui fait toute la force du commandement.

Le Français, tout frondeur qu'il est, se laisse mener par la raison, la justice et la douceur ; avec des manières rudes et hautaines, on n'obtient rien de lui.

La discipline allemande ne lui convient nullement, et comme le faisait remarquer le maréchal de Saxe au prince de Kannitz, en parlant des soldats français qui, pareils à des fourmis, passaient partout : « *Les efforts que vous feriez pour obtenir d'eux la sagesse allemande seraient superflus.* »

Nous ne devons donc prendre de l'organisation prussienne que tout ce que nous pouvons utilement et facilement nous en assimiler.

Notre organisation militaire était un géant de granit aux pieds d'argile, qui est tombé sous les premiers efforts de la nation allemande.

Il ne faut ramasser au milieu de ces débris que les morceaux de granit, pour les maçonner fortement dans notre nouvel édifice militaire ; mais nous devons en écarter avec soin les matériaux vermoulus qui sont cause de notre chute.

Faisons donc notre profit de ce que l'expérience vient de nous apprendre si durement.

CHAPITRE Ier.

DE L'AVANCEMENT.

SOMMAIRE.

Dispositions générales. — Loi de 1818. — Maréchal Gouvion Saint-Cyr. — Des Concours. — De leur importance.

Loi de 1832. — Favoritisme. — Urgence d'une réforme du nouvel état militaire. — Précision et unité de commandement.

Critique du système d'avancement actuel. — Réformes à introduire dans la composition des cadres des compagnies, escadrons et batteries. —

But de cette étude, etc., etc.

Considérations générales sur l'avancement.

> « Les hommes sont ce que les institutions les font. »

Avant de constituer les cadres, il convient de donner un coup d'œil rapide sur les dispositions générales qui régissent l'avancement.

C'est d'autant plus nécessaire que ces observations serviront à expliquer les modifications que nous comptons introduire dans cette constitution.

Au commencement de la Restauration, l'armée reçut un nombre considérable d'officiers de tous grades, qui n'avaient d'autres titres que les faveurs de la cour. La loi du 10 mars 1818 (1) eut principalement pour objet de mettre un

---

(1) La loi du 10 mars 1818, dite de Saint-Cyr, a été calquée sur le beau discours que Lameth prononça à l'Assemblée nationale en 1790.

frein à cet envahissement scandaleux, qui décourageait l'armée et compromettait sa discipline. Cette loi fut un véritable progrès pour l'époque où elle fut conçue : elle remettait en faveur les principes libéraux consacrés par la Révolution française en faisant cesser l'esprit de privilége et en soumettant l'avancement à des conditions et à des règles déterminées.

De plus, elle consolida la position des anciens officiers du premier Empire et mit un terme aux tracasseries dont ils étaient l'objet.

Cet fut un acte législatif de haute et libérale politique, dont tout l'honneur revient au maréchal Gouvion Saint-Cyr. En cette circonstance, l'illustre maréchal fit preuve d'un ardent patriotisme, car il eut à lutter avec le parti ultra-royaliste qui, lors de la discussion de la loi, souleva dans les deux Chambres les débats les plus passionnés ; il fallut non-seulement beaucoup de courage, mais encore beaucoup de talent pour en assurer le succès.

La loi de 1818 a été un acheminement à celles du 14 avril 1832 et du 16 mars 1838, qui régissent actuellement l'armée ; ces lois ne répondent plus aux besoins du jour. La part si large faite à l'ancienneté n'avait été, dans le principe, qu'une mesure préventive contre les faveurs de la cour, au détriment des anciens officiers du premier Empire. Malheureusement, cette législation a survécu jusqu'à nous, alors que les motifs qui l'avaient fait naître n'existaient plus depuis longtemps. Elle présente, en outre, une lacune des plus regrettables, en ne consacrant pas le principe du concours, sans lequel le mérite ne peut se mettre en évidence.

C'est au moyen du concours que l'armée prussienne a pu obtenir son remarquable corps d'officiers, le plus instruit de l'Europe.

Dans les grades inférieurs, cette législation a tué toute émulation dans l'armée, en empêchant les capacités de se produire; elle fait une trop large part à l'ancienneté : (les deux tiers jusqu'au grade de capitaine inclusivement.) La part réservée au choix, (un tiers,) est donnée sans aucune garantie sérieuse ; elle est souvent le partage, non des plus dignes, mais des plus chaudement recommandés.

C'est ce qui explique chez les jeunes officiers le dégoût du travail et de l'étude. On leur reproche d'aller trop souvent au café, de ne s'occuper que de choses futiles et peu sérieuses, de négliger leur métier.

Tout cela est vrai en partie, mais à qui la faute ?

Dans les grades supérieurs, ces lois ne sont pas suffisantes pour assurer au mérite et au savoir la part qui leur reviennent; elles laissent encore trop de place à l'arbitraire.

« Quand dans un pays il y a plus d'avantage à faire sa » cour qu'à faire son devoir, tout est perdu. » (MONTESQUIEU.)

L'arbitraire révolte la conscience; les facilités données à l'intrigue avilissent les caractères, les passe-droits font naître des rivalités dangereuses, irritent les amours-propres et amènent le dégoût du métier. Les nombreuses démissions d'officiers distingués en sont la preuve.

La loi réserve la moitié des vacances au tour de l'ancienneté pour le grade de chef de bataillon. Mais on trouve le moyen de l'éluder, en faisant permuter des chefs de bataillon, qui sont sur le point d'obtenir leur retraite, avec des majors, et comme les emplois de ces derniers sont dévolus au choix, l'ancienneté se trouve frustrée.

Lorsque le tour à l'ancienneté revient à un capitaine qui ne *plaît pas* et dont la limite d'âge n'est éloignée que de quelques mois, on retarde la nomination jusqu'à ce que cet officier soit forcé de rentrer dans ses foyers, où il emporte une dose de mécontentement qui ne manquera pas de se manifester en toute occasion.

Nous connaissons les objections qu'on nous opposera; mais quelles que soient les raisons que l'on pourra invoquer, la loi doit être respectée. « *Dura lex, sed lex.* »

Enfin cette loi, en laissant vieillir dans les rangs inférieurs des hommes d'un talent réel que leur dignité et leur loyauté tiennent éloignés des coteries, a privé l'armée d'un grand nombre d'excellents officiers supérieurs et lui en a donnés qui n'auraient jamais dû franchir les grades subalternes. « *C'est le sang du soldat*, dit le général Morand, » *qui expie la faute de l'officier et l'erreur d'un mauvais* » *choix.* »

Le mal n'est pas nouveau, puisque déjà, en 1846, le maréchal Bugeaud écrivait au roi : « *Trop d'hommes incapables* » *arrivent au sommet dans l'armée.* »

En fait d'avancement, on n'aurait jamais dû oublier le sage précepte de Feuquières : « *L'avancement doit être exclu-* » *sivement le prix de la capacité reconnue et non la récom-* » *pense de services rendus.* » Il n'en est malheureusement pas ainsi ; de nos jours encore, on confond trop souvent l'un avec l'autre.

Il est temps enfin qu'une législation judicieuse, claire et précise fasse disparaître ces regrettables errements, qui exercent une si fâcheuse influence sur la bonne constitution des cadres.

Voilà en partie où est le mal.

Notre état militaire doit reposer sur un système économique, qui consiste à entretenir en temps de paix des cadres créés en vue de l'état de guerre ; l'expérience nous a appris qu'ils ne s'improvisaient pas.

On doit réduire les grades, emplois, etc., à ce qui est strictement nécessaire pour bien encadrer les compagnies, escadrons, batteries, et assurer le fonctionnement des services spéciaux. Toutes les sinécures, tous les grades de luxe, enfin tout ce qui est inutile doit être supprimé sans hésitation. C'est surtout dans les cadres que la *qualité* doit suppléer à la *quantité*.

Nous trouvons à cet égard, dans la constitution militaire de la Prusse, un précieux enseignement. Dans la distribution des pouvoirs de l'armée prussienne, tout est réglé de telle sorte qu'il n'existe pas de grade sans emploi ou fonction s'exerçant dans un cercle déterminé d'attributions.

Nous avons été aussi amené à reconnaître que dans les armées étrangères, où il n'existe plus de soldats mercenaires, le nombre d'officiers y a été considérablement réduit, par la raison toute naturelle qu'ils exercent une influence morale plus directe sur les soldats nationaux.

La nouvelle législation devra faire cesser le chaos qui existe dans la désignation des grades entre les différentes armes. Qui sera assez fort en linguistique pour expliquer la différence qu'il y a entre les maréchaux-des-logis et les sergents, au point de vue de leur position hiérarchique respective ? L'Autriche a eu le bon esprit d'éviter cette inutile variété dans la composition de ses cadres.

La première condition de la discipline consiste dans la précision du commandement. Si les pouvoirs ne sont pas convenablement définis, bien distribués et surtout parfaitement tranchés, il y a trouble dans l'ordre hiérarchique, et cette confusion peut amener des conflits d'autorité.

Pour obtenir la précision et l'unité de commandement, il importe que dans les compagnies, escadrons ou batteries, il n'y ait pas de doubles grades. Celui de capitaine doit impliquer, pour le titulaire et d'une manière absolue, le commandement d'un escadron, d'une compagnie, d'une batterie, ou déterminer une fonction spéciale, telle que capitaine adjudant-major, capitaine trésorier, capitaine d'habillement, fonctions qui doivent toujours accompagner la désignation du grade.

L'officier qui vient après le capitaine dans l'ordre hiérarchique doit être le lieutenant, appellation fort judicieuse, car elle indique très-bien la nature du grade et de la fonction.

Il en est de même du sous-lieutenant.

Loin de nous la pensée de vouloir supprimer les classes dans les grades inférieurs ; pour faire quelques avantages de solde à l'ancienneté, il y a lieu de les maintenir, mais en spécifiant que le passage à la 1re classe sera déterminé après tant d'années de grade. On ne verra plus les fâcheuses inégalités résultant de l'organisation actuelle : par exemple, un lieutenant de cavalerie (le fait s'est présenté souvent) peut devenir d'emblée capitaine commandant, c'est-à-dire capitaine de 1re classe, alors que son camarade de promotion dans l'infanterie restera capitaine de 2e classe pendant cinq, six et même sept ans. Mais ce n'est pas tout, le système d'avancement régimentaire adopté pour les grades inférieurs dans l'infanterie et la cavalerie amène bien d'autres complications, par suite du hasard ou de situations prévues ou imprévues, dans les mutations qui s'effectuent dans les régiments. Il arrive que parmi les meilleurs sujets de Saint-Cyr, soit qu'ils appartiennent à l'une ou l'autre de ces armes, malgré les propositions pour l'avancement dont ils peuvent avoir été l'objet, certains d'entre eux sont encore lieutenants et quelquefois sous-lieutenants, alors que dans d'autres régiments, leurs camarades de l'École militaire, sortis dans les derniers rangs, deviennent capitaines à l'ancienneté.

Combien de fois n'avons-nous pas entendu récriminer sur cet état de choses, qui est fait pour décourager les meilleurs officiers ?

Nous avons cherché dans la constitution des cadres des

compagnies, escadrons et batteries, à égaliser autant que possible le nombre d'officiers qui doivent entrer dans la composition de ces cadres, et cela dans le but d'imprimer à l'avancement une marche à peu près égale dans toute l'armée. Il serait à désirer que cette modification pût être rendue pratique ; elle ferait cesser les inégalités si criantes qui se produisent depuis longtemps dans l'avancement des différentes armes, et que rien ne justifie.

Nous dirons en terminant que, tout en réclamant le concours, il ne faudrait pas tomber dans une funeste exagération. Un homme pourrait être un puits de science et ne posséder aucune des qualités essentielles pour exercer avec autorité le commandement militaire. Il ne s'agit pas de savoir beaucoup, d'avoir une vaste érudition, mais de bien savoir tout ce qui se rapporte à notre état, suivant la position hiérarchique de chacun.

L'instruction que l'on doit exiger de nos officiers doit être, avant tout, professionnelle.

Dans l'appréciation du mérite on ne devra pas oublier le sage précepte de La Rochefoucauld : « On ne doit pas juger » du mérite d'un homme par ses grandes qualités, mais » bien par l'usage qu'il sait en faire ».

CHAPITRE II.

DES SOUS-OFFICIERS.

SOMMAIRE.

Importance d'une bonne constitution de cadres de sous-officiers. — Effets désastreux de la loi de 1855. — Situation précaire faite aux sous-officiers.

Urgence d'y remédier, de s'occuper de leur instruction et d'assurer leur avenir.

Des sous-officiers dans les armées étrangères. — Amélioration de leur condition matérielle.

La bonne constitution des cadres des sous-officiers est une question capitale, car ils sont dans le mécanisme militaire un rouage de premier ordre. Ils sont de précieux auxiliaires servant d'intermédiaires entre les officiers et les soldats. La loi si immorale de 1855, sur la dotation de l'armée avec les primes de rengagement, a immobilisé les cadres des sous-officiers et leur a porté un coup fatal dont ils ne se sont pas encore relevés. Le niveau moral a considérablement baissé, et, il faut le dire, nos sous-officiers ne sont pas ce qu'ils étaient il y a vingt ans. Ils ne jouissent plus auprès des soldats de l'influence qu'ils avaient autrefois; plus des deux tiers sont ignorants et incapables de devenir officiers.

Il n'y a rien d'étonnant; car, avec la position infime qui leur est faite, il n'est pas possible d'obtenir un meilleur recrutement. C'est une classe sacrifiée, sur laquelle cependant reposent les plus pénibles détails du service. Le mal est grand : il importe d'y porter un prompt remède.

Il ne faut pas se le dissimuler, l'affaiblissement de nos cadres de sous-officiers est une des causes principales de la dégénérescence de l'esprit militaire parmi la troupe.

Pour remédier à cette grave situation qui peut compromettre nos intérêts militaires, il faut que la position des sous-officiers soit considérablement améliorée, que la profession des armes, pour ceux qui ne peuvent arriver à l'épaulette, soit un état convenable qui assure leur avenir et qu'une loi leur garantisse cet état, comme on l'a fait pour les officiers.

De cette manière, on arrivera à resserrer plus étroitement les liens qui les unissent à leurs chefs, et en même temps l'esprit de corps, qui n'est autre chose que l'esprit de solidarité, en sera fortifié. Il est nécessaire que les sous-officiers, dans leur sphère d'action, soient contents de leur sort.

Il importe de fixer avec soin les règles qui détermineront leurs droits et leurs devoirs, afin d'éviter toute équivoque pour l'avenir et que chacun sache d'une manière précise ce qu'il *doit* et ce qui lui est *dû*.

Il ne suffit pas d'améliorer le bien-être des sous-officiers; il y a encore à s'occuper sérieusement de leur instruction, et surtout de leur éducation morale, afin de les mettre à l'abri des dangereuses excitations du socialisme et du communisme. Ces doctrines dissolvantes en ont égaré et entraîné plusieurs, surtout depuis quelques années.

Nous devons prévenir à tout prix et par tous les moyens de semblables défaillances.

Il est utile de faire remarquer que, dans la plupart des armées étrangères, les sous-officiers sont l'objet de la plus grande sollicitude, et leur position matérielle est de beaucoup supérieure à celle qui est faite aux nôtres. Dans l'armée prussienne, par exemple, le gouvernement leur assure une position civile, sous la condition d'avoir servi douze ans dans l'armée active.

Le maréchal Niel avait déjà essayé d'employer ce système d'émulation, qui a malheureusement été trop vite abandonné.

CHAPITRE III.

CONSTITUTION DES CADRES.

SOMMAIRE.

Organisation des cadres de l'armée actuelle. Vices de cette organisation.
Le bataillon, unité tactique, base de toute organisation militaire.
Inconvénients de l'organisation régimentaire actuelle.
Le principe divisionnaire doit être la base de la nouvelle organisation.

> « Les soldats sont toujours bien, quand les cadres sont bons et que la nation est brave. »   (JOMINI).

Avant de constituer les cadres de la nouvelle armée, il convient d'examiner sommairement l'organisation actuelle. (Voir tableau A.)

Pour commander et administrer une armée de quatre à cinq cent mille hommes, l'Etat entretient les cadres suivants :

1° Officiers et assimilés.................	24 012
2° Sous-officiers et assimilés.............	32 626
3° Caporaux et brigadiers................	40 142
Total.....	96 780
A ce chiffre doivent être ajoutés les soldats hors rang, tambours, trompettes, etc., et soldats des services administratifs...................	35 732
Il faut donc....	132 512

officiers, sous-officiers, caporaux, brigadiers, tambours, clairons, trompettes, soldats hors rang et soldats d'administration, pour commander, administrer et assurer les besoins d'une armée de quatre à cinq cent mille hommes.

Avec un pareil système, pour avoir une armée trois fois plus forte, pouvant encadrer et entretenir de 12 à 1 500 mille hommes, il nous faudrait donc 297 536 officiers, sous-officiers, brigadiers, etc., etc.

On voit dès à présent combien cette organisation serait onéreuse. Il ne serait pas possible d'avoir des cadres aussi nombreux ; ils seraient une cause de ruine pour le pays.

Par conséquent, nous devons renoncer à l'organisation régimentaire actuelle ; la faiblesse excessive des effectifs à entretenir en temps de paix ne donnerait plus au régiment qu'une force fictive.

D'un autre côté, l'appareil administratif de nos 139 cadres de régiments d'infanterie ou de bataillons d'infanterie, formant corps, devient une superfétation qu'il convient de ramener aux proportions les plus économiques.

Napoléon, avec sa profonde sagacité pour juger tout ce qui se rapporte à la guerre, avait reconnu que l'organisation régimentaire était défectueuse.

« Une administration pour 3 bataillons ou 18 compagnies est
» trop coûteuse, et il est d'une sage économie de n'établir une
» administration séparée que pour au moins 25 ou 30 compa-
» gnies. (Lettre au roi de Saxe. — Correspondance générale
» 14 800.) »

On a dû remarquer que dans le cours de cette étude, il n'a jamais été question du régiment ; nous avons toujours parlé du bataillon qui est l'unité tactique par excellence. C'est le nombre total de bataillons qui est la base de toute organisation militaire. L'usage l'a consacré ; car tout effort à la guerre est mesuré au nombre de bataillons que nécessite l'attaque ou la défense d'une position. Le régiment ne figure nulle part comme unité de force.

Dans l'ordre de bataille, les seules unités réelles sont : le bataillon, l'escadron, la batterie. Une brigade, une division ne se composent jamais de tant de régiments, mais de tant d'unités de force. Le régiment n'est absolument qu'un centre administratif, créé en vue de la centralisation des comptes régimentaires.

Ce défaut de notre organisation n'avait pas échappé aux hommes de guerre éminents qui ont rédigé le règlement du 3 mai 1832, sur le service des armées en campagne.

L'art. 20 dit : « *Les grands dépôts d'infanterie ou de cavalerie sont établis dans des places et garnisons assez éloignées des points d'opérations de l'armée, pour qu'ils ne soient point exposés à de fréquents déplacements. Les dépôts d'une même division ou d'une même brigade sont réunis ou du moins rapprochés autant que possible.* (1) »

Ces prescriptions étaient un palliatif apporté au vice radical de nos institutions, parce que, en temps de guerre, les troupes étant endivisionnées, l'organisation régimentaire du temps de paix n'avait aucun des caractères de l'endivisionnement ; il fallait donc s'en rapprocher autant possible, et grouper en temps de guerre les dépôts de plusieurs régiments pour former de grands centres administratifs.

Mais ce système présente de bien graves inconvénients, attendu que cette réunion de dépôts de plusieurs régiments dans une même localité n'y formera jamais qu'une mauvaise garnison ; il ne peut y exister autant de fraternité d'armes et

---

(1) Le général de Préval impute une partie de nos désastres dans les guerres qui ont précédé la chute du premier empire à l'absence de toute organisation régulière et permanente de nos dépôts.

d'esprit militaire que dans les fractions d'un même régiment ; il est en même temps essentiellement mauvais au point de vue économique, car il nécessite l'entretien d'un trop nombreux personnel administratif, et de plus, quatre dépôts de régiment occasionnent un encombrement bien plus grand qu'un seul dépôt central auquel seraient rattachés tous les éléments d'une même division. Cette question sera plus longuement développée dans les chapitres suivants. — Pour ne plus retomber dans les fautes du passé, il faut donc qu'à l'avenir notre organisation militaire repose sur les principes de l'endivisionnement. C'est dans cet ordre d'idées que le présent travail a été conçu.

Nous nous appuierons de l'autorité du général Morand, un des plus célèbres divisionnaires du premier Empire, qui, dans un ouvrage remarquable: *L'Armée selon la Charte 1829*, préconise le système d'organisation militaire des grands dépôts permanents. Il y fait ressortir les avantages d'une organisation régimentaire répondant aux besoins de l'unité tactique divisionnaire.

Cet illustre vétéran exprime une réflexion très-importante, qui n'a malheureusement jamais été mise à profit. « L'usage » en France, dit-il, est de dissoudre, au moment de la paix, » les corps d'armée, les divisions et les brigades. Cet usage » est un reste du régime féodal. »

Il est pénible d'avouer, en effet, que chez nous on a toujours méconnu cette maxime de gros bon sens : qu'une armée est faite pour la guerre et non pour la paix

DE L'ORGANISATION DES CORPS DE TROUPES

CHAPITRE IV.

DE L'INFANTERIE.

SOMMAIRE.

Cadres d'une compagnie.
Soldats d'élite de première classe.
Passage du pied de paix au pied de guerre.
Danger de trop nombreuses promotions au grade d'officier, pour le passage sur le pied de guerre.
Permanence des cadres. — Du bataillon et de son effectif en temps de paix.
Sa composition. — Force des bataillons effectifs.
Cadres d'une compagnie d'instruction. — Formation du bataillon d'instruction.
Nouveaux centres administratifs régimentaires.

Dans le tableau A, on voit qu'il y a 11 261 officiers de différents grades, — 21 505 sous-officiers, — 26 560 caporaux et 15 565 tambours ou cadres de compagnies hors rang, qui entrent dans la composition des régiments d'infanterie ou bataillons d'infanterie formant corps, lesquels se subdivisent en 372 bataillons et 2 951 compagnies.

Nous avons là des éléments plus que suffisants pour constituer les cadres de la nouvelle armée, en temps de paix. Procédons d'abord à la composition de la compagnie telle qu'elle doit être à l'avenir.

EFFECTIF D'UNE COMPAGNIE.
OFFICIERS.

	Temps de paix		Temps de guerre	En augmentation
	1	Capitaine..................	1	
	1	Lieutenant.................	1	
	1	Sous-lieutenant............	2	1
Totaux...	3		4	1

TROUPE.

	Temps de paix		Temps de guerre	En augmentation
	1	Adjudant sous-officier.......	1	
	1	Sergent-major...............	1	
	5	Sergents....................	8	3
	1	Sergent-fourrier............	1	
		Caporal-fourrier............	1	1
	10	Caporaux....................	16	6
	2	Tambours ou clairons........	4	2
	18	Soldats d'élite de 1re classe..	36	18
	65	Soldats de 2me classe.......	182	
Totaux...	103	....	250	30

L'effectif de 103 hommes n'est pas une fixation définitive du pied de paix ; suivant les ressources budgétaires annuelles, ou si des nécessités politiques l'exigent, on pourra porter les compagnies de 103 à 125 hommes (1), en rappelant les hommes en congé renouvelable.

Le service de semaine de l'adjudant sous-officier est, comme on le sait, fort pénible. Il demande une grande vigilance et une activité de tous les instants. L'expérience a démontré qu'un seul adjudant par bataillon ne suffit pas; souvent on est obligé d'en faire remplir les fonctions par des sergents-majors, que l'on détourne ainsi du travail de la comptabilité ; de plus, il leur est difficile de bien s'acquitter de ce service qui demande, indépendamment de toute l'autorité du grade, beaucoup de tact et une grande fermeté.

La création d'un adjudant par compagnie fera dispa-

---

(1) Et même au-delà, c'est tout simplement une question d'argent.

raître cet inconvénient ; le service sera rendu plus facile et sera en même temps mieux assuré.

Mais c'est surtout au point de vue du service intérieur des compagnies que chaque adjudant se rendra utile. On a remarqué que la présence trop fréquente des officiers dans les casernes n'est pas toujours très-utile ; elle nuit plutôt à l'autorité des sous-officiers qui se trouvent ainsi trop effacés. Pour les uns et pour les autres, l'influence du grade s'en trouve amoindrie. Il conviendrait que les sous-officiers eussent une plus large part dans certains détails, très-assujétissants, du service intérieur, qui incombent aujourd'hui aux officiers ; ce qui présente, du reste, le grave inconvénient de mettre les officiers en relations trop directes et trop fréquentes avec les soldats. Le prestige du grade est loin d'y gagner (1).

La création d'un adjudant par compagnie permettrait d'introduire cette importante modification dans le règlement du service intérieur des corps de troupe.

Ce sous-officier exercerait une surveillance des plus efficaces sur tous les détails de la police intérieure de la compagnie. Il ne relèverait que de l'autorité directe du capitaine commandant sa compagnie.

Le sergent-major étant ainsi débarrassé de tous les détails du service et de la discipline, pourra s'occuper beaucoup mieux de ses fonctions spéciales. Il sera l'agent direct du capitaine pour tous les détails se rattachant à l'administration.

---

(1) C'est surtout dans les corps de troupes à cheval que cet inconvénient se fait le plus sentir. En effet, indépendamment de la surveillance intérieure des capitaines commandant, dans un régiment d'artillerie, les soins journaliers à donner aux chevaux exigent, pour le service de semaine : un chef d'escadron, un adjudant-major et douze officiers de batterie, lieutenants et sous-lieutenants, à raison d'un par batterie ; total quatorze officiers pour surveiller les repas et les pansages de 500 ou 600 chevaux.

Le sergent-major n'aura pas de fusil ; il aura la même tenue que l'adjudant sous-officier ; tous les deux seront armés d'un revolver ; ni l'un ni l'autre ne porteront le hávresac ; en campagne, ils seront pourvus d'une petite gibecière contenant un peu de linge et quelques objets indispensables (1).

Pendant le combat, ces deux sous-officiers seront chargés des importantes fonctions de serre-files, qui demandent une grande énergie pour forcer les hommes à rester dans le rang.

Les soldats d'élite de 1re classe seront dans toutes les armes une précieuse réserve pour doubler les cadres, en cas de guerre. Ainsi qu'on l'a vu dans les dispositions concernant les engagements et rengagements, articles 31 et suivants, on a soumis ces militaires à une série d'épreuves qui en feront incontestablement des sujets d'élite dans toute l'acception du mot. Ils auront une bonne instruction théorique et pratique, qui leur permettra d'occuper immédiatement les emplois de caporaux. La même observation s'applique à nos caporaux, leur instruction sera plus développée ; celle des sous-officiers le sera encore davantage, et le plus grand nombre d'entre eux seront à même de remplir les fonctions du grade supérieur.

Déjà nous avons dit que l'armée devait être une véritable force, et non un simulacre de force. Nécessairement il ne faut pas que les cadres soient l'enveloppe de corps fictifs.

Le passage du pied de paix au pied de guerre doit pouvoir se faire sans exiger ces immenses créations qui jettent tant de trouble et de confusion dans les corps au moment où le temps est si précieux.

---

(1) L'adjudant et le sergent-major auront droit au transport d'une petite valise, avec le bagage du bataillon. Le poids de cette valise ne devra pas dépasser 12 kilogrammes, soit 6 kilogrammes pour chacun.

Ce sont surtout ces innombrables promotions d'officiers de tous grades qu'il faut éviter. L'expérience nous a trop bien appris qu'on n'improvise pas un bon officier sans l'avoir préparé de longue main ; il en est de même des sous-officiers.

« Les armées ne pèchent jamais par défaut d'hommes, » mais par défaut d'officiers. » (NAPOLÉON Ier.)

Notre système d'organisation repose sur la permanence des cadres. En cas de guerre, nous aurons très-peu de créations nouvelles. Nous aurons beaucoup de bataillons ; quoique petits, quant à l'effectif, ils n'en seront pas moins une force réelle ; car cet effectif ne représentera que des hommes valides complétement disponibles. On ne retombera plus dans les dangereuses illusions qu'ont entretenues pendant longtemps des effectifs trompeurs. Ces bataillons suffiront en temps de paix pour faire face à toutes les éventualités ; ils seront surtout très-mobiles. L'organisation en sera telle qu'ils pourront être mis en mouvement dans les vingt-quatre heures, soit pour être embrigadés, soit pour être envoyés isolément en détachement.

Voici quelle sera la composition du bataillon d'infanterie :

ETAT-MAJOR.	
Pied de paix.	de guerre.
1 Chef de bataillon..................................	1
1 Capitaine adjudant-major...............	1
1 Officier-payeur et de détail.....................	1
1 Médecin major ou aide-major.................	1
4	4

PETIT ÉTAT-MAJOR.	
1 Sergent secrétaire de l'officier-payeur.........	1
1 Caporal tambour ou clairon..................	1
1 Caporal et ouvrier armurier.................	2
1 Caporal infirmier............................	1
4	5

QUATRE COMPAGNIES.	
12 Officiers.................................	16
412 Troupe.................................	1000
424	1016
TOTAUX... 432	1025

Quatre cents bataillons ainsi organisés présentent, en temps de paix, un effectif de 172 800 hommes, officiers compris, et, en temps de guerre, de 410 000 hommes.

Au chapitre de la mobilisation, nous développerons le système à adopter pour le passage sur le pied de guerre.

Il nous reste à constituer les cadres des bataillons d'instruction. Les éléments des cadres de l'ancienne armée sont loin d'être épuisés. (Voir le tableau A.)

Les cadres d'un bataillon d'instruction seront à peu de choses près les mêmes que ceux des bataillons effectifs. Nous avons supprimé les emplois qui seraient sans utilité pendant que ces cadres seront appelés à faire l'instruction.

COMPOSITION DES CADRES D'UNE COMPAGNIE D'INSTRUCTION.

OFFICIERS.

1 Capitaine
1 Lieutenant.
1 Sous-lieutenant.

TOTAL... 3

TROUPE.

1 Adjudant sous-officier.
1 Sergent-major.
5 Sergents.
1 Sergent-fourrier.
10 Caporaux.
2 Tambours ou clairons.
38 Soldats d'élite de 1re classe.

TOTAL... 58

ÉTAT-MAJOR DU BATAILLON D'INSTRUCTION.

1 Chef de bataillon.
1 Adjudant-major.

TOTAL... 2

PETIT ÉTAT-MAJOR.

1 Caporal tambour ou clairon.

TOTAL... 1

RÉCAPITULATION.

OFFICIERS { État-major.................... 2 } 14
{ 4 Cadres de compagnie......... 12 }   TOTAL... 167
TROUPE { Petit État-major.............. 1 } 153
{ 4 Cadres de 4 compagnies...... 152 }

Deux cents cadres de bataillons d'instruction présentent un effectif de 32 400 officiers, sous-officiers, caporaux, soldats d'élite de 1re classe et tambours.

Maintenant, il s'agit de grouper les 400 bataillons actifs, plus les 200 cadres d'instruction, en centres administratifs formant, soit des régiments, soit des commandements, soit des brigades sédentaires, soit des grands dépôts, comme on le voudra, le nom ne faisant absolument rien à la chose.

Huit bataillons, à l'effectif de 432 hommes l'un, représentent une force de 3 456 hommes, plus 668 officiers, sous-officiers, caporaux, tambours ou clairons et soldats d'élite de 1re classe, formant les cadres de quatre bataillons d'instruction ; total : 4 124 hommes, c'est-à-dire un peu plus que l'effectif d'un régiment.

Nous pensons que ce serait là l'importance que devraient avoir ces centres administratifs, cette combinaison se prêtant très-avantageusement à l'organisation divisionnaire ; nous en verrons plus loin les avantages.

Pour l'exposé de notre système, nous donnerons à ces centres administratifs le nom de *grands dépôts divisionnaires d'infanterie*.

Nous aurons donc 50 grands dépôts divisionnaires d'infanterie qui seront numérotés de 1 à 50.

CHAPITRE V.

DES GRANDS DÉPOTS DIVISIONNAIRES D'INFANTERIE.

SOMMAIRE.

Numérotage des compagnies. — Désignation de ces compagnies dans le service. — Formation des bataillons.
Réponse à la double objection du fonctionnement de l'administration et d'atteinte portée à l'esprit militaire par cette organisation.
Cette organisation se lie intimement avec celle des réserves départementales. — Elle ne compromet en rien l'ordre public.
État-major d'un grand dépôt divisionnaire.
Personnel administratif. — Compagnie hors rang. — Son personnel. — Observation à ce sujet.
Renouvellement des officiers comptables. — Concours.
Abus de la perpétuation dans les fonctions comptables.

Pour éviter toute confusion dans la désignation des unités administratives, les compagnies seront numérotées de 1 à 48. Le premier bataillon comprendra les quatre premières, le deuxième, les quatre suivantes, ainsi de suite. Dans le service, les manœuvres, les rassemblements, etc., les compagnies seront toujours désignées ainsi : la 1re, la 2e, la 3e, la 4e, de tel bataillon. Il ne sera question des numéros affectés aux unités administratives, que sur les pièces de comptabilité ou autres documents se rattachant à l'administration.

On pourra nous objecter que, malgré ces précautions, la

confusion sera inévitable dans un dépôt ayant à pourvoir à tous les besoins et à administrer un si grand nombre de compagnies. Nous répondrons à ceux qui ne connaissent pas l'organisation des troupes de la marine (artillerie, infanterie), que ce système est consacré par l'expérience et qu'il a donné d'excellents résultats.

Les quatre régiments d'infanterie de marine et celui de l'artillerie de marine ont chacun un très-grand nombre de compagnies ou batteries qui varient entre quarante et cinquante. Ces troupes sont destinées aux colonies, et ceux qui ont vu de près fonctionner l'administration des dépôts centraux de ces régiments, savent combien elle est régulière et combien tout s'y fait avec ordre.

A ceux qui nous diront que nous portons une atteinte mortelle à l'esprit militaire, c'est-à-dire à l'esprit de famille régimentaire, nous répondrons : le régiment, ainsi que nous l'avons démontré, ne représente qu'un centre administratif. Si parfois, à la guerre, des régiments se sont couverts de gloire, et que dans ces régiments on soit fier de ce précieux souvenir, rien de mieux, cela est très-naturel ; mais cette renommée militaire aura encore bien plus d'éclat lorsqu'on dira, par exemple, que la 33e division d'infanterie ou la 1re brigade de la 33e division d'infanterie s'est immortalisée dans telle bataille ; qui aura donc le dépôt de cet acte glorieux, si ce n'est le 33e grand dépôt divisionnaire ?

Il est superflu de dire que si un régiment à la guerre représente 2,000 hommes, la division en compte 8 à 10 mille. Par conséquent, une action d'éclat, un acte de bravoure, un fait héroïque auront plus de retentissement dans un grand dépôt divisionnaire. Par son caractère de permanence, n'est-il pas à même de mieux conserver ses glorieuses traditions et de les perpétuer ?

On doit se rappeler que nos réserves, conformément à

l'article 25, doivent désormais être organisées par département pour être incorporées dans les grands dépôts les plus rapprochés. Supposons que le drapeau du 33ᵉ grand dépôt divisionnaire d'infanterie flotte à Rennes ; en temps de guerre, par suite de l'appel des réserves, la plus grande partie des bataillons actifs ne comprendra donc que des Bretons, et la Bretagne tout entière revendiquera la part qu'auront pu prendre ses enfants dans un fait glorieux.

Par conséquent, au lieu de porter atteinte à l'esprit militaire, l'organisation divisionnaire permanente lui donne une nouvelle force, qu'elle puise dans les sentiments patriotiques du pays tout entier.

En temps de paix, cette organisation présente, au point de vue politique, toutes les garanties pour assurer l'ordre et la tranquillité intérieure, attendu que les jeunes gens des contingents annuels iront faire le temps de service prescrit par la loi, conformément à l'article 20, dans des corps éloignés de leur département.

Les troupes qui tiendront garnison dans les villes ne seront donc jamais originaires du département ou des pays environnants.

Partant des sages recommandations qui sont faites par le règlement sur le service des armées en campagne, nous ne placerons pas de grands dépôts sur les frontières ni dans les places fortes qui ne sont pas maritimes, pour ne pas les exposer aux éventualités d'une invasion subite.

Nous sommes heureux de pouvoir citer, en pareille matière, l'opinion du plus grand homme de guerre des temps modernes ; elle est d'un grand poids pour le système d'organisation que nous proposons.

Dans une esquisse d'organisation d'armée permanente, l'empereur Napoléon Iᵉʳ entre radicalement dans les réformes de l'organisation régimentaire, pour la mettre d'accord avec le principe divisionnaire. Il voulait que le régiment fût à la fois une véritable unité tactique et un grand centre de recrutement, d'instruction et d'administration. Le régiment d'infanterie aurait été composé de 12 bataillons à 6 compagnies, soit 72.

Le régiment de cavalerie aurait eu 30 escadrons et le régiment d'artillerie 8 bataillons, soit 32 batteries. Ces régiments auraient été au nombre de

40 pour l'infanterie,
20 pour la cavalerie,
10 pour l'artillerie.

Telle aurait été cette organisation, si l'Empereur avait pu mettre son projet à exécution.

(NAPOLÉON. — *Mémoires*. Tome VIII.)

Nous allons donc procéder à l'organisation du personnel des grands dépôts divisionnaires, au point de vue du commandement et de leur administration.

ÉTAT-MAJOR D'UN GRAND DÉPOT DIVISIONNAIRE D'INFANTERIE.

- 1 Général de brigade, ou un colonel ayant deux ans de grade, commandant supérieur du grand dépôt.
- 1 Colonel commandant en second, lorsque c'est un général de brigade qui est commandant supérieur, ou lieutenant-colonel, lorsque c'est un colonel.
- 1 Lieutenant-colonel pour commander les détachements, lorsque plusieurs bataillons seront réunis.
- 1 Major, chef des services administratifs (1).
- 1 Capitaine trésorier.
- 2 Officiers, des grades de lieutenant et sous-lieutenant, adjoints au trésorier.
- 1 Capitaine d'habillement (habillement, linge et chaussures).
- 1 Officier adjoint, du grade de lieutenant ou sous-lieutenant.

9 à reporter.

---

(1) Le personnel administratif est composé de telle sorte que tous les besoins du corps seront assurés par le Conseil d'administration, sans autre intervention de l'Intendant que l'exercice de son contrôle.

9 *reporté*.
1 Capitaine chargé de l'armement, du grand équipement, du campement et du casernement.
1 Officier adjoint, du grade de lieutenant ou sous-lieutenant.
1 Médecin aide-major de 1re classe.
2 Médecins majors de 2e classe.

COMPAGNIE HORS RANG.

SOUS-OFFICIERS.

1 Chef armurier.
1 Adjudant vaguemestre.
1 Tambour-major.
1 Sergent-major de la compagnie hors rang.
1 Sergent-major chef-clairon (1).
1 Sergent 1er moniteur de gymnastique.
1 Sergent 1er maître d'armes.
5 Sergents instructeurs.
4 Sergents premiers secrétaires du major, du trésorier, du capitaine d'habillement et du capitaine d'armement.
1 Sergent-fourrier de la compagnie hors rang.

CAPORAUX.

4 Caporaux armuriers.
4 Caporaux clairons ou tambours.
4 Caporaux moniteurs de gymnastique.
10 Caporaux instructeurs.
4 Caporaux prévôts d'armes.

SOLDATS.

20 Soldats d'élite de 1re classe, élèves caporaux.
10 Soldats ouvriers armuriers.
20 Soldats élèves-tambours.
20 Soldats élèves-clairons.

---

(1) Le sergent-major clairon devra être capable d'exécuter la musique des sonneries de l'infanterie et de la cavalerie allemande. Nos officiers et sous-officiers devront comprendre ces sonneries. Pendant la dernière guerre, les Allemands nous ont prouvé que ces détails ne leur étaient pas inconnus ; ils nous ont tendu plus d'une fois des pièges en faisant exécuter des sonneries françaises. Avant d'apprendre les signaux de l'armée allemande, il serait encore plus utile que nos officiers connussent ceux de notre armée. Nous resterons bien au-dessous de la vérité en affirmant que plus de la moitié des officiers de cavalerie ignorent les batteries ou sonneries de l'infanterie, et réciproquement, pour les officiers de cette dernière arme.

Le reste du personnel administratif, secrétaires, ouvriers tailleurs et cordonniers, ne comptant pas dans le rang, sera pris parmi les jeunes gens destinés aux services administratifs et sédentaires, qui se trouvent dans les conditions définies aux articles 2 et 12. Ils seront fournis, d'après les besoins du service, par les commandants des dépôts de recrutement. Les officiers comptables de tout grade, y compris le major des grands dépôts divisionnaires, seront renouvelés tous les trois ans. Ces emplois seront donnés au concours. Les officiers qui voudraient renoncer à tout avancement (choix et ancienneté) seront seuls maintenus dans cette position.

Le renouvellement des officiers comptables se fera par tiers ou par moitié, de manière que tout le personnel ne soit pas changé à la fois. La perpétuation dans les fonctions comptables est des plus fâcheuses. En y faisant passer tour à tour un plus grand nombre d'officiers, on arrivera à répandre, sans effort, la science administrative dans les corps; les officiers ne montreront plus autant de dégoût pour acquérir des connaissances qui leur sont pourtant si nécessaires dans toutes les situations de leur carrière, mais surtout en campagne.

CHAPITRE VI.

ROULEMENT DES BATAILLONS DANS LES GRANDS DÉPOTS.

SOMMAIRE.

Division des dépôts en bataillons effectifs et en bataillons de cadres d'instruction. — Alternat de ces bataillons pour devenir tour à tour bataillons effectifs ou bataillons d'instruction.
Contingent affecté annuellement à l'infanterie. — Sa répartition dans les grands dépôts.
Durée de la constitution définitive des bataillons effectifs. — Dispositions relatives au renvoi en congé renouvelable des hommes faisant partie de ces bataillons. — Affectation de bataillons d'instruction par département.
Emploi des bataillons à la rentrée de leurs tournées dans les communes. — Congé de six mois avec demi-solde accordé aux cadres. — Voyages à l'étranger. — Reconstitution des bataillons effectifs le 1er avril pour recevoir le contingent.
erfectionnement de l'instruction théorique et pratique des sous-officiers restant au dépôt. — Préparation aux examens d'officier.
Résumé. — Emploi des trois années pour chaque cadre de bataillon.

Nous avons vu qu'il y a dans chaque grand dépôt huit bataillons effectifs et quatre bataillons de cadres d'instruction.

Chaque bataillon effectif devient, à son tour, bataillon d'instruction; entre les bataillons, il y a un roulement qui amène chaque année un changement. Tout d'abord, commençons par dire que nous diviserons les bataillons en trois groupes, chacun de quatre.

Le contingent affecté annuellement à l'infanterie sera de 50 000 hommes ; ce sera donc 1 000 hommes de recrues que chaque dépôt divisionnaire recevra, lesquels seront versés dans un groupe de quatre bataillons, soit 250 hommes pour chacun et, par suite, 60 pour chaque compagnie. Conformément aux dispositions de l'article 24, les hommes restent dans les mêmes compagnies pendant tout le temps de leur présence sous les drapeaux ; par conséquent, les bataillons effectifs resteront constitués depuis le 1er avril, époque où ils reçoivent les recrues, jusqu'au moment où l'instruction de ces dernières est complétement achevée, c'est-à-dire jusqu'au 15 septembre de l'année suivante, époque du licenciement des camps (voir article 23). C'est donc pendant dix-huit mois que les bataillons effectifs resteront constitués.

Le premier groupe de quatre bataillons, après la levée des camps, rentre au grand dépôt, désarme les hommes qui doivent être envoyés en congé renouvelable, leur retire les effets qu'ils ne doivent pas emporter, laisse les retardataires dont l'instruction ne serait pas achevée (article 25). Les quatre cadres de bataillon partent, conformément aux ordres donnés à cet effet par l'autorité militaire, pour les dépôts de recrutement, où ils vont faire l'instruction de la classe annuelle, qui doit y être rendue le 1er octobre, conformément à l'article 13. Les bataillons du premier groupe deviennent alors bataillons d'instruction ; il en est affecté un ou deux par département, suivant la force numérique des classes départementales à instruire.

Le premier groupe est licencié au mois d'octobre ; à ce moment, le deuxième a déjà reçu, depuis le mois d'avril précédent, le contingent annuel de 1 000 hommes, et il effectuera la même évolution que le précédent au mois d'octobre de l'année suivante. Il sera alors licencié pour fournir les bataillons d'instruction dans les départements.

Le troisième groupe, à son tour, effectuera le même mouvement.

On voit par là qu'il y aura toujours, dans les grands dépôts, quatre cadres de bataillon disponibles pour recevoir le contingent annuel. Il y a lieu de faire remarquer que les cadres des bataillons d'instruction ne seront envoyés dans les départements, soit pour être employés dans les dépôts de recrutement, soit pour l'instruction de la deuxième réserve, que tous les trois ans, et que, par conséquent, on ne pourra pas nous objecter que l'envoi dans les communes des bataillons d'instruction puisse altérer l'esprit militaire des cadres; leur séjour y sera très-court, c'est tout au plus s'ils y resteront deux ou trois mois.

Il convient de faire connaître quel sera l'emploi des cadres de bataillon, une fois rentrés de la tournée d'instruction, dans les communes. Tout naturellement, après une vie active et si bien employée, il est indispensable de donner quelque repos aux officiers, sous-officiers, caporaux et soldats d'élite de première classe; car on doit se rappeler que ces derniers sont aussi des instructeurs. On pourra donc les envoyer en congé avec demi-solde (1), depuis le mois de juillet jusqu'au 1er janvier de l'année suivante, époque à laquelle l'instruction des hommes de la première réserve doit se faire dans les grands dépôts, conformément à l'article 25.

Enfin, le 1er avril ils seront reconstitués en bataillons effectifs et recevront dans leurs rangs le contingent annuel. Après la tournée d'instruction dans les communes, on devra donner toute facilité aux officiers des cadres d'instruction pour voyager à l'étranger, pour y suivre les progrès mili-

---

(1) Cette demi-solde ne devra pas être illusoire pour les hommes de troupe, il faudra qu'elle leur fasse un avantage réel pour les aider à vivre chez eux.

taires, visiter les camps, se familiariser avec la topographie du pays, enfin, s'y livrer à toutes les investigations qui peuvent contribuer au développement de leur instruction militaire. Les meilleurs mémoires produits seront pris en sérieuse considération et devront contribuer à l'avancement de leurs auteurs. Les sous-officiers, brigadiers, caporaux, soldats d'élite de première classe qui ne voudront pas profiter des congés de six mois resteront dans les grands dépôts, où ils seront utilisés pour l'instruction des retardataires (article 23). On profitera de leur présence au grand dépôt pour réviser leur instruction théorique et pratique. On donnera aux sous-officiers toute facilité pour suivre les différents cours qui seront faits par l'Université. Ce sera, de reste, le moment pour les sous-officiers de se préparer sérieusement aux examens d'officier.

Ceux qui voudront des congés ou des permissions moindres que six mois auront toujours la faculté de les demander, mais à la condition formelle d'être rendus au grand dépôt le 1er janvier.

Nous résumons ci-après l'emploi des trois années pour chaque cadre de bataillon.

1° Aux bataillons effectifs, du 1er avril au 15 octobre de l'année suivante......	18 mois (1)
2° Instruction dans les dépôts de recrutement, du 1er octobre au 1er avril..........	6 mois
3° Instruction dans les communes, du 1er avril au 1er juillet.......................	3 mois
4° Congés, permissions, missions, etc., du 1er juillet au 1er janvier.............	6 mois
5° Instruction des hommes de la 1re réserve dans les grands dépôts, du 1er janvier au 1er avril........................	3 mois
Total.....	36 mois = 3 ans.

---

(1) Dont 3 au camp d'instruction.

CHAPITRE VII.

ADMINISTRATION DES GRANDS DÉPOTS.

SOMMAIRE

Avantages résultant de l'administration régimentaire — Services qu'elle a rendus pendant la dernière guerre. — Nécessité de conserver le personnel administratif régimentaire. — Révision du règlement sur la solde. — Habillement mis au compte de la masse individuelle. — Avantages économiques qui résulteront de ce système d'abonnement. — Suppression des ateliers régimentaires. — Mise en adjudication de toutes les fournitures militaires, y compris la confection de l'habillement. — Magasins divisionnaires. — Magasins annexes.
Gestion directe des Conseils d'administration — L'Intendance n'intervenant que pour l'exercice du contrôle. — Développement des dépenses annuelles d'un atelier de cordonnerie.

L'administration est une question trop complexe pour être traitée ici avec tout le développement qu'elle nécessite ; nous ne pourrons en dire que quelques mots. Nous pensons qu'il convient de maintenir dans les grands dépôts divisionnaires le mode d'administration qui régit actuellement les corps de troupe, mais en y apportant quelques modifications indispensables.

Nous sommes loin de partager l'avis de ceux qui voudraient supprimer les officiers comptables des régiments.

Pendant le cours des derniers événements, là où il y a eu des hommes ayant une ferme volonté et une certaine expérience pour diriger et commander les dépôts des différentes armes, on a fait des prodiges avec l'aide des officiers comptables, pour habiller et équiper les innombrables recrues et assurer les besoins des bataillons actifs. Dans certains de ces dépôts, il a fallu tout reconstituer : hommes et matériel, tout ayant disparu à Sedan ou à Metz.

Aujourd'hui il est parfaitement établi que la plupart des Conseils d'administration, pour reconstituer leurs approvisionnements d'effets de toute nature, ont souvent traité dans de meilleures conditions, sous le double rapport du bon marché et surtout de la qualité des objets achetés, que ne l'a fait l'Intendance elle-même.

Nous devons cependant ajouter que dans les circonstances extraordinaires que le pays a eu à traverser, il était difficile à l'Intendance de pouvoir faire face à tant de situations, à tant de besoins si divers, et la plupart du temps avec un personnel d'emprunt et inexpérimenté.

Là, plus que partout ailleurs, ce ne sont pas les hommes qu'il faut accuser, ce sont les institutions qui sont insuffisantes.

Puisque l'expérience vient de nous révéler les avantages de l'administration régimentaire, ce serait une faute que d'y porter la main; introduire dans les corps de troupe des agents administratifs qui ne dépendraient pas d'une manière absolue du commandement des grands dépôts, serait se créer des embarras et des difficultés sans nombre.

Il importe que les officiers comptables jouissent de la juste considération attachée à leurs fonctions; mais, pour cela, il faut qu'ils portent l'uniforme des corps dont ils font partie, et qu'on leur conserve les grades militaires; ces fonctions n'ont rien qui doive en faire une catégorie à part.

D'un autre côté, si l'on trouve que l'Intendance a trop élargi le cercle de ses attributions; si, comme on le dit, elle a trop accaparé sur le domaine militaire, en supprimant l'administration régimentaire actuelle, l'envahissement devient alors complet.

Il y a lieu de faire remarquer que les fonctions administratives, quoique étant très-pénibles et d'un labeur incessant, exigeant de nombreuses connaissances en dehors même de ce qui se rattache à la comptabilité régimentaire, ces fonctions ne font pas toujours aux officiers qui les remplissent une position convenable ; leurs services ne sont pas assez appréciés. Il a fallu les nécessités de la dernière guerre pour faire cesser d'aussi injustes préventions. Aujourd'hui on pourra faire la comparaison entre les jeunes majors d'autrefois et ceux qui proviennent des officiers comptables ; on verra de quel côté est la capacité administrative.

Au lieu de confier ces fonctions à des agents étrangers qui auraient dans les corps une position qui ne serait pas tenable, il faut, au contraire, les relever en y faisant passer tour à tour les officiers les plus capables, et en tenir compte pour l'avancement.

Les officiers doivent acquérir des connaissances sérieuses en administration ; seules elles les mettront à même d'assurer dans toutes positions les droits et les besoins de leurs soldats, lorsqu'ils seront arrivés au commandement d'une compagnie, d'un escadron ou d'une batterie. Dans les grades supérieurs, ces connaissances leur seront encore plus utiles.

La bonne administration joue un rôle considérable dans les opérations de la guerre, et si les officiers en ignorent les détails, il arrive un jour que, faute d'expérience, ils se trouvent fort embarrassés et, ne sachant que faire pour sortir d'une situation difficile, ils peuvent compromettre le succès d'une entreprise. Le vieil adage populaire : pas de pain, pas de soldats, sera toujours vrai.

L'organisation que nous proposons pour rendre très-mobiles les bataillons et les mettre à même de faire face à toutes les situations, comprend un officier payeur et de détail pour chaque bataillon.

On parle de s'affranchir du joug de l'Intendance ; mais, encore, faut-il se mettre en état de se passer de sa tutelle ; ce n'est pas en éloignant les officiers des fonctions administratives qu'on arrivera à ce résultat.

Nous insistons vivement sur cette partie des réformes à introduire dans notre organisation militaire, elles sont d'une importance capitale.

Une des conditions non moins utiles du nouveau règlement sera de fixer le mode de comptabilité des corps de troupe d'une manière moins compliquée ; il devra surtout supprimer cette masse de papiers qui font l'ornement de la bureaucratie régimentaire.

Le service de la solde devra être réglé de manière à faire disparaître cette kyrielle de suppléments qui, sous le nom d'accessoires, d'indemnités, etc., jettent le trouble dans les allocations et amènent une telle complication qu'elle embarrasse souvent le comptable le plus expert. Il importe de régler les droits à la solde sur un très-petit nombre de positions, qui permette de déterminer d'une manière claire et précise les allocations inhérentes à chacune de ces positions; mais, nous le répétons, ces positions doivent se réduire à un très-petit nombre. On aura alors :

1° La solde de présence, dans laquelle sera fondue toute cette série d'accessoires, tels que le logement, etc. ;

2° La solde de congé (moitié de la solde de présence);

3° La solde d'hôpital, subdivisée en deux catégories :

1° A l'hôpital étant présent; 2° à l'hôpital étant en congé ;

4° Enfin, la solde de rassemblement pour les troupes réunies, cantonnées ou campées dans des localités où les denrées alimentaires seraient à un prix plus élevé. Cette dernière pourra avoir une ou deux subdivisions, en raison de la différence plus ou moins grande qui peut exister dans le renchérissement des subsistances entre les localités de régions différentes.

En administration militaire comme en toutes choses, rien n'a été fait d'un seul jet, et comme rien n'est immuable, il a fallu peu à peu modifier le traitement militaire pour le mettre en rapport avec les besoins du jour. De là cette multiplicité dans les suppléments et accessoires de solde, etc., etc.

L'ordonnance du 25 décembre 1837, qui régit la matière, comprend treize espèces de solde résultant de positions diverses, dix indemnités de différentes natures, à gratifications ou hautes-paies et douze suppléments divers. Toutes ces variétés du traitement militaire y sont indiquées sous les dénominations les plus invraisemblables et ont fait de notre langage administratif un véritable chaos.

Les services de l'habillement, du campement, du grand équipement, etc., ressortiront directement des corps eux-mêmes, c'est-à-dire que les Conseils d'administration pourvoiront à tous leurs besoins, au moyen de marchés et de modèles-types ministériels. L'Intendance n'aura à exercer qu'une action de contrôle; elle sera toujours représentée par un de ses agents, toutes les fois qu'il y aura lieu de passer un marché ou de faire une adjudication.

La comptabilité de l'habillement sera très-simplifiée par l'adoption du système d'administration en vigueur dans quelques corps permanents de l'armée d'Afrique, où il a donné d'excellents résultats.

Ce système, qui consiste à intéresser l'homme à la conservation de ses effets en faisant supporter à la masse individuelle toutes les dépenses d'habillement au moyen d'une prime d'abonnement, présente de grands avantages, au double point de vue de l'économie qui en résulte pour le Trésor, et de la simplification qu'il apporte dans la tenue des écritures.

Il n'y a pas lieu de conserver le personnel des maîtres-cordonniers, tailleurs.

Pour chaque régiment d'infanterie, l'État dépense environ 30 000 francs par an pour l'entretien du personnel d'ouvriers militaires du seul atelier de cordonnerie. D'après les calculs les plus exacts, pour chaque paire de souliers, indépendamment du prix payé au maître-cordonnier (soit 7 francs en moyenne en temps ordinaire), il y a lieu d'ajouter 5 francs pour les frais qu'occasionne à l'État l'entretien du personnel des ouvriers ; ce qui fait une dépense totale de 6 millions pour tous les régiments, et une perte de près de 6 mille ouvriers que ces ateliers éloignent du service actif. Il faut convenir que si une paire de souliers de soldat coûte 12 fr. 50 et même plus, cela ne fait pas l'éloge de notre système d'administration ; c'est un véritable gaspillage des deniers publics. Cette révélation condamne, nous le pensons, à tout jamais les ateliers régimentaires. (Voir le développement de la dépense à la gauche du présent article.)

Les Conseils d'administration procéderont par adjudication pour la confection de l'habillement et la fourniture de la chaussure. Des marchés pourront être passés pour une durée de quatre ans. Outre un cautionnement suffisant, les adjudicataires prendront l'engagement de livrer les objets confectionnés exactement conformes aux modèles-types ministériels. Des ouvriers pris dans les hommes destinés au service sédentaire ou administratif seront mis à leur disposition, mais à la condition qu'ils n'entraîneront aucune dépense pour l'État. Il sera prélevé sur leur salaire ce qui sera nécessaire à leur entretien.

Le Conseil d'administration se réserve la surveillance

des ateliers, qui seront placés, autant que possible, dans des bâtiments militaires.

On pourrait à la rigueur supprimer les ateliers régimentaires, en laissant aux adjudicataires toute latitude pour les fournitures qu'ils auraient à faire. Il serait cependant prudent de prendre des précautions pour le cas où les draps et autres matières seraient livrés par l'État.

Dans les villes de garnison dépendant du grand dépôt, et qui ne sont en quelque sorte que ses annexes, il y aura des magasins de dépôt où seront tenus en réserve les effets d'habillement, d'équipement, de linge et chaussure, et enfin des armes pour être distribuées, très-promptement, en cas de mobilisation, aux hommes des réserves. Afin d'éviter tout encombrement et toute confusion, une partie des réserves sera dirigée sur les villes de garnison dépendant du grand dépôt. Pour assurer la conservation des effets, ils seront renouvelés par quart, chaque année, en mettant la partie à remplacer en distribution.

Nous terminons en émettant le vœu qu'à l'avenir les Conseils d'administration soient rendus à leur véritable destination, c'est-à-dire qu'ils aient, en même temps que la gestion, la direction administrative des intérêts qui leur sont confiés, et que l'Intendance n'ait plus à intervenir que pour l'exercice de son contrôle. (1)

Cette question de la séparation de la direction et du contrôle a été traitée à fond il y a quelques années ; on doit se rappeler les polémiques passionnées qu'elle souleva. En ce qui concerne l'administration des corps de troupe, pour faire ressortir l'anomalie de la direction administrative confiée à l'Intendance, nous rappellerons ce qui déjà a été dit bien des fois : tout le monde sait que la direction implique la responsabilité de celui qui ordonne ou dirige ; mais l'Intendance, tout en voulant diriger, n'entend nullement être

---

(1) Voir page 152.

responsable de ses actes. Ainsi, par exemple, qu'une perception quelconque (1), en nature, soit faite d'après ses ordres ou ses conseils (le fait est souvent arrivé), que plus tard cette perception soit reconnue irrégulière et qu'elle donne lieu à une reprise au profit du Trésor, qui paiera? Ce sera le commandant de la compagnie, et ce dernier n'est pourtant qu'un intermédiaire obligé entre l'Administration et le soldat.

Pourquoi le capitaine est-il recherché en pareil cas? C'est que les règlements administratifs rendent responsables les signataires des bons de perception de toute nature; et les denrées ne sont touchées que sur le bon établi par le capitaine.

On le voit, il y a là un vice radical qu'il convient de faire disparaître; il faut donc que chacun ait la responsabilité de ses actes, et qu'à l'avenir cette responsabilité ne puisse plus être déplacée aussi facilement.

Développement des dépenses qu'occasionne à l'État l'entretien annuel du personnel d'ouvriers militaires employés dans un atelier de cordonnerie d'un régiment d'infanterie.

COMPOSITION DE L'ATELIER.

FIXATION RÉGLEMENTAIRE.

Sergent maître-cordonnier 1
Caporaux premiers ouvriers 2
Soldats ouvriers cordonniers (1 pour 80 hommes) 23
A ce nombre il faut ajouter huit ouvriers auxiliaires 8

                                                        Total........ 34

Il est parfaitement reconnu que les corps en emploient même un plus grand nombre.

---

(1) Même des paiements irréguliers; ce qui est arrivé récemment, les fonctionnaires qui les ont prescrits ont été mis hors cause par le Ministre.

On évalue la dépense moyenne annuelle qu'entraîne à l'État l'entretien d'un soldat à 850 francs.

Dans la séance du 15 juin 1836, M. Thiers disait à la Chambre des députés, que, sous la Restauration, l'homme moyen coûtait 853 francs, et qu'à l'époque où il parlait il ne revenait à l'État qu'à 686 francs. Nous prendrons donc ce chiffre de 850, qui n'est nullement exagéré, pour nous rendre compte des dépenses d'entretien du personnel employé dans les ateliers régimentaires. Partant de ce chiffre, 34 ouvriers coûtent annuellement à l'État une somme de 28 900 francs ; pour une période de vingt-cinq années, ce même personnel nécessite une dépense de Fr.   722 500

A cette dépense il y a lieu d'ajouter les suivantes :

1° Traitement de retraite du maître-cordonnier, après vingt-cinq années de service, à raison de 600 francs par an ; pour une jouissance moyenne de quinze années................ Fr.   8 000

2° Traitement de retraite d'un caporal ou d'un soldat ouvrier, à raison de 500 francs par an ; pour une durée moyenne de douze années.. Fr.   6 000

3° Entretien de deux enfants de troupe, un au maître-cordonnier et l'autre à un caporal ou à un soldat ouvrier ; à raison de 6 400 francs jusqu'à l'âge de dix-huit ans .... Fr.   12 800

4° Traitement de la médaille militaire, si ce n'est même celui de la croix de la Légion d'honneur, du maître-cordonnier ; pendant une période de vingt ans, dont cinq en activité et quinze en retraite................ Fr.   2 000

Total........... Fr.   751 300

Cette somme de 754 300 francs, divisée par 25, nous donne la dépense annuelle de l'entretien de l'atelier de cordonnerie, soit 30 052 francs.

Il est reconnu que les ouvriers cordonniers militaires font tout au plus cinq paires de souliers en moyenne par semaine ; il faut tenir compte des empêchements de travail, tels que maladies, permissions, jours fériés, lundis (le mal est tellement invétéré qu'il n'est pas possible de l'empêcher), les punitions de prison disciplinaire, etc., etc. Chaque ouvrier fournira donc 260 paires de souliers par an ; or, l'atelier étant de trente-trois ouvriers (le maître-cordonnier ne confectionnant pas lui-même), nous aurons à la fin de l'année un total de 8 580 paires de souliers. Un régiment n'use pas 8 580 paires de souliers par an ; il en résulte que l'atelier ne confectionne pas cette quantité de souliers.

Les ouvriers militaires sont donc employés aux confections pour les officiers et aux réparations de la chaussure de la troupe.

Souvent même les maîtres-cordonniers travaillent pour la ville, au détriment de l'industrie locale, ce qui amène des réclamations très-fondées, attendu que c'est une concurrence des plus déloyales.

L'effectif moyen d'un régiment étant de 2 400 hommes, chaque homme use environ deux paires de souliers par an, c'est donc 4 800 paires de souliers qui sont nécessaires ; portons-en le nombre à 6 000, nous en aurons 1 200 en réserve. Divisons 30 000, chiffre de la dépense annuelle de l'atelier, par 6 000 paires de souliers, nous aurons 5 francs pour quotient. Chaque paire de souliers de soldat, indépendamment du prix payé au maître-cordonnier, occasionne donc à l'État une dépense de 5 francs, ce qui en porte le prix total à 12 fr. 50 o.

Le privilége accordé aux maîtres-cordonniers aurait une

raison d'être, si en temps de guerre ils étaient en état d'assurer les besoins des corps ; l'État recueillerait un bénéfice réel à leur concéder ces avantages. Mais il n'en est rien : les derniers événements viennent de nous prouver que ces industriels au petit pied étaient non-seulement incapables et mpuissants, mais se sont montrés encore d'une âpreté au gain qu'il a souvent été difficile de contenir. Il a fallu successivement élever les souliers à des prix fabuleux ; dans certains corps, on les a payés plus de 10 francs. Ce n'étaient plus trente et quelques ouvriers qu'on mettait à leur disposition, mais bien des centaines, et malgré cela, ils n'ont pu faire face à la situation.

---

(1) Administrer, c'est ordonner, c'est diriger. Contrôler, c'est comparer, c'est juger. Les termes sont nets et précis. Si l'administrateur contrôle, il est évident qu'il est juge et partie.

La séparation de ces deux fonctions est indispensable au point de vue de l'indépendance du contrôle lui-même, de la bonne exécution du service et des intérêts du Trésor.

ÉCOLES.

CHAPITRE VIII.

ÉCOLES DIVISIONNAIRES.

I.

Enseignement professionnel.

Composition du personnel. — L'enseignement ne comprend que les sciences militaires et tout ce qui se rapporte à l'art de la guerre. — Concours pour le professorat. — Avantages y attachés. En cas de guerre, les officiers rentrent dans l'armée active. — Durée du professorat. — But de ces écoles. — Création de bibliothèques militaires dans les villes de garnison et les camps d'instruction. — Conférences. — Lectures publiques.

II.

Enseignement du ressort de l'Université.

Difficultés que présente l'enseignement primaire dans l'armée. — La nouvelle loi en confie la direction à l'Université. — Division de l'enseignement. — Graduation des cours. — Leur durée. — Mesures d'ordre et de police. — Conférences publiques.

1° *Enseignement professionnel.*

Dans chaque grand dépôt divisionnaire, le personnel de l'enseignement professionnel sera composé comme il suit :

SAVOIR :

1 Directeur des écoles militaires, du grade de chef de bataillon.
1 Capitaine professeur d'art et d'histoire militaires; dans ce cours on étudiera la tactique appliquée à la grande guerre et surtout aux opérations militaires de second ordre.
1 Lieutenant adjoint.
1 Capitaine professeur de géographie et de topographie militaires.
1 Lieutenant adjoint.
1 Capitaine professeur d'administration, de législation et de littérature militaires.
1 Lieutenant adjoint.
1 Capitaine professeur d'artillerie, de balistique, de fortification, de télégraphie électrique appliquée à la guerre, de manœuvres militaires en chemin de fer, de confection d'armes et de munitions de guerre.
2 Lieutenants adjoints.

Total. 10

Indépendamment de ces cours, il sera fait, par un médecin militaire désigné à cet effet, des conférences sur l'hygiène des armées. « *L'hygiène est l'art de conserver la santé et de prévenir les maladies; elle est basée sur la connaissance des choses qui produisent une influence utile ou nuisible sur l'économie animale. En ajoutant à l'hygiène l'épithète de* MILITAIRE, *on lui donne pour but principal la conservation de la santé des troupes.* » (DE MONTZERS.)

Le personnel enseignant aurait pu être détaché des cadres des bataillons d'instruction ; mais, dans notre système économique, nous avons été amené à créer ces emplois spéciaux, en quelque sorte comme une réserve d'officiers, destinés à entrer dans les cadres des bataillons de guerre, au moment où ils seront dédoublés pour la mobilisation de l'armée. On peut croire que les officiers composant le personnel de l'enseignement professionnel des Écoles militaires grèvera le budget outre mesure ; on verra qu'il n'en est rien, lorsque nous traiterons la question des dépenses annuelles de l'armée.

En outre, la création du personnel de l'enseignement professionnel dans les grands dépôts divisionnaires a encore pour but de nous donner des officiers d'élite. Avec le goût de l'étude, ils pourront acquérir des connaissances approfondies dans les diverses branches de l'art et des sciences militaires.

Nous aurons là une pépinière d'officiers destinés à occuper plus tard les plus hautes positions de l'armée.

Ce personnel sera renouvelé tous les deux ans, par voie de concours. Les officiers des armes spéciales, état-major, artillerie, génie, pourront concourir, si les officiers d'infanterie ne se trouvent pas en nombre suffisant pour occuper tous les emplois. Les officiers employés aux écoles professionnelles recevront le tiers de la solde en sus de leur traitement. Les cours seront divisés en deux sections. La première comprendra les officiers; la deuxième, les sous-officiers et soldats reconnus capables de les suivre. Les cours auront lieu pendant neuf mois, du 1er octobre au 30 juin ; mais ils seront plus spécialement suivis pendant la saison d'hiver.

Les professeurs auront trois mois de vacances, du 1er juillet au 1er octobre ; ils auront la solde de présence dégagée de tout supplément. Il faut encourager les officiers à voyager à l'étranger ; c'est un moyen d'observer et d'apprendre beaucoup. On ne fera plus le reproche au Gouvernement de laisser les officiers dans l'oisiveté et l'inaction et de ne rien faire pour développer leur instruction.

Ce reproche, du reste, était fondé.

Dans chaque ville de garnison, il y aura une bibliothèque militaire, et dans chaque quartier une salle d'étude qui restera ouverte jusqu'à dix heures du soir. On réunira dans ces salles des journaux et des revues ; les salles seront convenablement chauffées et éclairées, de manière à en rendre le séjour agréable au lecteur ; un sous-officier pourra être chargé de la tenue des bibliothèques, sous la direction d'un officier.

Dans les camps d'instruction, on réservera un baraquement spécial pour servir de bibliothèque et de salle d'étude ; des cartes, des plans et un certain nombre de livres de choix y seront réunis pour être mis à la disposition des militaires de tout grade.

Il y aura également dans les camps un baraquement en forme d'amphithéâtre, convenablement installé pour y faire des lectures publiques ou des conférences.

2° *Enseignement du ressort de l'Université.*

« C'est en cherchant à instruire les hommes que l'on peut
» pratiquer cette vertu générale qui comprend l'amour de tous.
» L'homme, cet être flexible, se pliant dans la société aux pen-
» sées et aux impressions des autres, est également capable de
» connaître sa propre nature lorsqu'on la lui montre, et d'en
» perdre jusqu'au sentiment lorsqu'on la lui dérobe. »

(MONTESQUIEU. *Esprit des lois.*)

(Articles 4, 5, 6 et 7 de la loi.)

Pour obtenir un bon résultat, il faut que chacun reste dans le cercle de ses attributions. Partant de ce principe, toutes les branches de l'enseignement qui se rattachent à l'art militaire, ainsi que nous venons de le voir au chapitre précédent, ont été confiées aux savants professeurs appartenant à l'armée. Mais comme l'étude de l'art de la guerre nécessite une certaine instruction première de la part de ceux qui veulent s'y livrer, pour que nos sous-officiers et soldats puissent acquérir ou compléter cette instruction si nécessaire à tous, nous nous adresserons à des hommes spéciaux, que les bienveillantes dispositions de la loi (articles 4, 5, 6 et 7) mettent à la disposition de l'armée, à ces hommes pratiques et expérimentés qui consacrent leur vie à l'honorable carrière de l'enseignement. N'oublions pas que la méthode employée dans l'armée pour apprendre au soldat la charge en douze temps est loin d'être la même que celle dont on se sert, soit pour lui apprendre à lire, soit pour démontrer le binôme de Newton.

L'enseignement est une mission de dévouement qui nécessite un long et pénible apprentissage ; c'est une œuvre de patience à laquelle bien des caractères, bien des tempéraments ne peuvent se plier. C'est donc à l'Université, en compensation des avantages que la loi militaire accorde à ses membres, que sera dévolu l'honneur de parfaire l'instruction de nos sous-officiers et soldats; d'initier les uns aux premiers éléments de l'instruction, comme de l'achever pour les attardés et de la perfectionner pour ceux que les hasards de la fortune et de la naissance n'ont pas favorisés. Les bienfaits de l'instruction leur permettront d'occuper, soit dans l'armée, soit dans la vie civile, des positions honorables qui les mettront à l'abri des convoitises enfantées par les mauvaises doctrines.

L'enseignement dont la haute direction est dévolue à l'Université, conformément à la loi, comprend dans les grands dépôts divisionnaires les branches suivantes :

1° Cours du 1er degré ;

2° Cours du 2e degré ;

3° Cours supérieurs : sciences et lettres;

4° Cours spécial de mathématiques pour les militaires qui aspirent à la sous-lieutenance ;

5° Cours élémentaire de dessin linéaire et de levé des

plans, à l'usage des élèves gardes du génie et élèves piqueurs des ponts et chaussées ;

6° Tenue de livres et législation commerciale, à l'usage des jeunes gens qui se destinent au commerce et à l'industrie ;

7° Cours publics d'Allemand.

Il est de la plus haute importance que tous les militaires soient familiarisés avec cette langue, la connaissance en sera rendue obligatoire pour les officiers.

Les différents cours seront gradués de manière à permettre aux élèves de les suivre avec succès, suivant leur degré d'instruction.

Ces écoles fonctionneront d'une manière très-régulière pendant la saison d'hiver.

L'officier supérieur directeur de l'enseignement professionnel s'entendra avec le fonctionnaire de l'Université pour régler les heures d'étude.

Cet officier interviendra dans les questions de police et de discipline, toutes les fois qu'il y sera invité par le fonctionnaire de l'Université.

Dans les villes de garnison autres que les grands dépôts divisionnaires, il y aura des annexes des écoles d'enseignement, également tenues par l'Université.

Enfin, pour perfectionner l'éducation morale de nos soldats, des hommes à la parole attrayante et facile, dévoués à la cause de l'éducation populaire, pourront être chargés d'organiser des conférences familières sur les sujets les plus intéressants de la science économique et sur les principales dispositions législatives concernant les devoirs des citoyens.

CHAPITRE IX.

ÉCOLES CENTRALES OU DE CORPS D'ARMÉE.

SOMMAIRE.

Indépendamment des écoles divisionnaires, il y aura pour les cinq grands dépôts, dépendant d'un même corps d'armée, les Écoles centrales suivantes :

Savoir :

1° École centrale de tir ;
2° École centrale de gymnastique ;
3° École centrale d'infirmiers ;
4° École centrale d'application des sous-officiers, élèves officiers.
  (Considérations générales sur l'école militaire de Saint-Cyr.)

1° *École centrale de tir.*

Par suite du grand perfectionnement apporté dans l'armement et de l'adoption du fusil à tir rapide, l'enseignement du tir a pris une place considérable dans l'instruction militaire de l'infanterie. Il convient que tous les officiers de compagnies aient une connaissance *raisonnée* du nouvel armement, et qu'ils soient très-familiarisés avec les règles du tir. Ce serait une faute que de laisser plus longtemps ce soin à des hommes spéciaux qui, tout en s'en acquittant fort bien, ont le grave inconvénient d'en écarter les officiers des compagnies.

Nous avons vu à l'art. 21 que l'instruction se fera à l'avenir par les soins des cadres de compagnies ; il est donc essentiel que tous les officiers possèdent à fond toutes les connaissances théoriques et pratiques sur l'instruction du tir. Plus l'arme sera perfectionnée, plus elle aura de précision et plus il sera nécessaire d'apporter de soin à cette partie si essentielle de l'instruction du soldat. En Prusse, annuellement, les soldats, les anciens comme les nouveaux, sont exercés au tir en présence de tous les officiers du régiment; chaque tireur reçoit 150 cartouches à balle. Les officiers eux-mêmes participent à cette instruction; ils figurent sur les registres de tir.

Ces écoles devront être pourvues d'un matériel complet. A cet égard, les restrictions administratives devront faire place à une plus large libéralité. Il faut que cette instruction prenne de l'extension et qu'on ne se laisse pas arrêter par des mesures économiques mal entendues. Dans les corps, un concours annuel aura lieu entre les meilleurs tireurs des compagnies ; ceux qui auront remporté les prix seront l'objet d'une récompense honorifique et recevront en même temps en prime une somme d'argent. Les grands prix d'un dépôt divisionnaire et d'un corps d'armée seront l'objet d'une récompense toute spéciale : par exemple, une médaille d'honneur, en argent, sur laquelle sera gravé le nom du lauréat. Il y aura deux cours par année ; ils seront chacun de quatre mois ; chaque grand dépôt y enverra quatre officiers et quatre sous-officiers ; tous devront y passer à tour de rôle ; pour les sous-officiers, on n'y enverra que ceux qui sont liés au service par un engagement volontaire.

2° *École centrale de gymnastique.*

Il y aura un gymnase central par corps d'armée, c'est-à-dire par cinq divisions, indépendamment de celui qui existera dans chaque grand dépôt divisionnaire. L'école centrale de gymnastique est destinée à former des moniteurs adroits et agiles pour les écoles divisionnaires. Dans ces écoles, on pratiquera tous les genres d'escrime, y compris celle à la baïonnette ; on y enseignera également les principes de natation. Enfin, tout ce qui peut contribuer au développement des forces physiques, à donner de l'adresse, de la souplesse, de l'agilité aux soldats, devra y être employé. Les hommes apprendront à creuser un fossé et à exécuter promptement des travaux de terrassement. Ceci est de la plus haute importance pour qu'ils soient en état de se couvrir rapidement, en rase campagne, par des travaux de fortification volante. L'expérience nous a prouvé combien ce genre de travaux, rendus plus pratiques, pourra être utile à la guerre pour se couvrir des feux de l'ennemi.

Chaque grand dépôt enverra annuellement dix sous-officiers, caporaux ou soldats, choisis parmi les plus alertes et les plus intelligents, ayant les aptitudes voulues pour devenir d'excellents gymnasiarques.

3° École centrale d'Infirmiers.

Jusqu'ici les médecins des corps ont eu des auxiliaires peu habiles et surtout peu expérimentés. Cet inconvénient se fait surtout sentir pour donner des soins immédiats aux soldats malades, lorsque les corps sont en marche, en campagne, dans les cantonnements, là enfin où les ressources manquent ; car on n'a pas toujours à sa disposition des hôpitaux ou des ambulances. L'introduction heureuse dans les hôpitaux militaires des infirmiers de visite, nous amène naturellement à donner aux médecins des corps de pareils auxiliaires.

Nous pensons donc que dans un ou plusieurs des hôpitaux militaires ressortissant du corps d'armée, chaque grand dépôt divisionnaire pourrait envoyer annuellement quelques jeunes gens de bonne volonté qui voudraient occuper l'emploi de caporal infirmier, emploi auquel seraient attachés quelques avantages de solde. Ces jeunes gens seraient employés dans les hôpitaux comme infirmiers auxiliaires de visite et seraient soumis à toutes les obligations de ce service.

4° École centrale d'application des sous-officiers, élèves officiers.

Cette école est destinée aux sous-officiers reconnus capables, à la suite d'un concours, d'occuper l'emploi de sous-lieutenant. Elle ne reçoit que des sujets ayant moins de trente ans d'âge.

La durée des cours ne sera que d'un an.

L'enseignement y sera purement professionnel ; il ne comprendra que les branches d'art et de sciences militaires. A la sortie, les élèves seront classés par ordre de mérite, et nommés sous-lieutenants au fur et à mesure des vacances, en suivant le classement du tableau. Avec les excellentes écoles tenues par l'Université dans les villes de garnison, les sous-officiers auront toutes facilités pour s'instruire ou compléter leur instruction.

L'école d'application est indépendante de celle de Saint-Cyr, que nous sommes loin de vouloir supprimer. On se plaint de ce que les études de l'école spéciale militaire sont trop faibles, que l'enseignement n'y est qu'un délayage des matières exigées à l'examen d'entrée.

L'insuffisance des connaissances mathématiques est tellement notoire, que dans les concours annuels des écoles de tir, les grands prix sont, la plupart du temps, remportés par les jeunes enseignes de la marine.

Un programme plus étendu devra être rédigé ; les sciences mathématiques et physiques y seront plus développées.

Ces connaissances mettront les jeunes Saint-Cyriens à même de suivre avec fruit toutes les découvertes scientifiques et industrielles qui peuvent intéresser l'art de la guerre.

Pour faire cesser une faveur que rien ne justifie, les candidats militaires ayant dépassé l'âge de vingt ans ne seront plus admis à Saint-Cyr ; ils auront la faculté de devenir sous-lieutenants, par le concours et l'admission à l'école d'application des sous-officiers. Cette faveur avait pour but de rendre les écoles militaires accessibles aux jeunes gens bien doués par la nature, que le sort avait appelés sous les drapeaux, et qui, à force de travail, auraient pu acquérir le savoir nécessaire. La loi était loin de vouloir créer un privilége au profit de la molesse et de l'incapacité ; c'est cependant ce qui s'est produit dans la pratique. Ce sont des considérants d'une dépêche ministérielle elle-même que sont extraites ces lignes. D'un autre côté, on a reconnu le grand préjudice que causait à la discipline de l'école l'admission de candidats militaires ayant de vingt à vingt-cinq ans. Ce ne sont plus des jeunes gens, ce sont des hommes qui ont rompu avec les habitudes de la vie claustrale à laquelle ils vont être assujettis, au milieu de jeunes gens de dix-sept à vingt ans, pour lesquels ils ne sont pas toujours d'un bon exemple.

Nous concluons : l'École militaire spéciale de Saint-Cyr, dont le programme sera plus étendu, devra fournir à l'armée des officiers d'élite ayant une instruction supérieure. On y entrera par voie de concours, à partir de l'âge de dix-sept ans jusqu'à vingt ans.

L'école d'application des sous-officiers nous donnera aussi des officiers instruits. Plusieurs sujets remarquables en sortiront, mais l'ensemble ne pourra évidemment avoir la somme de connaissances acquises aux officiers de Saint-Cyr.

Chacune de ces deux écoles concourt au même but ; elles ont cependant, comme on le voit, une destination bien distincte. Elles présentent surtout le grand avantage de faire cesser les choquantes inégalités qui existent, au point de vue de l'instruction générale, entre les officiers d'origine différente.

Il eût été assurément préférable de n'avoir que des officiers de même origine ; pour le moment, nous ne pensons pas que ce soit possible ; car il y a encore trop d'inégalité dans le développement intellectuel des différentes classes de la société, et ce serait créer un privilège dangereux, même pour notre état militaire, au profit des plus aisés.

Du reste, en admettant que tous les officiers sortent désormais de l'École militaire de Saint-Cyr, et que les candidats soient pris exclusivement parmi les sous-officiers et caporaux de l'armée, la loi, pour être vraiment libérale, sera forcée de reculer, au moins jusqu'à vingt-cinq ans, la limite d'âge des concurrents, de manière à permettre aux sous-officiers provenant des classes populaires de se présenter au concours. Ce sont ces sous-officiers qui, à force de persévérance et par un travail opiniâtre, complétent leur instruction dans les écoles régimentaires et font plus tard de très-bons officiers.

Mais à côté de cette considération qui, il est vrai, est d'une grande importance, il y a dans l'application un grave inconvénient : en effet, la limite d'âge portée à vingt-cinq ans pour l'admission à l'école militaire de Saint-Cyr, produira le plus funeste effet sur la composition des cadres. Moins pressés, les jeunes gens ne feront plus les mêmes efforts pour arriver vite au concours, et par suite, au lieu d'avoir un corps de jeunes officiers, la moyenne de l'École sera considérablement vieillie. Les promotions comprendront un grand nombre d'officiers âgés, parmi lesquels plusieurs atteindront vingt-sept ans. Il y a là un écueil à éviter à tout prix. Si nous voulons avoir des officiers distingués, d'un profond savoir, ils devront être jeunes, pour arriver de bonne heure aux grades supérieurs. Nous considérons du reste les années passées à l'armée par les futurs jeunes Saint-Cyriens appartenant aux classes aisées, comme perdues et, de plus, devant produire un très-mauvais résultat, au point de vue du recrutement de l'École.

Nous ajouterons que la limite d'âge fixée à vingt-cinq ans aura encore pour effet d'éloigner de l'armée une grande quantité de sous-officiers appartenant à la classe intermédiaire : ceux qui, malgré tous leurs efforts, ne seront pas prêts pour subir l'examen; après l'âge de vingt-cinq ans, l'émulation ne les soutenant plus, ils cesseront de travailler, ou même ils quitteront l'armée. On peut être certain qu'une position aussi infime ne retiendra plus sous les drapeaux que des *médiocrités*.

Arrive la guerre : c'est là que nous devrons puiser pour combler les vides, et quels officiers y trouverons-nous ? Nous ne devons pas oublier qu'en Crimée, en Italie, au Mexique et dans ces derniers temps, le corps des sous-officiers nous a fourni souvent des officiers du plus grand mérite. Pour donner satisfaction aux intérêts du service et éviter les graves inconvénients que nous venons de signaler, nous pensons qu'il convient de maintenir l'école militaire de Saint-Cyr. On y entrera par voie d'engagement, et depuis dix-sept jusqu'à vingt ans seulement.

Les sous-officiers auront jusqu'à trente ans pour se présenter au concours des Écoles centrales d'application, qui leur sont spécialement destinées. Nous aurons ainsi un corps de sous-officiers remarquablement composé, en état de faire face à toutes les éventualités, et dont les excellents éléments seront une des bases principales sur lesquelles sera assis notre état militaire.

Les cadres d'instruction des diverses écoles seront constitués au titre de chacune d'elles. Le personnel sera renouvelé chaque deux ans. Les places seront données au concours. Les instructeurs et professeurs recevront le tiers en sus de la solde affectée à leur grade; ils auront également trois mois de vacances, du 30 juin au 1er octobre. L'observation déjà faite pour le personnel enseignant des écoles des dépôts divisionnaires, s'applique aux officiers instructeurs et professeurs des écoles centrales des corps d'armée, c'est-à-dire qu'en cas de guerre, ils entreront dans la composition des cadres des bataillons actifs.

Même observation pour l'école militaire de Saint-Cyr.

DE LA MOBILISATION.

CHAPITRE X.

I. — DE LA MOBILISATION DU PIED DE PAIX.

SOMMAIRE.

Grands commandements militaires. — Répartition des grands dépôts divisionnaires dans chaque grand commandement. — Conditions dans lesquelles s'effectuera la mobilisation du pied de paix. — Effectif de l'infanterie en temps de paix. — Possibilité d'augmenter cette force. — Manière de procéder pour cette mobilisation. — Mise en route. — Vices du système actuel. — Perte de temps. — Envoi direct sur leurs corps respectifs des hommes en congé renouvelable. — Avantages de la permanence des grands dépôts divisionnaires. — Ordonnancement des mandats et ordres de route par les commandants de dépôts de recrutement. — Avance par les communes de l'indemnité de route. — Remboursement de ces avances.

II.-MOBILISATION POUR LES CAMPS D'INSTRUCTION

Départ des quatre bataillons effectifs pour les camps d'instruction, sous les ordres d'un lieutenant-colonel. — Réunion à quatre bataillons d'autres dépôts. — Formation de brigades commandées par le général ou le colonel commandant en second. Doublement des bataillons pour les manœuvres et évolutions. — Les officiers commanderont à tour de rôle. — Réunion de deux ou trois corps d'armée dans de grands camps. — Grandes manœuvres.

1° *De la mobilisation du pied de paix.*

Commençons par partager les cinquante grands dépôts divisionnaires en dix grands commandements militaires ou corps d'armée. Chaque grand commandement comprendra cinq grands dépôts divisionnaires d'infanterie, deux de cavalerie et deux d'artillerie, avec les services accessoires, tels que train, génie, etc.

La mobilisation du pied de paix se fera dans les conditions qui suivent.

Ainsi que nous l'avons dit, en temps de paix, les quatre cents bataillons d'infanterie effectifs présentent une force de 172 800 hommes ; si les circonstances l'exigent, on pourra porter cette force successivement, suivant les besoins, à 200 et 250 000 hommes, en remplissant les cadres des cent ou des deux cents bataillons d'instruction par le rappel des hommes en congé renouvelable. En cas de guerre, du reste, ce sera l'opération préliminaire de la mobilisation. L'effectif des compagnies pourra varier entre 100 et 125 hommes ; l'effectif est une affaire de budget. Il est plus ou moins élevé, selon nos ressources financières.

La force totale de l'infanterie, en temps de paix, pourra s'élever, au besoin, jusqu'à 300 000 hommes.

Le rappel des hommes en congé renouvelable se fait en vertu d'un ordre du Pouvoir exécutif ; il est transmis télégraphiquement dans toutes les communes par les soins des préfets.

Les commandants des dépôts de recrutement, au reçu de l'ordre du Ministre de la guerre, prescrivent dans les sous-dépôts la mise en route immédiate des hommes en congé ; elle devra avoir lieu dans les vingt-quatre heures. Tout retardataire, passé ce délai, sera mis entre les mains de la gendarmerie.

Dans tous les sous-dépôts de recrutement, les ordres de mise en route devront toujours être préparés à l'avance, pour être mis le jour même à la poste, à l'adresse des maires de chaque localité, lesquels seront chargés d'en faire la remise aux destinataires. Le télégramme du préfet prescrivant le rappel des hommes en congé aura permis à ces fonctionnaires d'en donner avis à leurs administrés vingt-quatre heures avant la réception des ordres de route.

La première condition d'une prompte mobilisation consiste à diriger sur leurs corps, sans la moindre perte de temps, les hommes qui sont dans leurs foyers, et à cet égard, notre système actuel est des plus vicieux.

Ainsi, par exemple, un homme de Bergerac (Dordogne), qui ferait partie d'un corps stationné à Toulouse, fait d'abord 100 kilomètres inutilement, puisque le chef-lieu du département, Périgueux, où l'homme est obligé d'aller prendre sa feuille de route et son mandat d'indemnité, se trouve placé à 50 kilomètres au nord de Bergerac.

Depuis le moment où l'homme est parti de Bergerac jusqu'à celui de son départ de Périgueux pour sa destination, il s'écoule bien deux ou trois jours avant que toutes les formalités administratives puissent être remplies. Ce retard est encore souvent plus considérable, à cause de l'encombrement qui survient dans les chefs-lieux de département par suite du rappel simultané de tous les hommes des réserves. Voilà donc trois ou quatre jours perdus.

A l'avenir, les hommes en congé renouvelable seront dirigés directement sur leurs corps respectifs par les soins des commandants des sous-dépôts de recrutement. Notre organisation reposant sur la permanence des grands dépôts divisionnaires de toutes armes, on saura donc d'une manière invariable quelle sera la localité où les hommes devront aller rejoindre. Par conséquent, le mandat d'indemnité de route pourra être préparé à l'avance, en même temps que l'ordre de mise en route, par le commandant du sous-dépôt de recrutement, qui aura qualité pour cet ordonnancement. Le mandat sera payable par le receveur municipal ou tout autre agent des finances du canton où réside l'homme. Ces avances seront remboursées aux communes, dans les huit jours, par les soins des sous-intendants militaires.

Notre système est bien simple; nous ne pensons pas qu'i puisse rencontrer des difficultés dans l'application. Il faudra tout au plus quatre ou cinq jours pour que tous les hommes en congé, à n'importe quel titre, aient rejoint leurs corps.

2° *Mobilisation pour les camps d'instruction.*

Chaque année, le groupe de quatre bataillons effectifs qui doit aller au camp d'instruction sera placé sous le commandement d'un lieutenant-colonel. On pourra le réunir à quatre autres bataillons d'un autre dépôt divisionnaire, pour en former une brigade d'environ 4 000 hommes dont le commandement sera confié au général de brigade commandant ou au colonel commandant en second; ils pourront alterner.

Chaque corps d'armée comprenant cinq dépôts divisionnaires, on aura ainsi une forte division d'infanterie de près de 10 000 hommes. Ces vingt bataillons étant forts d'environ 500 hommes chacun, on pourra les doubler deux par deux, de manière à habituer les officiers au maniement et aux mouvements des bataillons avec un effectif équivalent à celui du pied de guerre; c'est-à-dire que, pour les manœuvres et évolutions, on ne formera que dix bataillons de 1 000 hommes chacun. Les officiers commanderont à tour de rôle.

Lorsqu'on le jugera à propos, on pourra réunir les troupes de toutes armes de deux ou trois corps d'armée, pour les exercer aux grandes manœuvres d'ensemble et à toutes les opérations de la guerre; quatre grands camps suffiraient.

DE LA MOBILISATION DU PIED DE GUERRE.

CHAPITRE XI.

ARMÉE DE PREMIÈRE LIGNE.

SOMMAIRE.

Développement des avantages de notre organisation. — Chiffres sur lesquels repose notre combinaison. — Fixité des effectifs.
Ordres de route et mandats d'indemnité. — Service des postes réservé pour le Gouvernement en temps de mobilisation.
Publication et affichage des ordres de mobilisation. — Responsabilité des autorités locales pour tout retard.
Répartition des bataillons de guerre dans les villes où existent des magasins annexes.
Augmentation des cadres : 1° d'officiers; 2° de sous-officiers; 3° de caporaux;
Dédoublement des cadres. — Contingent fourni par les huit bataillons de guerre. — Tirage au sort pour le classement des sous-officiers, caporaux dans les compagnies. — Ressources suffisantes en cadres.
Droit de promotion accordé aux commandants de corps d'armée en temps de mobilisation.
Brigades et divisions. — Leur formation et leur composition. — Rapidité de l'organisation et de la mobilisation.

C'est ici que tous les avantages de notre organisation vont se développer. Il s'agit de mobiliser, dans un délai qui ne devra pas dépasser six jours, cinquante divisions d'infanterie, formant ensemble une force de 400 000 hommes. Nos huit bataillons effectifs dans chaque grand dépôt divisionnaire seront immédiatement mis sur le pied de guerre.

Le rappel des hommes appartenant aux première et deuxième classes de la première réserve donneront les moyens de compléter les effectifs.

Ainsi que nous l'avons déjà dit, l'opération du passage du pied de paix au pied de guerre consiste dans le rappel des hommes en congé renouvelable. C'est donc une chose faite depuis longtemps.

Pour bien démontrer l'exactitude de notre combinaison, nous allons exposer ci-après les chiffres sur lesquels elle repose.

Nous avons dit que le contingent annuel à verser dans l'arme de l'infanterie serait de 50 000 hommes. Par conséquent, quatre contingents pour la période de l'activité font 200 000 hommes.................... 200 000 h.

Le rappel des première et deuxième classes de la première réserve, nous donnera 100 000 hommes, ci................... 100 000

Conformément à l'article 27 de la loi, les jeunes gens peuvent devancer l'appel en remplissant certaines conditions déterminées.

En admettant que chaque grand dépôt divisionnaire en ait reçu 300 par an, nous en aurons 15 000 par an, et pour une période de six années, 90 000, ci 90 000

        Total..... 390 000 h.

Il faut déduire les pertes pour décès et réformes seulement; on doit se rappeler que les pertes pour passage dans la gendarmerie,

        A reporter..... 390 000 h.

Report......	390 000 h.

les douanes, confirmation dans les divers emplois administratifs réservés aux anciens militaires, n'ont lieu qu'après la huitième année de service ; par conséquent, elles n'influent pas sur nos chiffres. En évaluant à deux pour cent la perte annuelle, elle s'élèvera à douze pour cent pour les six années, sur l'ensemble des 390 000 hommes, soit à déduire 46 800 hommes, ci........................ 46 800

Il restera...... 343 200 h.

Nous avons à ajouter les cadres des quatre cents bataillons sur le pied de paix, tels qu'ils sont avant la mobilisation du pied de guerre. Chaque bataillon comprend 172 officiers, sous-officiers, caporaux et soldats d'élite de première classe, tambours ou clairons, etc., etc................................. 68 000

Ensemble....... 411 200 h.

Il est donc bien établi que nous avons le moyen de mettre sur le pied de guerre quatre cents bataillons de 1 000 hommes chacun. On n'a pas dû oublier que nos effectifs ont pris une fixité réelle. (Voir la note placée au bas de l'article 10 de la loi.)

Nous ferons remarquer, pour être rappelé en temps utile, qu'il nous reste 120 000 hommes, tous anciens soldats, formant la troisième et la quatrième classe de la première réserve, que nous laisserons quelques jours seulement dans leurs foyers.

Une fois pour toutes, nous dirons que les mêmes formalités qui ont été prescrites pour le rappel des hommes en congé renouvelable seront observées pour la mobilisation des réserves. C'est-à-dire que dans les sous-dépôts de recrutement, l'ordre individuel de route et le mandat d'indemnité de route qui l'accompagne seront toujours préparés à l'avance, de manière à ce que l'homme de la réserve puisse les recevoir le lendemain. En pareil cas, le Gouvernement devra prescrire aux agents des postes d'avoir, toutes choses cessantes, à faire d'urgence l'envoi des ordres de mobilisation aux autorités municipales ; la remise immédiate en sera faite aux destinataires, avec l'injonction d'avoir rejoint leurs corps respectifs dans les quarante-huit heures. L'avis du préfet, transmis télégraphiquement aux maires des communes pour prévenir de la mobilisation de telle classe de la première ou de la deuxième réserve, sera immédiatement publié et affiché dans toutes les localités. Les intéressés seront donc prévenus vingt-quatre heures à l'avance, ce qui porte à trois jours leur délai de route.

Dans les localités éloignées, où le service des postes ne fonctionne pas avec assez de rapidité, des exprès à cheval seront envoyés, et au besoin la gendarmerie pourra être requise. Les autorités municipales seront rendues responsables de tout retard dans les ordres de mobilisation. Les recommandations les plus pressantes devront leur être adressées par les préfets ; il importe, pour que les hommes de la réserve puissent être rendus dans les délais prescrits (quarante-huit heures), que les ordres de route soient remis sans retard.

Les dépôts divisionnaires de toutes armes étant à proximité et souvent dans le même département, les réservistes pourront y être réunis sans efforts le troisième jour.

Pour éviter l'encombrement dans les grands dépôts, les bataillons de guerre, seront autant que possible, divisés dans les villes de garnison où il existe des magasins annexes. Chaque bataillon s'organisera pour son compte.

Les corps seront prévenus du nombre d'hommes qu'ils recevront dans chaque ville de garnison. Il sera réglé d'une manière permanente que telle et telle ville recevront un nombre de bataillons déterminés ; du reste, la plupart du temps, les bataillons effectifs seront en garnison dans ces villes ; ainsi, par exemple, supposons que le trente et unième grand dépôt divisionnaire d'infanterie soit à Vannes, chef-lieu du département du Morbihan, et qu'il comprenne dans sa circonscription le département du Finistère qui est limitrophe, les huit bataillons pourront être répartis de la manière suivante, pour s'organiser rapidement sur le pied de guerre :

A Vannes .... 3 bataillons
Lorient .... 1 —
Pontivy .... 1 —
Quimper .... 1 —
Brest .... 2 —
                Total .... 8 bataillons.

L'ordre de route de l'homme de réserve portera, indépendamment de l'indication du grand dépôt dont il fait partie, celle du bataillon ou des bataillons de telle ou telle ville, et ce sera toujours sur cette ville qu'il devra être dirigé. Mais pour être prêt à l'heure voulue, il faut que les choses soient toujours réglées à l'avance, de telle manière qu'alors même que l'on n'aurait pas à redouter l'éventualité d'une guerre prochaine, il suffise d'un simple ordre de mouvement pour mobiliser rapidement et sans confusion les huit bataillons de guerre. En divisant le travail d'organisation, en laissant à chaque chef de bataillon et aux commandants de compagnies une large part d'initiative, en excitant une louable émulation, chacun tiendra à être prêt le premier. La division sera entièrement organisée avant le sixième jour. Nous n'entrerons pas dans d'autres détails ; mais il est certain que cette organisation, telle que nous venons de l'indiquer, doit donner les moyens d'atteindre le but proposé.

Maintenant, il s'agit d'examiner comment on pourvoira à l'augmentation des cadres que nécessite le pied de guerre.

Commençons par le deuxième sous-lieutenant à nommer. L'excellente composition des cadres de sous-officiers nous met à même d'y pourvoir très-facilement.

En supposant que l'École militaire de Saint-Cyr nous donne de 100 à 150 sous-lieutenants de deuxième année, les dix écoles d'application de sous-officiers en fourniront chacune 40, en tout 400, total 550. Comme il nous en faut 2 400, reste donc 1 850, soit 37 par grand dépôt divisionnaire ; or, comme il y a 300 sous-officiers dans chaque grand dépôt, on ne sera nullement embarrassé pour faire un bon choix.

Passons aux sous-officiers. Le passage sur le pied de guerre nécessite, dans chaque bataillon, une augmentation de 12 sergents, de 4 caporaux-fourriers, 24 caporaux. Aux 12 sergents à nommer il faudra ajouter 3 sous-officiers passés officiers (la moyenne environ pour chaque bataillon) : total 15 ; aux 24 caporaux à nommer il faudra ajouter les 15 qui sont passés sous-officiers : total 39. Or, nous avons pour nommer 15 sous-officiers : 40 caporaux ; pour nommer 4 caporaux-fourriers et 39 caporaux, nous avons 72 soldats d'élite de première classe, sans compter tous les soldats de deuxième classe proposés pour l'avancement ; environ 5 par compagnie et, de plus, les hommes gradés de la première réserve qui vont entrer dans le rang.

Organisation des cadres sur le pied de guerre.

Nous sommes arrivés à la partie la plus importante et la plus difficile de notre organisation ; nous prions le lecteur qui n'est pas du métier de nous pardonner les détails techniques dans lesquels nous sommes obligés d'entrer, et qui, nécessairement, doivent fatiguer son attention. Nous dirons d'abord, pour que l'on saisisse tout de suite notre pensée : que le but que nous nous proposons consiste à arriver, par un dédoublement très-restreint, ne portant que sur une faible partie de nos cadres, à élever l'effectif de l'infanterie à plus d'un million d'hommes, tous parfaitement encadrés.

L'histoire nous reprochera éternellement notre aveugle et inqualifiable incurie pour avoir, en 1870, laissé immobiliser ou prendre, en un seul coup de filet, tous nos cadres à l'armée du Rhin. Notre salut pouvait être encore dans l'armée du maréchal Bazaine. Les excellents cadres dont il disposait pouvaient nous aider à reconstituer nos armées. Après la malheureuse reddition de Metz, la France était désarmée et impuissante. Nous n'avions plus à compter sur un retour de la fortune ; il fallait avoir une foi bien vive, qu'un ardent patriotisme pouvait seul excuser, pour conserver encore la moindre illusion sur l'issue d'une lutte si disproportionnée. Nous devions fatalement succomber, malgré l'habileté et l'héroïque dévouement des généraux qui commandaient nos armées improvisées ; malgré la bravoure des troupes composées, pour la plupart, de conscrits mal encadrés, et dont l'éducation militaire avait été faite à la hâte, sous la mitraille ennemie.

Faisons donc notre profit de ce que l'expérience vient de nous apprendre à nos dépens d'une manière si cruelle.

Pour l'intelligence de ce qui va suivre, disons d'abord que les quatre bataillons qui restent au dépôt, après le départ de la division active pour l'armée, vont se dédoubler pour former deux nouveaux bataillons. Les huit bataillons de guerre fourniront pour cette formation le contingent suivant :

Commençons par les officiers. On devra laisser au grand dépôt 14 lieutenants et 14 sous-lieutenants; total : 28.

Ces désignations devront exclusivement porter sur des officiers qui seront les premiers à reprendre, dans chaque grade, pour l'avancement. Autant que possible on ne prendra qu'un officier dans la même compagnie.

Ces officiers seront promus immédiatement au grade supérieur, ainsi qu'on le verra plus loin.

Quant aux sous-officiers, caporaux et soldats d'élite de première classe, le contingent a été calculé aussi exactement que possible pour en faire la répartition d'une manière à peu près égale entre les douze bataillons. Le contingent des huit bataillons de guerre est fixé ainsi qu'il suit :

10 sous-officiers candidats pour adjudants sous-officiers, soit un par bataillon ; les bataillons qui devront en fournir 2, pour en porter le nombre à 10, seront désignés par le sort.. 10

10 sergents ou sergents-fourriers candidats pour sergents-majors, un par bataillon (même observation que pour la désignation des deux adjudants)......... 10

10 caporaux proposés pour sergents-fourriers (même observation)... 10

10 caporaux par bataillon proposés pour sergents, soit 80 pour les huit bataillons, soit.............. 80

A reporter.... 110

Report.... 110

10 caporaux ou soldats de première ou de deuxième classe capables de faire des caporaux-fourriers...... 10

21 soldats d'élite de première classe ou soldats de deuxième classe par bataillon pouvant faire des caporaux, soit ....a............. 168

Total.... 288

Ces nominations seront faites immédiatement, en même temps que les autres, par les chefs de bataillon. Comme il importe que les candidats soient répartis avec une grande impartialité dans les compagnies, celles de nouvelle formation auront besoin surtout d'avoir de très-bons cadres; après avoir procédé à toutes les nominations, on fera la répartition des sergents et des caporaux de la manière suivante : le nom de chaque sergent nouvellement promu sera inscrit sur un bulletin que l'on placera dans une urne. On procédera au tirage des bulletins, et on affectera à la première compagnie, dans chaque bataillon, les premiers bulletins sortis, jusqu'à concurrence du nombre de vacances qui existent dans la compagnie. La même opération se continuera pour la deuxième compagnie, et ainsi de suite pour la troisième et la quatrième. Les bulletins qui ne seront pas sortis seront affectés aux bataillons de dépôt, pour entrer dans la composition des compagnies de nouvelle formation.

On recommencera le même tirage pour la désignation des caporaux.

Cette opération, dont on saisira plus loin toute l'importance, sera faite par les soins du chef de bataillon assisté des quatre commandants de compagnie.

On pourrait croire que ces nominations ont épuisé nos ressources; nous allons démontrer qu'il n'en est rien.

Chaque bataillon compte, sur le pied de paix :

4 adjudants..................................	4
4 sergents-majors...........................	4
4 sergents-fourriers.......................	4
20 sergents................................	20
Total........	32

Nous avons perdu :

3 sous-officiers nommés sous-lieutenants;

2 sous-officiers nommés adjudants ou sergents-majors aux compagnies de nouvelle formation. Total 5.

A déduire....	5
Reste........	27

Le complet sur le pied de guerre des sous-officiers étant de..	44
Il nous manque donc 17 sous-officiers...........	17

Voyons quelles sont les ressources en caporaux :

Les quatre compagnies sur le pied de paix nous donnent..	40

A déduire le contingent fourni aux compagnies de nouvelle formation, savoir :

1 caporal nommé sergent-fourrier.........	1	
10 caporaux nommés sergents.............	10	
Total à déduire.........	11 ci.	11
Reste.......		29

Nous avons donc 29 caporaux pour nommer les 17 sous-officiers qui manquent à nos quatre compagnies; ci..	17
Il nous reste 12 caporaux........................	12

Passons aux caporaux-fourriers et aux caporaux.

Il nous faut 4 caporaux-fourriers...............	4
plus 64 caporaux...............................	64
Total......	68
A déduire les 12 caporaux qui nous restent......	12
Reste.....	56

56 caporaux-fourriers ou caporaux sont à nommer; or, nous avons 72 soldats d'élite de première classe, sans compter les soldats de deuxième classe proposés pour l'avancement; soit 5 par compagnie; total 80 pour le bataillon, ensemble 136 candidats pouvant concourir pour les 56 nominations. Il y a lieu aussi de faire remarquer que parmi les hommes rappelés qui étaient en congé renouvelable ou qui font partie de la première réserve, nous aurons un certain nombre d'anciens sous-officiers et caporaux qui rentreront dans les cadres avec leur grade. Ainsi qu'on le voit, nos ressources en cadres de sous-officiers et caporaux sont loin d'être épuisées par la mobilisation du pied de guerre.

Quant aux tambours et clairons, par suite des avantages qui leur ont été faits (voir l'article 24), nous nous sommes ménagé un personnel plus que suffisant. Les hommes de la première réserve rappelés, de même que ceux qui étaien en congé renouvelable, nous donnent des tambours et des clairons au delà du nécessaire, sans préjudice des élèves qui existent dans les compagnies.

Malgré le contingent de 28 officiers fourni par les huit bataillons de guerre au grand dépôt, les cadres n'en resteront pas moins fortement constitués. 120 officiers que comportent les huit bataillons (au pied de paix) divisés par 28, chiffre des pertes en officiers, donnent 4, 3 ; c'est donc moins du quart qui a fait mouvement.

Sous-officiers : il y en a 32 par bataillon; ce nombre multiplié par 8, donne 256 pour les huit bataillons (au pied de paix). Nous en avons perdu, pour différents motifs, 5 par bataillon, soit 40 pour les huit bataillons; 256 divisé par 40 donne 6, 4; c'est donc moins du sixième.

Nos caporaux ont été renouvelés aux trois quarts ; mais nous y attachons moins d'importance, puisque les nouveaux promus seront tous en état d'occuper très-convenablement leur emploi. A notre avis, l'excellence des cadres consiste surtout dans le personnel en officiers et en sous-officiers ; aux premiers sont dévolus la direction et le commandement, aux seconds l'exécution et la plus grande part dans la surveillance des détails ; les sous-officiers sont l'âme d'une compagnie, et les officiers l'esprit qui vivifie cette âme.

En temps ordinaire, les officiers de tous grades sont nommés par le Pouvoir exécutif. Au moment de la mobilisation de l'armée, les officiers généraux commandant les corps d'armée ont qualité pour la nomination des officiers des corps de troupe placés sous leur commandement; sauf ratification du Ministre de la guerre. Ils ne peuvent nommer que jusqu'au grade de capitaine inclusivement. Ils doivent suivre l'ordre de mérite de l'extrait du tableau d'avancement envoyé par le Ministre, et qui comprend les candidats du corps d'armée, classés par divisions.

Ces nominations seront toujours préparées à l'avance dans les états-majors des corps d'armée, de manière qu'elles puissent être notifiées dans les quarante-huit heures qui suivront l'ordre de mobilisation.

Le commandant du grand dépôt divisionnaire remettra, chaque année, après l'inspection générale et plus souvent s'il y a lieu, à chaque chef de bataillon, un extrait du tableau d'avancement pour le grade de caporal et des différents grades de sous-officiers concernant les candidats appartenant à ce même bataillon. Ces candidats seront classés par ordre de mérite.

En temps ordinaire, les commandants de grands dépôts feront les nominations; mais au moment du passage au pied de guerre, pour éviter toute confusion et toute perte de temps, vu le grand nombre de nominations à faire (près de mille), celles de sous-officiers et de caporaux seront dévolues aux chefs de bataillon, qui, autant que possible, devront suivre l'ordre de mérite du tableau.

Ces nominations seront faites dans les quarante-huit heures qui suivront l'ordre de mobilisation. Ces officiers supérieurs étant les premiers intéressés à avoir de très-bons cadres, et, d'un autre côté, étant plus à même que qui que ce soit d'apprécier le mérite des candidats, il est certain que leur désignation conduira à de bons choix; enfin, au moment où le commandement du chef de bataillon va prendre une si grande importance, les nominations émanant de cet officier supérieur lui donneront une grande influence morale sur ses subordonnés.

Les huit bataillons formeront deux brigades; la première sera commandée par le général de brigade commandant le grand dépôt; la deuxième, par le colonel commandant en second le grand dépôt. Il sera adjoint à l'une et à l'autre de ces brigades un lieutenant-colonel, ce qui permettra, en cas de fractionnement de la brigade, de donner au lieutenant-colonel le commandement d'un détachement de deux bataillons.

Les deux brigades seront réunies dans un délai de six jours à l'endroit indiqué à l'avance, et où sera rendu, avec son état-major, l'officier général désigné pour prendre le commandement de la division.

La division étant organisée et munie de tout son attirail de guerre, nous laissons le soin aux hommes spéciaux de former les corps d'armée et les armées avec leurs états-majors et tout ce qui s'y rattache.

Notre travail s'arrête là.

On voit, par cet exposé, combien la mobilisation sera facile et prompte sur toute l'étendue du territoire. Le Ministre, affranchi des innombrables détails qui s'y rattachent et qui lui incombaient dans notre ancienne organisation, n'aura plus à s'occuper que des hautes questions de commandement, d'états-majors, de mouvements, de nomination d'officiers supérieurs, etc., etc.; les grandes concentrations se feront très-rapidement et nos armées organisées, presque à la déclaration de guerre, nous permettront de prendre vigoureusement l'offensive qui convient si bien à notre caractère national.

Notre travail ne se reportant qu'à l'organisation intérieure des corps de troupe, nous n'avons pas à nous occuper de la composition des états-majors divisionnaires. Cependant, tout en restant dans les limites que nous nous sommes tracées, qu'il nous soit permis de dire, pour répondre à quelques critiques, qu'en cas de mobilisation, il serait très-avantageux de donner le commandement des divisions actives aux généraux inspecteurs. L'officier général qui serait investi de ces hautes fonctions, passerait, à son gré et à l'improviste, deux ou trois inspections annuelles. Chaque grand dépôt divisionnaire aurait son inspecteur général permanent. Cette nouvelle situation faite aux inspecteurs généraux aurait le grand avantage de les familiariser avec leurs troupes et de bien s'en faire connaître. Ni les uns, ni les autres ne seraient étrangers au jour du combat.

MOBILISATION DE L'ARMÉE DE RÉSERVE.

CHAPITRE XII.

ARMÉE DE DEUXIÈME LIGNE.

SOMMAIRE.

Organisation de l'armée de réserve. — Commandement des grands dépôts divisionnaires. — Cadres laissés par la division active.
Tableaux des ressources en officiers, — Médecins, — Sous-officiers. — Emploi du tirage au sort pour l'affectation de ces cadres — Règles à ce sujet.
Numérotage des compagnies en partant de la gauche. — Rapidité de ces opérations.
Cadres destinés aux légions départementales. — Versement des effectifs.
Rappel des classes de réserve. — Effectif du contingent fourni par elles. — Compagnies de dépôt.
Ordre d'après lequel sont rappelées les classes de réserve. — Concentration et embrigadement de ces troupes. — Force totale des brigades et divisions ainsi formées.

(Voir les articles 29 bis, 35 et 37.)

Dès que la division active est partie pour l'armée, il convient de s'occuper sans délai de l'organisation de l'armée de réserve.

Nous commencerons par placer à la tête du grand dépôt divisionnaire, soit un général de brigade du cadre de réserve, soit un colonel ou un lieutenant-colonel en retraite, mais qui a conservé assez d'activité et de vigueur pour occuper cet important commandement qui sera loin d'être une sinécure.

On a vu que la division active avait laissé 14 lieutenants et 14 sous-lieutenants, les premiers à reprendre pour l'avancement, plus 288 sous-officiers et caporaux pour entrer dans la composition des bataillons de nouvelle formation.

Nous avons à ajouter à ces candidats ceux que doivent fournir les quatre bataillons de dépôt : soit 7 lieutenants et 7 sous-lieutenants. Tous ces officiers seront immédiatement pourvus du grade supérieur à titre définitif. Nous allons résumer dans un tableau les diverses opérations auxquelles donnera lieu la constitution des cadres des deux bataillons de formation.

	CHEFS DE BATAILLON	ADJUDANTS-MAJORS	OFFICIERS PAYEURS	CAPITAINES	LIEUTENANTS	SOUS-LIEUTENANTS
Voyons premièrement quelles sont nos ressources en officiers.						
Le Ministre de la Guerre nous a envoyé 3 chefs de bataillon nouvellement promus........................	3	»	»	»	»	»
Nous aurons à déduire un nombre égal de capitaines pourvus du grade supérieur et envoyés dans d'autres grands dépôts.	4	4	4	16	16	32
L'effectif des quatre bataillons restant au dépôt nous donne........	1	»	»	4	3	3
Nous ajouterons le personnel des Écoles militaires dépendant du grand dépôt.	»	»	»	21	21	»
Les nouveaux promus dans les douze bataillons, dont 14 pour les bataillons de guerre et 7 pour ceux du dépôt.........						
Totaux......	8	4	4	41	40	35
Nous avons à déduire :						
1° Les 3 capitaines qui ont été nommés au grade supérieur ou qui sont allés remplacer les promus dans huit bataillons de guerre. Ce seront habituellement les capitaines professeurs de l'École militaire du grand dépôt divisionnaire qui rempliront les vacances faites dans les bataillons.........	»	»	»	3	»	»
2° Les officiers qui doivent entrer dans la composition des bataillons des légions départementales (Voir l'article 28 bis), pour former l'armée de 3° ligne. Cette organisation sera développée plus loin............	2	2	»	10	10	»
Ces pertes sont donc à déduire des chiffres ci-dessus.						
A reporter.......	2	2	»	13	10	»

— 188 —

	CHEFS DE BATAILLON	ADJUDANTS-MAJORS	OFFICIERS PAYEURS	CAPITAINES	LIEUTENANTS	SOUS-LIEUTENANTS
Report............	2	2	»	10	10	»
Nous allons remplir les emplois vacants pour compléter les cadres des six bataillons............	6	2	4	28	30	35
Nous prendrons 2 capitaines et 2 lieutenants pour en faire 4 adjudants-majors............	»	4	»	»	»	»
Nous prendrons 2 lieutenants pour en faire des officiers payeurs............	»	»	2	»	»	»
TOTAUX........	6	6	6	28	30	35
A déduire les officiers promus aux emplois spéciaux dont nous venons de parler ci-dessus............	»	»	»	2	4	»
RESTE........	6	6	6	26	26	35
A déduire les cadres des quatre bataillons déjà constitués qui vont être mobilisés sur le pied de guerre. Il nous faut, pour être immédiatement mobilisés 4 chefs de bataillon, 4 adjudants-majors, 4 officiers payeurs, 16 capitaines, 16 lieutenants, 32 sous-lieutenants..........	4	4	4	16	16	32
Il restera pour constituer deux bataillons de dépôt à cinq compagnies chacun. Conformément aux articles 33 et 37, les anciens sous-officiers commissionnés officiers de l'armée de réserve nous donnent 4 sous-lieutenants pour chaque compagnie du dépôt. Ce ne sera pas trop, parce qu'elles auront un effectif très-élevé; de 300 et 400 hommes............	2	2	2	10	10	3
Les 3 sous-lieutenants titulaires seront employés suivant les besoins du service.	»	»	»	»	»	40

Quant aux médecins, nous avons vu que la loi nous ménagé de précieuses ressources en requérant, pour le service de l'armée, les docteurs médecins qui ont été dispensés du service militaire, conformément à l'article 5 *bis*. Nous aurons encore là d'excellents auxiliaires pour le service des ambulances et des hôpitaux militaires. Passons aux cadres des sous-officiers : pour nous rendre compte facilement de nos besoins, nous établissons également un tableau sur lequel nous trouverons toutes les indications nécessaires :

	ADJUDANTS	SERGENTS-MAJORS	SERGENTS	SERGENTS-FOURRIERS	CAPORAUX-FOURRIERS	CAPORAUX	SOLDATS DE 1re CLASSE
Nous avons les cadres des quatre bataillons restés au dépôt qui, sur le pied de paix, comprennent............	16	16 (B)	80 (B)	16 (B)	»	160	354
Nous ajouterons les 288 sous-officiers et caporaux fournis par les bataillons de guerre répartis comme il suit :	10	10	80	10	10	168	»
Totaux............	26	26	160	26	10	328	354
Nous ferons les nominations suivantes :							
1° Pour compléter sur le pied de guerre les cadres des quatre bataillons restés au dépôt, ces bataillons devant être mobilisés de suite : 48 sergents à raison de 3 par compagnie ; 16 caporaux-fourriers, 1 par compagnie, et 96 caporaux, 6 par compagnie......	»	»	48	»	16	96	»
2° Pour faire partie des cadres des légions départementales, cadres de 10 compagnies.................	10	10	30 (A)	10	10	80 (A)	»
(A) On ne fournira que la moitié des sergents et caporaux, pour réserver une partie des nominations aux anciens gradés de la deuxième réserve.							
3° Pour faire partie des deux bataillons de dépôt (organisation) 10 compagnies.....................	10	10	60	10	10	160	»
Totaux des nouvelles nominations.	20	20	138	20	138	336	»

Pour nommer 20 adjudants, nous avons 112 anciens sous-officiers, 16 sergents-majors, 16 sergents-fourriers et 80 sergents.

Pour nommer 20 sergents-majors, nous avons 96 sous-officiers, défalcation faite des 20 nommés adjudants.

Pour nommer 138 sergents, 20 sergents-fourriers et remplacer 40 sous-officiers passés adjudants ou sergents-majors, nous n'avons que 168 caporaux, mais nous pourrons nous compléter avec les anciens sous-officiers ou caporaux de la première réserve qui seront rappelés pour la mobilisation de l'armée (deuxième ligne).

Pour nommer 336 caporaux et 36 caporaux-fourriers, total 372, nous avons 354 soldats d'élite de première classe, plus 5 soldats de deuxième classe par compagnie proposés pour l'avancement ; total 436. Nous avons encore la ressource des anciens caporaux rappelés avec la première réserve.

Nous n'avons pas parlé des cadres du petit état-major du grand dépôt divisionnaire qui pourront entrer dans ces formations ; nous aurons là 7 sous-officiers, 15 caporaux et 20 élèves-caporaux.

Les prévoyantes dispositions de l'article 24 de la loi nous mettront à même de compléter les tambours et les clairons qui manqueront dans les compagnies. Nous en aurons un nombre suffisant arrivant de la première réserve tout équipés et prêts à reprendre leur service.

Afin d'apporter la plus grande impartialité dans le classement des officiers, sous-officiers et caporaux nouvellement promus, on aura recours au sort pour leur affectation. Cette manière de procéder, qui est, très-simple dans son exécution, permettra d'éviter toute perte de temps, ainsi que la confusion inévitable qui résulte des tiercements. Cette opération sera faite par les soins du commandant du grand dépôt, dans l'ordre suivant :

1° Les premiers numéros serviront à remplir les vacances qui existent dans les quatre bataillons qui vont être immédiatement mobilisés sur le pied de guerre ;

2° Les numéros suivants seront affectés au contingent destiné à entrer dans la composition des légions départementales ;

3° Enfin, les derniers feront partie des dix compagnies qui doivent former les deux bataillons de dépôt.

Il est bien entendu que la portion des cadres des quatre bataillons déjà organisés, qui n'a pas fait mouvement, ne doit pas participer à cette opération. Pour ceux-là, chacun reste à sa compagnie.

Toutes ces désignations faites, il sera procédé immédiatement à la formation des dix compagnies des deux nouveaux bataillons de dépôt. Le premier bataillon nouvellement organisé prendra le numéro 13, le deuxième prendra le numéro 14.

Les compagnies seront numérotées en partant de la gauche : la première compagnie du 13° bataillon prendra le numéro 49, la seconde 50, et ainsi de suite, en suivant l'ordre des bataillons. La dernière aura ainsi le numéro 58. Cette organisation est tout à fait indépendante de celle de mobilisation des huit premiers bataillons de guerre. Ces travaux marcheront presque simultanément, de manière que le jour du départ de la division active pour l'armée, c'est-à-dire le sixième jour, toutes les opérations dont nous venons de parler pourront être terminées. Les quatre nouveaux bataillons à mobiliser (les cadres) seront dirigés sur les villes de garnison, où ils iront à leur tour s'organiser sur le pied de guerre.

Il ne restera au grand dépôt que les dix compagnies formant les deux bataillons de dépôt. Comme on le voit, le travail d'organisation et de mobilisation, pour devenir plus facile et plus prompt, est divisé et se fait sans encombrement dans chaque ville de garnison ; ainsi que nous l'avons déjà dit, il y existe des magasins de dépôt d'armes et d'effets de toute nature.

Quant aux cadres destinés aux légions départementales, ils seront immédiatement mis en route pour leur destination. Ces cadres sont complétement détachés pendant la durée de la guerre. Administrativement, ils ne dépendront plus du grand dépôt divisionnaire.

Maintenant que nous avons nos cadres organisés, nous allons procéder au versement des effectifs. Nous avons vu que les troisième et quatrième classes de la première réserve étaient restées disponibles dans leurs foyers. Nous les rappellerons pour former le premier noyau des quatre nouveaux bataillons de guerre que chaque grand dépôt va avoir à mobiliser. Nous aurons là 120 000 hommes qui seront répartis entre les 50 grands dépôts, de façon que chacun d'eux en reçoive 2 400, ce qui nous permettra de verser 600 anciens soldats dans chaque bataillon de guerre.

Les quatre premières classes de la deuxième réserve seront immédiatement appelées ; elles donneront environ 300 000 hommes. (On doit se rappeler que les huit premières classes de la deuxième réserve ne comprennent que des hommes affectés à l'infanterie). Nous prendrons d'abord la première classe, c'est-à-dire celle comprenant les plus jeunes soldats qui ont fait récemment leur instruction militaire (du mois d'octobre de l'année précédente au mois d'avril suivant), conformément à l'article 13 ; ces jeunes gens, qui sont complétement instruits et prêts à entrer dans le rang, n'ayant pas eu le temps d'oublier ce qu'ils savent, seront versés dans les bataillons de guerre. Cette classe suffira (environ 85 000 hommes) pour compléter les bataillons à 1 000 hommes chacun.

Il nous restera de 200 à 240 000 hommes que l'on versera dans les 500 compagnies des dépôts. Chacune d'elles pourra avoir de 300 à 400 hommes. Il n'y a aucun inconvénient à ce que ces compagnies qui ne doivent pas marcher aient un fort effectif. Elles sont spécialement destinées à recevoir temporairement les hommes de la deuxième réserve, qui iront remplir, au fur et à mesure des besoins, les vides aux bataillons de guerre.

Ces compagnies de dépôt pourront avoir quelques sous-officiers et caporaux en plus des cadres réglementaires. Nous avons vu, au tableau résumant l'organisation des cadres, que chaque compagnie aura 6 officiers : 1 capitaine, 1 lieutenant et 4 sous-lieutenants de l'armée de réserve. Elles pourront donc recevoir facilement de 4 à 500 hommes.

Les hommes des réserves qui doivent entrer dans la composition de l'armée de la deuxième ligne, seront rappelés dans l'ordre suivant :

1° Ceux appartenant aux troisième et quatrième classes de la première réserve (les anciens soldats) seront mis en route de manière à arriver le jour même du départ des huit bataillons de guerre pour l'armée, dans les villes de garnison où les quatre nouveaux bataillons à mobiliser sont déjà rendus pour s'organiser sur le pied de guerre ;

2° La première classe de la deuxième réserve sera dirigée sur les mêmes villes quarante-huit heures après le départ des précédents (troisième et quatrième classes de la réserve).

Nous appellerons les deuxième, troisième et quatrième classes de la deuxième réserve successivement, de manière à éviter toute confusion dans l'organisation des compagnies de dépôt. Chaque classe ayant de 85 à 90 000 hommes, chaque grand dépôt recevra environ 1 800 hommes ; ce sera donc 180 hommes à verser dans chaque compagnie. Nous estimons qu'au bout de vingt jours ces hommes, en repronant très-activement leur instruction, seront en état d'entrer immédiatement dans le rang. On n'appellera la classe suivante qu'à mesure que la classe précédente sera suffisamment instruite, de manière (à moins d'urgence extrême) à éviter tout encombrement dans les dépôts. Du reste, lorsque les quatre nouveaux bataillons de guerre seront partis pour l'armée, le casernement des villes de garnison étant disponible, on pourra alors envoyer une ou deux compagnies de dépôt dans chacune de ces garnisons. En pareil cas, il sera très-facile d'élever l'effectif des compagnies de dépôt de 4 à 500 hommes.

Il s'est écoulé, depuis le jour du départ de la division pour l'armée, cinq à six jours pendant lesquels les quatre bataillons à mobiliser ont pu porter leur effectif sur le pied de guerre. Les voilà donc prêts à entrer en ligne pour participer à leur tour aux opérations de la guerre. Un lieu de réunion leur sera fixé pour opérer leur concentration et pour être embrigadés sous les ordres d'un général ou d'un colonel désigné par le Ministre. Un lieutenant-colonel sera adjoint. Cette brigade devra être pourvue de tout son matériel de campagne par les soins du grand dépôt divisionnaire. Nous avons donc cinquante brigades d'infanterie pouvant former vingt-cinq nouvelles divisions présentant une force totale de deux cents bataillons, soit 205 000 hommes, officiers compris, que l'on pourra employer à renforcer l'armée de première ligne ou bien à former de nouvelles armées.

CHAPITRE XIII.

ORGANISATION ET MOBILISATION DES LÉGIONS DÉPARTEMENTALES.

Armée de troisième ligne.

SOMMAIRE.

Les dépôts de recrutement, centres de mobilisation pour l'armée de troisième ligne. — Organisation des bataillons des légions départementales. — Cadres fournis par les dépôts divisionnaires. — Tableaux des ressources en cadres: 1° d'officiers, 2° de sous-officiers. — Classement des cadres. — Rapidité de la mobilisation de la légion départementale. — Officiers des dépôts de recrutement. — Destination des légions départementales pour l'armée de troisième ligne. — Concentration, embrigadement et endivisionnement. — Force des compagnies et bataillons. — Répartition des anciens soldats. — Effectif des légions départementales.

Conformément à l'article 28 *bis*, les légions départementales sont destinées à former l'armée de troisième ligne; elles sont organisées sous la direction des colonels ou lieutenants-colonels commandant les dépôts de recrutement. Les grands dépôts divisionnaires auront assez à faire pour pourvoir aux besoins des douze bataillons mobilisés et des deux de dépôt. Nous ne pourrions donc sans danger les charger de toute nouvelle organisation; mais nous avons, pour y suppléer, un personnel administratif tout préparé, ainsi que nous l'avons vu aux articles 28 et 28 *bis*. Ce sont donc les dépôts de recrutement qui deviendront des centres de mobilisation pour la formation de l'armée de réserve de la troisième ligne.

Chaque département organisera deux ou trois bataillons d'infanterie, suivant l'importance de sa population. Nous avons vu que les grands dépôts divisionnaires devaient fournir les cadres d'un bataillon de cinq compagnies à chaque département, comme premiers éléments pour cette formation. Soit à organiser la légion de la Loire-Inférieure à Nantes.

	Chef de bataillon	Adjudant-Major	Officier-Payeur	Capitaines	Lieutenants	Sous-Lieutenants	TOTAL
	1	1	»	5	5	»	12
	»	»	»	2	2	»	4
	»	»	»	1	1	»	2
	»	»	»	3	2	»	5
	»	»	»	»	»	12	12
	1	»	»	»	»	12	13
	2	1	»	11	10	24	48

Le cadre en officiers du bataillon fourni par le grand dépôt divisionnaire nous donne.

Le département de la Loire-Inférieure, qui comprend quatre arrondissements : Paimbœuf, Savenay, Châteaubriant, Ancenis, aura donc 4 sous-dépôts de recrutement. En admettant qu'on y attache 2 capitaines et 2 lieutenants, nous aurons ces 4 officiers pour entrer dans les cadres.

Au chef-lieu, à Nantes, le dépôt de recrutement nous donnera 1 capitaine, 1 lieutenant.

Tout en étant très-réservé, pour le rappel en activité des officiers qui ne seraient pas en état de faire campagne ou qui ne mériteraient pas l'insigne faveur de participer à la défense nationale, la non-activité pour infirmités temporaires et pour cause de retrait d'emploi nous donnera le petit nombre d'officiers dont nous avons besoin pour compléter nos cadres, soit 3 capitaines et 2 lieutenants (1).

S'il ne se trouve pas de chef de bataillon à rappeler de la non-activité, il en sera nommé un pris dans l'armée active.

Nous ferons entrer dans cette composition 24 sous-lieutenants de l'armée de réserve commissionnés dans les conditions spécifiées aux articles 35 et 37.

A reporter......

(1) Nous avons encore pour ressource les officiers attachés à l'École militaire de Saint-Cyr et aux Écoles centrales des corps d'armée.

	Chef de bataillon	Adjudant-Major	Officier-Payeur	Capitaines	Lieutenants	Sous-Lieutenants	TOTAL
Report............	2	1	»	11	13	17	»
	»	»	2	»	»	»	»
	»	»	»	1	»	»	1
Totaux...........	2	1	2	11	13	17	»
A déduire 1 capitaine nommé adjudant-major	»	1	»	1	»	»	1
Reste............	2	2	2	10	14	24	50
	2	»	2	8	8	16	38
	»	»	2	2	2	8	12
Totaux...........	2	2	6	10	10	16	»

Les officiers payeurs seront pris parmi les officiers de la réserve appartenant à la catégorie de ceux commissionnés dans les conditions de l'article 37. Nous aurons là de précieuses ressources, car se sont pour la plupart des fonctionnaires ou employés des différentes administrations ressortissant du Ministère des finances, tels que percepteurs ou receveurs des contributions, receveurs des postes, des douanes, etc..... tous gens présentant les meilleures garanties de capacité et de moralité.

Quant au recrutement des médecins, il y sera pourvu par la réquisition de ceux qui ont été dispensés du service militaire, conformément à l'article 5 bis. Nous prendrons 1 capitaine pour en faire 1 adjudant-major.

Nous avons là les éléments suffisants pour organiser deux bataillons, à quatre compagnies, soit 2 chefs de bataillons, 2 adjudants-majors, 2 officiers payeurs, 8 capitaines, 8 lieutenants et 16 sous-lieutenants.

Les deux compagnies de dépôt comprendront 2 capitaines, 2 lieutenants, 8 sous-lieutenants.

	Adjudants	Sergents-Majors	Sergents	Sergents-Fourriers	Caporaux-Fourriers	Caporaux	Tambours et Clairons
1° Cadre du bataillon fourni par le grand dépôt divisionnaire..........	5	5	15	»	»	30	»
2° Chaque sous-dépôt de recrutement, ainsi qu'on l'a vu à l'article 29 de la loi, a 1 adjudant sous-officier qui est instructeur breveté, plus, au chef-lieu du département, 2 ou 3 surnuméraires, ce qui fait 6 ou 7 adjudants sous-officiers. Nous prendrons les 5 plus valides pour les comprendre dans les cadres de la légion départementale..........	5	»	»	»	»	»	»
3° Pour nous compléter, nous aurons parmi les anciens sous-officiers et caporaux de la réserve, 5 sergents-majors, 5 sergents-fourriers, 65 sergents, 5 caporaux-fourriers, 120 caporaux...........	»	5	65	5	10	120	»
4° Nous aurons 20 tambours et 20 clairons parmi les hommes rappelés. Les tambours ou clairons des sous-dépôts pourront être également incorporés.	»	»	»	»	»	»	40
Totaux..........	10	10	80	10	10	160	40

Les anciens sous-officiers, caporaux et tambours qui font partie de la deuxième réserve seront en nombre plus que suffisant pour compléter les cadres des compagnies. Récapitulons dans un petit tableau les diverses opérations auxquelles donnera lieu la constitution des cadres :

Les cadres seront employés de la manière suivante :

	Adjudants	Sergents-Majors	Sergents	Sergents-Fourriers	Caporaux-Fourriers	Caporaux	Tambours et Clairons
1° **Formation des deux bataillons à deux compagnies** chacun : 8 adjudants, 8 sergents-majors, 64 sergents, 8 sergents-fourriers, 8 caporaux-fourriers, 128 caporaux, 38 clairons ou tambours.	»	»	64	»	»	128	32
2° A la formation des deux compagnies de dépôt : 2 adjudants, 2 sergents-majors, 16 sergents, 2 sergents-fourriers, 2 caporaux-fourriers, 32 caporaux, 8 clairons ou tambours.	2	2	16	2	2	32	8
Totaux égaux	10	10	80	10	10	160	40

Les officiers seront classés dans les bataillons, par rang d'ancienneté, de la manière suivante : le plus ancien capitaine sera placé à la 1re compagnie du 1er bataillon; le second plus ancien à la 1re compagnie du 2e bataillon, et le 3e plus ancien à la 2e compagnie du 1er bataillon et ainsi de suite, en alternant d'un bataillon à l'autre, de manière que les deux compagnies de dépôt qui sont les dernières soient commandées par les deux capitaines les moins anciens de grade. On opèrera de la même manière pour le classement des lieutenants, sous-lieutenants, sous-officiers et caporaux.

L'opération de la mobilisation des légions départementales se fera très-rapidement et marchera presque de front avec celle des bataillons de guerre des grands dépôts divisionnaires, sans que l'une ou l'autre puissent se gêner en quoi que ce soit. Nous avons vu à l'article 28 *bis* que les officiers des dépôts de recrutement tenaient les contrôles des hommes des quatre dernières classes de la deuxième réserve, lesquels doivent former les légions départementales.

Les officiers employés dans le recrutement et qui entrent dans la composition des cadres des légions départementales, sont remplacés par des officiers en retraite, désignés toujours à l'avance. Ils devront être rendus à leur poste dans les quarante-huit heures.

Les dépôts de recrutement étant pourvus de magasins d'armes et d'effets de toute nature, ainsi que nous l'avons vu à l'article 28, tous les besoins étant assurés à l'avance, l'organisation des bataillons se fera dans d'excellentes conditions de célérité ; on pourra les mettre en route dans un délai de dix jours, qui, dans tous les cas, ne devra pas dépasser la quinzaine. Les légions départementales sont destinées à entrer dans la composition de l'armée de la troisième ligne qui est spécialement affectée à tenir les derrières de l'armée active, à assurer ses communications, à fournir des escortes, à protéger les convois, à tenir garnison dans les villes de guerre, forts et citadelles, etc... Elles seront dirigées, sous les ordres du colonel ou du lieutenant-colonel commandant le dépôt de recrutement, sur un camp ou tout autre lieu de réunion, où seront concentrées les légions de plusieurs départements, pour y être formées en brigades, divisions et corps d'armée.

Les compagnies des bataillons seront fortes de 250 à 300 hommes ; celles du dépôt pourront être portées à 500. Les classes seront appelées au fur et à mesure des besoins, en commençant toujours par la moins ancienne. Les anciens soldats seront répartis d'une manière égale dans chaque compagnie.

Les seize légions départementales présenteront une force de deux cents bataillons d'infanterie, soit. 205 000 hommes.

Les deux compagnies de chaque département, qui seront de 300 à 400 hommes, nous donnent environ 60 000 hommes, soit............................. 60 000

Total....... 265 000 hommes.

Nous avons dit que chacune des quatre classes de la deuxième réserve présenterait un effectif d'environ 100 000 hommes, soit............. 400 000 hommes.

Reste....... 135 000 hommes.

Il nous restera donc 135 000 hommes pour organiser l'artillerie et la cavalerie des légions départementales et réparer les pertes.

CHAPITRE XIV.

SOMMAIRE.

Récapitulation générale des forces de l'infanterie en temps de guerre. (1)

1° Armée de première ligne.
2° Armée de deuxième ligne.
3° Armée de troisième ligne.
4° Bataillons de dépôt.
5° Compagnies de dépôt des légions départementales
6° Ressources pour réparer les pertes et maintenir les effectifs sur le pied de guerre.

Notre organisation étant terminée, pour l'infanterie, récapitulons les forces qu'elle présente.

---
(1) Voir le tableau B.

	NOMBRE de BATAILLONS	EFFECTIF EMPLOYÉ		
		A L'ARMÉE	Dans les dépôts complétement encadrés pour être mobilisés	TOTAL
1° 50 divisions de l'armée active (armée de 1re ligne), exclusivement composées d'anciens soldats. Mobilisation effectuée en six jours	400	411 500	»	410 150
2° 25 divisions, armée active (armée de 2e ligne), composées de plus des 2/3 d'anciens soldats. Mobilisation effectuée en dix jours et douze au plus....	200	205 075	»	205 075
3° 25 divisions formées par les légions départementales (armée de 3e ligne), ayant 1/3 environ d'anciens soldats. Mobilisation effectuée en dix jours et quinze au plus..................	200	205 075	»	205 075
4° 500 compagnies de 400 à 500 hommes, formant les dépôts des 50 grands dépôts divisionnaires. Elles pourraient, au besoin, donner de suite 100 bataillons de guerre, tout en laissant deux compagnies dans les dépôts... (Organisation faite progressivement, de dix à trente jours).	100	»	227 600	227 600
5° 172 compagnies de dépôt des légions départementales, pouvant varier de 300 à 400 hommes (Organisation faite de quinze à vingt jours).	43	»	74 328	74 328
Totaux...........	943	820 300	301 928	1 122 228

Nous avons donc 943 bataillons, dont 800 mobilisés ; 820 300 hommes à l'armée et 301 928 dans les dépôts pouvant être immédiatement mobilisés. En tout **1 122 228** hommes d'infanterie, tous encadrés.

Pour réparer nos pertes et entretenir les effectifs des bataillons de guerre, nous avons en réserve les 6°, 7° et 8° classes de la deuxième portion du contingent, c'est-à-dire 180 à 200 000 hommes qui seront appelés au fur et à mesure des vides faits dans les dépôts par l'envoi aux bataillons de guerre des hommes de remplacement.

Nous avons encore environ 35 000 hommes qui restent disponibles sur la 3° classe de la deuxième réserve et qui serviront à organiser la cavalerie et l'artillerie des légions départementales. En outre, nous avons la 4° classe en entier de la même réserve, soit environ 100 000 hommes pour maintenir sur le pied de guerre les effectifs des bataillons, escadrons, batteries, appartenant à ces mêmes légions départementales.

CHAPITRE XV.

CONSIDÉRATIONS GÉNÉRALES SUR L'INFANTERIE

SOMMAIRE.

Opportunité d'avoir deux espèces d'infanterie.
De l'infanterie de ligne ou de bataille.
De l'infanterie légère ou chasseurs à pied.
Armements pour une expédition maritime.
Renforts à envoyer en Afrique.
L'organisation actuelle ne se prête pas à une concentration rapide.

Y a-t-il lieu de conserver les bataillons de chasseurs à pied, comme éclaireurs ou tirailleurs d'élite ?

Cette question qui est actuellement si vivement débattue est l'objet d'appréciations bien diverses. Le général Jomini, dans son *Précis de l'Art de la guerre*, dit que les armées françaises ont toujours retiré de grands avantages de l'emploi de leurs troupes légères, notamment à la bataille d'Auerstaëd, en 1806, et plus récemment à la bataille de l'Alma.

Nos soldats sont en effet sans rivaux pour l'intelligence toute particulière qu'ils apportent dans la guerre de tirailleurs ; leur action toute spontanée, leur audacieuse bravoure, leur habileté à profiter des moindres accidents de terrain, derrière lesquels ils se dérobent et savent se glisser avec une adresse merveilleuse ; leur facilité à s'accrocher et à grimper un à un sur les rochers causa une profonde stupéfaction au prince de Menschikoff, lors de la bataille de l'Ama. En Prusse, tous les militaires éclairés reconnaissent que nos soldats l'emportent sur tous les autres par une individualité plus grande, par une intelligence plus vive, un élan incomparable ; ils regardent l'insouciance, la gaîté française comme des qualités précieuses à la guerre ; ils avouent que nos soldats sont plus ingénieux et meilleurs marcheurs (1).

Malheureusement, nos soldats ont les défauts de leurs qualités. Si ces dernières sont grandes, les premiers ne sont pas moins grands. La dernière guerre vient de nous apprendre que nos ennemis avaient su mettre à profit les prudentes recommandations du prince Frédéric-Charles (2). Les Allemands ont non-seulement su paralyser les qualités essentielles de nos soldats, mais ils ont eu encore l'adresse de faire tourner à notre désavantage cet élan, cette fougue ardente, qui sont le propre de notre caractère national.

Par suite de ces considérations et de l'adoption du fusil modèle 1866 pour toute l'infanterie, beaucoup de personnes seraient d'avis de supprimer les chasseurs à pied ; elles ne voudraient avoir qu'une seule infanterie. Nous allons examiner si une mesure aussi radicale serait profitable à notre état militaire.

Les hommes compétents qui ont rédigé le remarquable document ministériel ayant pour titre : *Instruction sommaire pour les combats*, ont parfaitement défini les rôles respectifs qu'ont à remplir l'infanterie de ligne et l'infanterie légère sur le champ de bataille. Ce document, publié après Sadowa et en même temps que notre infanterie recevait le fusil Chassepot, avait pour but de mettre nos soldats en garde contre les dangers que pourrait leur faire courir leur nature ardente, dans les conditions nouvelles de la

---

(1) Le colonel baron Stoeffel, rapport du 29 avril 1868.
(2) *L'art de combattre l'armée française*, par le prince Frédéric-Charles.

guerre, avec un ennemi froid et impassible, armé du fusil à tir rapide. Leur entraînement irréfléchi pouvant avoir, en pareil cas, les conséquences les plus funestes. Nous ne pouvons mieux faire que de citer les lignes suivantes :

« . . . .

» En approchant de l'ennemi, nos troupes surexcitées par
» leur ardeur naturelle ont une tendance à se précipiter au
» cri : *en avant* et à une allure qui se transforme presque
» instantanément en celle du pas de course.

» Cette tendance nous a procuré, il est vrai, quelques
» beaux succès; mais, bonne pour des troupes légères, on
» ne saurait se dissimuler les dangers qu'elle présente en
» ligne, devant des troupes solides que ce premier élan
» n'aurait pas réussi à entamer ; les bataillons, rompus par
» l'effet même de la course, souvent confondus entre eux,
» ne présentent plus aucun des éléments nécessaires pour
» renouveler l'effort ou pour passer de l'offensive à la dé-
» fensive.

» Obligée à gagner de l'espace pour se rallier sous une
» grêle de projectiles et exposée, soit aux retours offensifs de
» l'ennemi, soit aux insultes de la cavalerie, une troupe se
» trouve alors dans l'une des situations les plus dangereuses
» de la guerre. Il importe donc de bien se pénétrer de la
» nature essentiellement différente des deux rôles que les
» troupes d'infanterie ont à remplir sur le champ de bataille :
» le rôle des tirailleurs et celui de troupes de ligne mar-
» chant au combat dans une formation régulière.

» Régulariser, discipliner l'élan, ce n'est pas l'anéantir ;
» c'est au contraire le rendre plus complet, plus sûrement
» efficace. Ainsi, au moment de l'attaque, dans les colonnes
» bien maintenues dans la main de leurs chefs, pas de feu,
» mais une marche résolue pour aborder l'ennemi au pas

» de charge et à la baïonnette; chez les tirailleurs, de
» l'adresse, de l'audace, de l'intelligence, pour marcher en
» profitant des moindres abris qui se présentent, pour bien
» viser sur les masses, sur les officiers en évidence et con-
» centrer leur feu sur le point d'attaque ou sur toute tête
» de colonne qui voudrait prendre en flanc les bataillons
» en marche. »

Il est parfaitement reconnu que plus les armes portatives seront perfectionnées, plus le tir du fusil gagnera en portée et en justesse, et nécessairement le rôle des tirailleurs acquerra une plus grande importance. Les Allemands (1) sont tellement imbus de ce principe que, dans un nouveau règlement sur les exercices et manœuvres de l'armée prussienne, chap. 17 et 18, ils attribuent une grande prépondérance aux tirailleurs dans les opérations militaires; ils disent, avec raison du reste, que, dans certains cas, les combats de tirailleurs peuvent avoir une importance décisive. Ce nouveau règlement, qui remplace celui de 1847, fait ressortir tout particulièrement l'efficacité offensive des feux de tirailleurs, surtout lorsqu'ils sont concentrés sur un même point. En Prusse, on est bien éloigné de vouloir supprimer et même diminuer les troupes légères d'infanterie : on peut être certain qu'elles seront au contraire l'objet d'une réorganisation toute spéciale, répondant aux besoins de la nouvelle tactique. Un écrivain militaire allemand, le colonel d'artillerie de Decker, dit à ce sujet : « L'Infan-
» terie légère a besoin, personne ne le niera, d'une instruction
» plus développée, de plus d'adresse corporelle et même de
» plus de circonspection et d'intelligence que l'infanterie de
» ligne. Marcher en masse est autre chose qu'agir isolé,
» dans toutes les conditions possibles du danger personnel.

---

1) Il est utile de rappeler que la Prusse comptait, avant la dernière guerre, plus de 130 bataillons de fusiliers, **tirailleurs** et chasseurs à pied, formant son infanterie légère.

» Cela suffirait seul, non-seulement pour motiver la création
» de deux infanteries, mais même pour modifier le recrute-
» ment, l'équipement, l'armement de chacune, en un mot,
» l'organisation de toutes deux sur des principes spéciaux et
» différents. »

Quant à la question de l'unité d'armement, avec les progrès incessants de l'arquebuserie, elle n'est pas réalisable. D'ici à quelques années, il y aura une telle quantité d'armes nouvelles, d'engins de guerre de toute sorte, qu'indubitablement le Chassepot sera très-distancé. Il ne serait donc pas prudent d'arrêter, dès à présent, le modèle définitif du fusil à mettre entre les mains de nos troupes. En attendant, conservons le Chassepot; légèrement modifié, il sera pour quelque temps encore une excellente arme de guerre ; mais il est évident que le Chassepot, fût-il encore meilleur, sera supplanté par une arme plus perfectionnée ; c'est fâcheux, il est vrai, mais c'est la loi du progrès. Dans ces conditions, est-il possible d'arriver à l'unité d'armement sans imposer de très-lourdes charges au Trésor et sans même que notre état militaire puisse en retirer un véritable profit ? Il faudra néanmoins, coûte que coûte, maintenir notre armement à la hauteur de celui des puissances étrangères et suivre attentivement les progrès de chaque jour. L'unité d'armement, toute désirable qu'elle soit, ne sera obtenue de longtemps encore ; en attendant, conservons nos chasseurs à pied ; nous leur confierons les armes les plus perfectionnées à mesure de leur apparition.

La question est donc jugée ; nous nous rangeons à l'avis des hommes expérimentés qui ont rédigé l'instruction ministérielle sur les combats ; car il nous paraît indispensable d'avoir deux infanteries bien distinctes :

1° L'infanterie de ligne (ou de bataille);

2° L'infanterie légère (chasseurs à pied).

I

De l'Infanterie de ligne.

« Le caractère de l'infanterie de ligne consiste dans une
» régularité tranquille et circonspecte, dans une tenue forte
» et digne, dans une marche franche et décidée à l'ennemi,
» dans une grande solidité d'ensemble pour ses feux, dans une
» ferme liaison en masses impénétrables, particulièrement sur
» des terrains ouverts. » (De Decker, *Tactique des trois
armes.*)

Pour que notre infanterie de bataille acquière cet aplomb qu'elle a eu autrefois, il faut donner à nos soldats l'habitude du rang. C'est avec beaucoup de raison qu'un écrivain allemand a dit : « Les Français sont toujours tourmentés du besoin d'agir. » Depuis longtemps il a été fait, malheureusement, un abus excessif de l'instruction des tirailleurs, ce qui a encore augmenté chez nos hommes leurs dispositions à s'éloigner du rang et à se maintenir dans une sorte d'indépendance.

S'il est reconnu qu'une ligne de tirailleurs doive appartenir à la troupe qu'elle protège et que chaque bataillon doive lui-même se couvrir, notre infanterie de ligne, à l'avenir, devra être sobre de l'école de tirailleurs ; elle ne devra être exercée qu'avec une certaine mesure aux mouvements individuels les plus indispensables pour qu'elle apprenne à bien se couvrir.

Remarquons que si dans l'armée prussienne on cherche à développer avec le plus grand soin les qualités individuelles des soldats, et plus spécialement de ceux qui appartien ment aux fusiliers, aux tirailleurs et aux chasseurs à pied, dans le but d'en faire d'excellents tirailleurs, les officiers allemands ont à lutter contre le tempérament froid et inerte de leurs soldats. C'est précisément le contraire chez nous, et on peut dire que dans l'armée prussienne on cherche à donner aux troupes légères un peu de notre élan et de notre vivacité d'allures. Puisque les Allemands nous imitent dans ce que nous avons de bon, de notre côté, partant de ce principe « *que la force de l'infanterie dépend entièrement de* » *la régularité d'ensemble de ses mouvements pour fondre en* » *une seule action tous les efforts individuels* », nous devons employer tous nos soins pour donner à notre infanterie de bataille une forte et solide attitude dans le rang, la consistance résultant de la cohésion, le calme, le sang-froid, l'imperturbabilité résultant de la passivité ; toutes choses indispensables pour la bonne exécution des feux d'ensemble, les plus redoutables sur le champ de bataille.

Il est parfaitement établi aujourd'hui que les avantages résultant des armes nouvelles ne consistent pas dans la *rapidité du tir*, mais bien dans la *rapidité du chargement*, ce qu'il ne faut pas confondre.

Le chargement presque instantané du nouveau fusil met le soldat en état de tirer, *il est toujours prêt ;* ce qui ne veut pas dire qu'il doive faire usage de son feu d'une manière continue. Entre les mains d'un habile tireur calme et froid, qui sait réserver son feu, le fusil à chargement rapide est réellement une arme redoutable. Il devient, au contraire, une arme inoffensive entre les mains d'un maladroit, tant soit peu impressionnable. La moindre déviation de l'arme amène des écarts fantastiques, à cause même de sa précision et de sa trajectoire tendue ; beaucoup de cartouches peuvent être brûlées en pure perte. En pareilles mains, le fusil à baguette serait certainement préférable.

Le colonel baron Stoeffel rapporte que la rapidité de tir n'a constitué pour les Prussiens, dans la campagne de Bohême, en 1866, qu'un avantage réellement très-faible.

« J'avais, dit le colonel, reconnu au contraire que l'avan-
» tage réel était dû à l'aplomb et au sang-froid que con-
» servent dans le combat des hommes qui, armés d'un
» fusil susceptible d'être chargé promptement, sont à tout
» instant en mesure de pouvoir tirer.
» C'est bien plutôt grâce à la fermeté et au sang-froid
» qu'a donnés aux troupes prussiennes la conviction d'être
» inabordables, armées comme elles l'étaient d'un fusil qui,
» après un premier coup tiré, permet, par un chargement
» rapide, d'en tirer un second au besoin, puis un troisième,
» c'est ce sang-froid et cette fermeté, nés de la confiance
» qu'on s'était attaché à développer pendant quinze ans,
» qui ont permis à l'infanterie prussienne, composée de
» soldats sans expérience de la guerre, de donner des feux
» tranquilles et sûrs à l'égal des troupes les plus aguerries.
» Un pareil fait est trop important pour que nous n'ayons
» pas à nous en préoccuper sérieusement. Dans cette cam-
» pagne, l'armée prussienne n'a consommé que sept cartou-
» ches par combattant et trois sur l'ensemble de l'armée. »

Avant tout, la qualité primordiale de toute infanterie consistant dans la célérité et la vigueur de la marche, *in pedite robur*, disaient les Romains, la guerre, selon cet axiôme célèbre, sera longtemps encore dans les jambes des soldats. « La meilleure infanterie sera toujours celle qui
» joindra à la plus grande mobilité la plus grande résis-
» tance ou force de cohésion. » (1)

« La stratégie a, il est vrai, des moyens plus rapides

(1 Von Miller (*Leçons de tactique*).

» qu'autrefois, mais ses principes ne sont pas changés.
» Les chemins de fer n'ont donné à personne le secret de
» Napoléon. Les généraux qui attendraient leurs adver-
» saires sur les voies ferrées pourraient subir d'étranges
» mécomptes. Si on le veut, notre infanterie se retrouvera
» bientôt telle qu'elle a été pendant longtemps, ardente au
» combat, très-docile, très-solide, lorsqu'elle se sent bien
» commandée; supportant plus gaiement qu'aucune autre la
» fatigue des longues marches, elle est la seule qui se batte
» dans la misère aussi bien que dans l'abondance. » (1)

Il découle de ce qui précède, que nos hommes doivent être rompus à la marche. C'est par la vivacité des marches, dit le général Jomini, qu'on multiplie l'action de ses forces en neutralisant une grande partie de celles de l'adversaire.

Si nous devons employer tous nos soins pour que notre infanterie de ligne acquière une *ferme contenance dans le rang*, nous ne devons non plus rien négliger pour lui donner une grande mobilité, une grande habitude des longues marches, de manière à pouvoir lui faire parcourir sans effort jusqu'à 50 kilomètres. Nos hommes sont merveilleusement doués : l'agilité, la sobriété, la ténacité et surtout le courage à supporter héroïquement les plus rudes privations en font d'excellents soldats ; mais ils ne seront complets qu'autant qu'ils exécuteront sans trouble des feux d'ensemble ; alors, seulement, nous pourrons le dire, nous aurons une infanterie de bataille sans rivale. Mais nous ne saurions trop le répéter, pour atteindre ce but, qui doit être l'objet de nos constants efforts, il faut dompter la pétulance native de nos soldats. Par une forte et intelligente éducation militaire, il faut les amener à une obéissance absolue,

---

(1) Général Changarnier (*De la Réorganisation militaire*).

pour qu'au jour du combat la voix du chef soit écoutée et
que tous sachent bien que le succès ne peut être obtenu
qu'à ce prix. Il importe que chacun soit bien convaincu de
ce principe : « que régulariser, discipliner l'élan, n'est pas
» l'amoindrir, c'est au contraire le rendre plus complet et
» plus *sûrement efficace.* »

II.

De l'Infanterie légère.

« Il est évident que le service de l'infanterie légère sera
» beaucoup plus pénible que celui de l'infanterie de ligne ;
» elle aura toujours des marches plus longues, plus difficiles
» et plus rapides. Elle devra aussi faire un plus grand
» usage de son feu individuel. Il est donc très-avantageux
» de lui donner des hommes d'une complexion robuste,
» accoutumés à marcher et à se servir de leurs armes. »
(Général de la Roche-Aymon.)

« Si, comme nous n'en doutons guère, l'artillerie parvient
» à améliorer son tir, à allonger la portée de sa mitraille,
» quelle est l'infanterie qui en souffrira le moins ?
» Celle qui sait se faire devancer par des tireurs auda-
» cieux, lestes, adroits à profiter du moindre pli de terrain,
» d'un arbre, d'une pierre, impatients d'atteindre un point
» d'où ils ne laisseraient pas longtemps debout les servants
» et les chevaux d'une batterie ennemie. » (Général Changarnier.)

Les chasseurs à pied constitueront notre infanterie légère.
Cette troupe ne sera composée que d'hommes de choix,
robustes, agiles, alertes, surtout bons marcheurs et excellents

tireurs, *tous maîtres de leur balle*. Ces hommes seront équipés à la légère et armés du meilleur fusil perfectionné.

L'infanterie légère sera constamment exercée à la guerre d'embuscade et de tirailleurs, pour laquelle nos soldats ont de si remarquables aptitudes. Autant il importe de régulariser l'action collective de nos soldats d'infanterie de ligne, autant nous voulons aussi que l'on développe et même que l'on exalte les qualités individuelles de notre infanterie légère, dont chaque soldat deviendra une véritable individualité ; tel que nous le voulons, il sera un des éléments les plus redoutables de notre organisation militaire.

Notre infanterie légère, par un entraînement constant, acquerra une grande mobilité qui lui permettra de faire sans efforts 60 kilomètres et même plus, s'il le fallait.

Cette troupe d'élite sera chargée d'éclairer l'armée. Son service spécial sera celui des avant-postes, d'engager l'action ou plutôt de tâter le terrain avant le combat. Rarement elle combattra en ligne ; elle sera considérée comme une réserve spéciale destinée aux coups de main, aux entreprises qui demandent beaucoup de résolution et une grande promptitude d'exécution. Quelles que soient les conditions nouvelles de la guerre, le tir individuel, nous ne saurions trop insister sur ce point, sera toujours un des moyens les plus efficaces pour neutraliser le feu de l'artillerie; plus cette dernière aura de portée et de précision, plus le tir des tirailleurs devra acquérir de justesse et de portée. C'est là une vérité incontestable.

Pour avoir une excellente infanterie légère, il faut ramener nos chasseurs à pied à leur organisation primitive. Nous les voulons forts et robustes, excellents marcheurs, parfaits tireurs ; tels qu'ils étaient à l'origine, tels que nous les avons vus au camp de Saint-Omer en 1841. Il faut revenir aux bonnes traditions qui ont fait la gloire de cette excellente troupe. Nous ne craignons pas d'avancer qu'entre les mains de chefs habiles et entreprenants, toutes les fois qu'elle sera dirigée avec intelligence, notre infanterie légère fera des prodiges. Elle puisera sa force dans son audacieuse intrépidité, la sûreté de son tir, la rapidité de ses mouvements et surtout dans la confiance que sauront lui inspirer ses chefs.

Ainsi organisée, nous en avons la ferme conviction, notre infanterie légère est appelée à jouer un rôle considérable dans les guerres futures.

Si, comme nous le pensons, les chasseurs à pied doivent être maintenus, on pourra créer dix grands dépôts d'infanterie légère en réduisant à quarante ceux de l'infanterie de ligne.

Chaque grand commandement ou corps d'armée comprendra :

    4 grands dépôts d'infanterie de ligne ;
    1   —   —   légère.

Cette organisation donnerait 480 bataillons d'infanterie de ligne (48 par corps d'armée) et 120 bataillons d'infanterie légère (12 par corps d'armée).

Lors de la mobilisation sur le pied de guerre, chaque division d'infanterie de ligne aurait un bataillon de chasseurs à pied, et chaque corps d'armée en aurait, en outre, trois ou quatre en réserve.

Nos chasseurs à pied auront absolument le même uniforme que l'infanterie de ligne. On ne retombera plus dans les regrettables méprises qui ont eu lieu dans la dernière guerre. D'un autre côté, l'ennemi ne pourra pas s'apercevoir de prime abord à quelle espèce de troupes il a affaire, ce qui sans doute lui occasionnera plus d'un mécompte.

Armements pour une expédition maritime, ou pour l'armée d'Afrique.

Notre système de dépôts divisionnaires se prête merveilleusement à l'organisation immédiate d'armements éventuels ou imprévus qui demandent une grande rapidité d'exécution, soit pour une expédition maritime, soit pour un envoi de renforts à l'armée d'Afrique.

La loi du contingent annuel met, avons-nous dit, 50 000 hommes à la disposition des corps d'infanterie. Or, comme la durée du service actif est de quatre ans, nous aurons donc quatre contingents, soit.. . . . . . . 200 000 hommes.

Auxquels il convient d'ajouter pour devancement d'appel 250 hommes par an par grand dépôt divisionnaire. Pour quatre ans c'est donc, pour les 50 dépôts . . . . 50 000 —

Plus les cadres, officiers, sous-officiers, caporaux, soldats de 1re classe. 108 000 —

Ensemble. . . . . 358 000 hommes,

Nous retranchons le 1/10. . . . . 35 800 —

pour les non-valeurs. On doit se rappeler que nos chiffres ne représentent que des combattants.

Reste. . . . . 322 200 hommes (1)

Ces 322 200 hommes sont partagés entre les 50 grands dépôts, soit pour chacun 6 444 hommes. Or, s'il fallait mobiliser ou concentrer à bref délai une force d'infanterie

---

(1) Ce chiffre de 322 200 hommes ne comprend que l'infanterie ; il y aurait nécessairement à ajouter au moins 100 000 hommes pour les autres armes : artillerie, cavalerie, génie, train.

de 50, 100 et 150 000 hommes, chaque grand dépôt pouvant disposer de 6 444 hommes, mobiliserait immédiatement un, deux et même trois bataillons, sans rien désorganiser et en conservant même, pour les besoins de l'intérieur, des forces suffisantes pour assurer le service. Dans un délai de huit jours, notre système d'organisation nous permettrait de réunir, dans un port d'embarquement ou tout autre lieu de concentration, 50, 100 et même 150 bataillons d'infanterie complétement organisés pour une expédition quelconque.

Nous ferons remarquer que cette mobilisation ne pourrait, en aucun cas, s'appliquer aux éventualités d'une grande guerre européenne, par la raison que les Chambres n'auraient pas eu besoin d'être consultées pour la mobilisation dont il s'agit. Elles n'auraient qu'à se prononcer sur l'incident ou le fait politique qui aurait nécessité ce déploiement de forces.

Pour une guerre européenne, nos réserves devraient être immédiatement rappelées dans les conditions définies au chapitre de la mobilisation.

Pourrait-on, avec la dissémination actuelle de nos 140 régiments, éparpillés sur tous les points du territoire, effectuer *en huit jours* une pareille concentration ? Nous ne le pensons pas. Nos trop nombreux régiments ne sont que l'enveloppe de corps fictifs. S'ils sont partout, ils ne sont en force nulle part. Leur faiblesse numérique est telle, qu'il faudrait en désorganiser la moitié pour compléter les effectifs de ceux qui seraient mobilisés. Ce serait le travail de Pénélope : défaire, faire et refaire. C'est ce qui, du reste, a eu lieu récemment, lors de l'envoi des derniers renforts en Afrique.

Nous devons nous tenir en garde contre de si graves inconvénients. Soyons donc plus prévoyants et évitons d'être pris en *flagrant délit de formation* au moment où il faudrait que toutes nos forces fussent déjà en ligne et prêtes à combattre.

CHAPITRE XVI.

PÉRIODE DE TRANSITION.

I. — SOUS LE RAPPORT DU RECRUTEMENT

SOMMAIRE.

Armée active. — Première réserve. — Deuxième réserve. — Récapitulation des forces militaires disponibles pendant la période de transition.

II. — SOUS LE RAPPORT DE L'ORGANISATION MILITAIRE.

SOMMAIRE :

Organisation successive et progressive par groupes de dix grands dépôts. Première période de transformation, durée six mois. — Deuxième période de transformation, durée six mois. — Organisation définitive, durée totale un an. — Commandement supérieur des grands dépôts.

I. — Période de transition, sous le rapport du Recrutement.

Armée active.

L'armée active sera composée des jeunes soldats appartenant aux classes de 1867, 1868, 1869 et 1870, que le sort sous l'ancienne législation a désignés pour faire partie de la première portion du contingent.

Elle comprendra en outre les engagés volontaires, les rengagés et les cadres.

N'ayant aucun document officiel à notre disposition, il ne nous est pas possible d'apprécier d'une manière très-exacte le chiffre des effectifs, eu égard à la situation que les derniers événements ont faite à l'armée. La portion du contingent annuel versée dans l'armée était, depuis ces derniers temps, de 100,000 hommes. Nous supposons que les pertes résultant de la dernière guerre s'élèvent à un tiers par chaque contingent, il resterait donc pour chacun d'eux 66 600 hommes, soit pour les quatre contingents des classes 1867, 1868, 1869 et 1870.......................... 266 400

Nous ajouterons les engagés et rengagés, soit environ............................... 60 000

Plus les cadres, tels qu'ils sont compris sur les tableaux du budget de 1870 (Voir le tableau A) (1). 124 150

Ensemble..... 450 550

Première Réserve. — La première réserve sera formée des classes 1864, 1865 et 1866. Elle comprendra en outre les individus libérés par leur numéro de tirage, appartenant aux classes de 1867, 1868, 1869 et 1870. Ces derniers, ainsi que ceux qui se trouvent dans la même position, c'est-à-dire ceux qui n'ont jamais servi, seront envoyés dans les grands dépôts divisionnaires de leur département, pour y recevoir l'instruction militaire. On pourra les affecter de préférence à l'arme de l'infanterie, ce qui permettra de les renvoyer dans leurs foyers dans cinq ou six mois, ou même plus tôt, attendu que la plupart d'entre eux ont pris part à la dernière guerre et sont déjà familiarisés avec les exercices militaires.

Annuellement, la population recrutable pour le service militaire, avons-nous dit, est d'environ 180 000 hommes, tous en état de faire un service de guerre. Nous admettrons également que les pertes se soient élevées au tiers de l'ef-

---

(1) Il est hors de doute que les cadres sont beaucoup plus élevés. Nous nous en tenons aux données du budget de 1870.

fectif. Il restera donc 120 000 hommes pour chaque classe de 1864, 1865 et 1866, soit donc............ 360 000

Plus les jeunes gens des classes 1867, 1868, 1869 et 1870 que le sort n'a pas pris pour le service actif. Chaque classe comprend 80 000 hommes; en déduisant le tiers, il en restera 53 000, soit pour les quatre........................ 213 000

Ensemble..... 573 000

Deuxième réserve. — La deuxième réserve ne comprendra, pour la première année, que la classe entière de 1863, environ 120 000 hommes, déduction faite d'un tiers pour pertes.

Au mois d'avril 1872, elle recevra la deuxième portion de la classe 1871, soit 90 000 hommes.

Au mois d'octobre 1872, la classe entière de 1864 étant libérée des obligations de la première réserve, soit 120 000 hommes qui seront versés dans la deuxième réserve, c'est donc un total de 330 000 hommes que recevra la deuxième réserve dans la première année de la période de transition.

Chaque année la même évolution se produira, elle recevra une classe libérée, plus la deuxième portion du contingent annuel composée des individus laissés libres par leur numéro de tirage au sort, de sorte que, dans deux ans, elle présentera les forces suivantes :

Classes libérées du service de la première réserve 1863, 1864, 1865, à 120 000 hommes chacune, soit . 360 000

Deuxième portion des classes de 1871, 1872 et 1873, à 90 000 hommes chacune, soit......... 270 000

Ensemble..... 630 000

Récapitulation des forces disponibles pendant la première année de la période de transition.

Armée active...... 450 500
Première réserve... 573 000 } 1 353 500 hommes
Deuxième réserve... 330 000

Il résulte des chiffres qui précèdent que notre système sera en pleine activité dès la première année; il pourra fonctionner sans la moindre difficulté. Dans quatre ans il aura atteint son complet développement.

II. — Période de transition, sous le rapport de l'Organisation militaire.

Notre système d'organisation divisionnaire étant admis, nous procéderons lentement et progressivement à la reconstitution de notre état militaire : nous ne voulons rien laisser au hasard.

Tout d'abord, nous ne formerons que dix grands dépôts divisionnaires d'infanterie, au moyen de vingt régiments. L'emplacement de ces grands dépôts sera, autant que possible, réglé de la manière suivante :

2 au Nord, 2 à l'Est, 2 au Sud, 2 à l'Ouest et 2 au centre.

On fera en sorte de désigner les régiments qui se trouvent sur les lieux mêmes, ou qui en sont le plus rapprochés, de manière à ne pas avoir à déplacer les magasins et le matériel régimentaire.

Chaque grand dépôt n'aura en commençant que six bataillons effectifs. Ils conserveront provisoirement leur homogénéité. Ceci est de la plus haute importance. Les compagnies seront numérotées de 1 à 42. Le premier bataillon comprendra les sept premières, le deuxième bataillon les sept suivantes, et ainsi de suite.

Les deux sections hors rang seront fondues pour former la compagnie hors rang. Les titulaires des emplois supprimés seront mis à la suite. Les officiers pourront être envoyés en congé temporaire, en attendant qu'ils soient replacés dans les cadres. Provisoirement, les grands dépôts seront commandés et administrés dans les mêmes conditions que les régiments actuels.

La première opération de l'organisation consiste à réunir les six bataillons, à prendre en charge les magasins, les caisses, le matériel et les comptabilités des deux régiments.

Le Conseil d'administration du grand dépôt arrête les écritures et donne décharge aux anciens Conseils d'administration. Un mois suffira largement pour terminer ce premier travail.

De mois en mois on poursuivra, dans les mêmes conditions, l'organisation de dix nouveaux grands dépôts. Il nous faudra tout au plus cinq ou six mois pour constituer nos cinquante grands dépôts divisionnaires d'infanterie.

Dès qu'un grand dépôt est constitué, le commandant supérieur s'applique à bien connaître son personnel d'officiers. Les sous-officiers, caporaux et soldats ne seront admis à contracter des rengagements que dans les conditions définies aux articles 31 et suivants.

Exceptionnellement, les hommes de troupe ayant plus de quinze ans de service seront autorisés à contracter des rengagements pour leur permettre d'atteindre leur retraite, sous la réserve, toutefois, qu'ils réunissent les conditions d'aptitude prescrites. On ne devra accepter que les bons sujets.

Cette première partie de notre reconstitution militaire

n'est, en quelque sorte, qu'une opération administrative. Elle se fera sans le moindre danger. Pour le cas où un événement quelconque viendrait à surgir, nous serons toujours en situation d'y faire face, nos bataillons restant *encore* composés des mêmes éléments qu'ils avaient à leur arrivée ; on ne leur a rien retiré en force, cohésion et mobilité. Au lieu d'avoir 100 et quelques régiments comptant 300 bataillons, nous aurons ces mêmes bataillons réunis dans 50 grands dépôts divisionnaires, indépendamment des 25 régiments provisoires dont il va être question.

Après avoir versé les 100 régiments d'infanterie de ligne dans les 50 grands dépôts, on procédera au licenciement des 25 régiments provisoires de la manière suivante :

Les six premières compagnies des 1er et 2e bataillons seront versées dans les grands dépôts qui seront désignés par le ministre. Les 7mes compagnies des 1er et 2e bataillons et le 3e bataillon tout entier, ainsi que la section hors rang, seront licenciés. Les officiers seront envoyés en congé temporaire, ou placés dans les dépôts ou sous-dépôts de recrutement. Les sous-officiers, caporaux, tambours et soldats seront placés à la suite, par parties égales, dans les douze compagnies qui doivent être versées dans les grands dépôts. Le matériel, les effets, caisses, etc., etc., seront pris en charge par le Conseil d'administration de chaque grand dépôt le plus rapproché, et dont la désignation aura été faite à l'avance par le Ministre.

Les six compagnies que chaque grand dépôt recevra des régiments provisoires licenciés forment, jusqu'à nouvel ordre, le 7e bataillon ; elles prendront les numéros 43, 44, etc., jusqu'à 48 inclus.

Il s'est écoulé environ six mois depuis que les dix premiers grands dépôts sont formés ; tous ont 48 compagnies formant 6 bataillons à 7 compagnies, et le 7e à 6.

Le moment est arrivé de procéder à la deuxième partie de notre reconstitution, c'est celle qui doit rendre complète la nouvelle organisation.

Nous allons procéder à la formation des douze bataillons, dont huit effectifs et quatre d'instruction, tous à quatre compagnies. Cette opération commencera par le groupe des dix grands dépôts divisionnaires les premiers formés, et se continuera successivement, de mois en mois, dans chaque groupe de dix grands dépôts, en suivant l'ordre adopté pour la première formation.

Du reste, vu l'importance de cette opération, elle ne s'effectuera que sur un ordre du Ministre.

La prudence nous commande de n'avoir à la fois que le cinquième de nos forces en voie de transformation ; les quatre cinquièmes de nos troupes d'infanterie seront toujours disponibles.

Au jour indiqué par le Ministre, l'organisation complémentaire s'effectuera de la manière suivante, dans les grands dépôts désignés :

Un état nominatif de tous les officiers, depuis le grade de chef de bataillon jusqu'à celui de sous-lieutenant, sur lequel ils seront classés par rang d'ancienneté, servira à déterminer la place que chacun d'eux devra occuper dans les compagnies et bataillons. Ces dispositions ont pour but d'éviter que les plus jeunes officiers, dans les divers grades, ne puissent se trouver dans les mêmes compagnies ou bataillons, ce qui aurait de graves inconvénients pour le commandement et la bonne constitution des cadres de ces compagnies ou bataillons.

On n'a pas oublié que les bataillons deviennent tour à tour, par groupes de quatre, bataillons effectifs ou bataillons d'instruction ; nous avons tenu compte de cette particularité, pour le classement des chefs de bataillon et des adjudants-majors, de manière que les trois plus anciens soient répartis dans chaque groupe de quatre bataillons.

Quant aux capitaines, le plus ancien aura dans sa compagnie le plus jeune lieutenant, tandis que le plus jeune capitaine aura le plus ancien lieutenant. Les sous-lieutenants ont été également séparés dans les compagnies, au point de vue des intérêts du service, en tenant compte de l'ancienneté.

Le tableau suivant indique la place que doivent occuper les officiers des différents grades dans la formation de chaque bataillon.

Les numéros compris dans ce tableau, en regard des divers grades, font connaître les places assignées aux officiers d'après leur rang d'ancienneté.

Nous citerons quelques exemples destinés à expliquer le mécanisme de ce tableau ; ainsi, le 10e capitaine est classé à la 1re compagnie du 10e bataillon ; le 19e lieutenant est classé à la 3e compagnie du 6e bataillon ; le 17e sous-lieutenant appartient à la 4e compagnie du 5e bataillon.

— 228 —

CLASSEMENT DES OFFICIERS.	BATAILLONS EFFECTIFS.								B^{ons} D'INSTRUCTION.			
	1er	2^e	3^e	4^e	5^e	6^e	7^e	8^e	9^e	10^e	11^e	12^e
ETATS-MAJORS												
Chefs de bataillon et adjudants-majors.....	1	4	7	10	2	5	8	11	3	6	9	12
1res Compagnies { Capitaines......	1	2	3	4	5	6	7	8	9	10	11	12
Lieutenants....	48	47	46	45	44	43	42	41	40	39	38	37
Sous-lieutenants	25	26	27	28	29	30	31	32	33	34	35	36
2^{es} Compagnies { Capitaines......	13	14	15	16	17	18	19	20	21	22	23	24
Lieutenants....	36	35	34	33	32	31	30	29	28	27	26	25
Sous-lieutenants	37	38	39	40	41	42	43	44	45	46	47	48
3^{es} Compagnies { Capitaines......	25	26	27	28	29	30	31	32	33	34	35	36
Lieutenants....	24	23	22	21	20	19	18	17	16	15	14	13
Sous-lieutenants	1	2	3	4	5	6	7	8	9	10	11	12
4es Compagnies { Capitaines......	37	38	39	40	41	42	43	44	45	46	47	48
Lieutenants....	12	11	10	9	8	7	6	5	4	3	2	1
Sous-lieutenants	13	14	15	16	17	18	19	20	21	22	23	24

Dès que les officiers seront classés dans les compagnies, un procès-verbal mentionnera nominativement la composition des cadres des bataillons et des compagnies.

Chaque capitaine de compagnie remettra à son successeur les comptes, les fonds et la comptabilité, avec un état de renseignements sur le personnel des sous-officiers, caporaux et soldats. Les chefs de bataillon prépareront sur des feuilles individuelles les notes détaillées des officiers placés sous leurs ordres. Ces feuilles suivront les officiers dans leurs nouveaux bataillons.

Pour ne pas apporter trop de trouble dans notre transformation militaire, nous pensons qu'il convient de ne faire effectuer aucune mutation aux hommes de troupe. Les compagnies demeureront organisées telles qu'elles l'étaient dans les anciens bataillons. Cependant, si la discipline exigeait que quelques changements eussent lieu, le commandant supérieur serait juge de leur opportunité et les autoriserait s'il y avait lieu.

Peut-être serait-il préférable de laisser chaque capitaine reprendre sa compagnie, en lui affectant le numéro de classement (dans les bataillons) que lui assigne le rang d'ancienneté du capitaine, ainsi que cela se faisait précédemment aux époques du tiercement. Il en résulterait évidemment un grand avantage, il n'y aurait aucune remise de comptes, et les mêmes hommes restant sous l'autorité des mêmes capitaines, le commandement serait mieux assis et plus conforme aux intérêts du service.

Cette combinaison nous paraît très-praticable : à cause des avantages qu'elle présente, il ne faudrait pas reculer devant les difficultés que pourrait présenter le changement de numéro des compagnies. La confusion qui semblerait devoir en résulter est plutôt apparente que réelle.

Les compagnies désignées pour faire partie des quatre

bataillons d'instruction versent leurs soldats de deuxième classe dans les bataillons effectifs.

Tous les éléments de la formation des douze bataillons, d'après les indications qui précèdent, devront être préparés à l'avance, de manière que tout puisse être terminé dans un délai qui ne devra pas dépasser quatre jours.

Cette dernière opération accomplie, notre grand dépôt divisionnaire est définitivement et complétement organisé.

Nous le répétons, et c'est de la plus haute importance, il devra s'écouler un mois d'intervalle dans la formation des dix premiers grands dépôts et des dix suivants formant le deuxième groupe, de manière à donner à chaque dépôt divisionnaire, dès son organisation, une certaine consistance avant d'entreprendre la transformation des suivants. On procédera de même pour les trois groupes de dix qui resteront à organiser.

Nous n'entrerons pas dans d'autres détails ; ainsi que nous venons de le voir, dans un délai de moins d'un an, nos cinquante grands dépôts seront complétement organisés, et notre système pourra fonctionner dans les conditions que nous avons indiquées.

Mais, avant tout, il importe de placer à la tête de nos grands dépôts des chefs d'une capacité éprouvée, d'une grande activité d'esprit et de corps. Dépositaires de toute l'autorité régimentaire, ces officiers supérieurs devront être rompus à la pratique des hommes et des choses ; ils devront unir au sentiment de la justice l'élévation du caractère ; à la fois fermes et bienveillants, mais inaccessibles à l'intrigue ; constamment préoccupés de la haute mission qui leur est confiée, ils sauront inspirer à tous le respect, l'obéissance et l'amour du devoir. Tels devront être les hommes appelés à réédifier notre état militaire.

CHAPITRE XVII.

DE L'ESPRIT MILITAIRE ET DES QUALITÉS MORALES DE L'ARMÉE.

« Un Gouvernement adopterait en vain les meilleurs règlements
» pour organiser une armée, s'il ne s'appliquait aussi à exciter
» l'esprit militaire du pays.
» Malheur au pays où le luxe du traitant et de l'agioteur
» insatiable sera placé au-dessus de la livrée du brave qui aura
» sacrifié sa vie, sa santé et sa fortune à la défense du pays. »
(Jomini, *Précis de l'Art de la guerre.*)

Les bonnes mœurs d'une nation ont une telle influence sur son esprit militaire, qu'on a dit avec raison : *Tel peuple, telle armée*. Il n'en saurait être autrement. L'esprit militaire n'est, en effet, qu'une émanation de l'esprit national.

« Pourquoi la discipline est-elle si forte et si sûre dans l'armée
» prussienne? Par la simple raison que les jeunes gens entrent
» au service tout disciplinés, c'est-à-dire façonnés depuis leur
» enfance à l'obéissance en général, au respect de l'autorité et à
» la fidélité, au devoir. »
(Colonel baron Stoëffel.)

En est-il ainsi chez nous?

Non, malheureusement; depuis plus de vingt ans le principe d'autorité dans la famille et la société s'affaiblit de plus en plus. Avec notre caractère frondeur et frivole, à force de rire de tout, nous en sommes arrivés à ne plus rien respecter. Les plus nobles aspirations sont, pour la plupart du temps, l'objet de nos railleries. Mais, chose surtout plus grave, les mœurs publiques se relâchent chaque jour de plus en plus.

Vauvenargues a dit, il y a cent cinquante ans : « Nous » avons si peu de vertu que nous trouvons ridicule d'aimer » la gloire. » Ces paroles, qui flétrissaient les mœurs du règne de Louis XV, ne sont-elles pas pleines d'actualité ?

Sous l'ancienne législation, alors que le soldat était retenu pendant sept ans sous les drapeaux, on arrivait sans effort à assouplir toutes les volontés, et on pouvait obtenir d'excellents soldats essentiellement disciplinés ; d'autant plus facilement que l'effectif ne se renouvelant que par septième, la portion du contingent versé annuellement venait se fondre en un tout, complétement et solidement militarisé.

Mais aujourd'hui, avec le service obligatoire, avec cette masse de jeunes soldats à faire passer sous les drapeaux, où ils ne pourront être conservés que pendant le temps strictement nécessaire pour leur instruction, deux, trois ou quatre ans, tout au plus, il ne faut plus compter sur un pareil résultat. Les conditions de la discipline se trouvent donc complétement changées : ce sont les qualités morales du soldat qui feront désormais la principale force de la discipline. En effet, ce ne sont pas les rigueurs disciplinaires qui inspirent les mâles et généreuses résolutions, ce ne sont pas les châtiments qui amènent spontanément les soldats à se sacrifier pour le salut de la patrie. C'est dans l'amour même de la patrie que se puisent l'abnégation, le dévouement et le sentiment du devoir. C'est là seulement que résident les vertus héroïques.

Il faut donc, pour avoir une armée vraiment nationale, que les soldats qui la composent soient d'abord de bons citoyens, et pour avoir de bons citoyens, il faut que la famille soit une école d'obéissance, de respect et de bonnes mœurs.

Quelles que soient les dispositions de la nouvelle loi militaire qui va paraître, c'est en vain que l'on chercherait à réorganiser l'armée, si l'on ne donnait pas à notre jeunesse une éducation plus virile, si on négligeait de lui inculquer les principes d'une saine morale. C'est en développant chez les jeunes gens tous les nobles sentiments qui élèvent l'âme, c'est en leur apprenant à glorifier le travail, à aimer et à honorer la famille, base fondamentale de toute société, à obéir aux lois et à respecter l'autorité, que nous en ferons de bons citoyens.

Si on hésitait à adopter le service obligatoire, on ne devrait pas oublier que parmi les causes qui ont amené le succès de l'armée prussienne, on doit placer en première ligne son admirable discipline. Sa science, son organisation, sa supériorité numérique, son artillerie, quelque formidable qu'elle fût, et le génie de M. de Moltke lui-même n'ont été que des accessoires. Il faut bien le reconnaître, cette puissante et si énergique discipline (1) puise sa force dans la valeur morale et intellectuelle de la nation allemande tout entière. C'est bien là le résultat le plus considérable qu'ait produit en Allemagne le service militaire obligatoire, en appelant à la défense de la patrie commune toutes les intelligences, toutes les valeurs morales individuelles.

---

(1) C'est la discipline (de l'armée Allemande) acceptée par des cœurs vraiment patriotes, non comme une contrainte, mais comme une vertu, qui aidant à la confiance réciproque entre chefs et soldats, favorise chez chaque individu ce maximum d'action qui ne le cède en rien à l'élan isolé, et qui en centuple l'effet (*L'Armée française de Metz*, par le comte de La Tour du Pin, **de l'état-major Français.**)

CONCLUSION.

En terminant, qu'il nous soit permis d'exprimer aux représentants du pays notre profonde gratitude pour l'hommage rendu à l'armée. Oui, l'armée a bien mérité de la patrie et si elle a succombé sur d'autres champs de bataille, il ne faut s'en prendre ni à son courage, ni à son héroïsme.

C'est au prix de son sang que l'armée vous a remis en possession des destinées de la France ; à votre tour, donnez-lui des institutions qui la rendent puissante, redoutable par l'excellence de sa discipline et forte par ses qualités morales. Faites que, depuis le soldat jusqu'au général, tous soient animés d'un seul et même esprit, et que cet esprit, puisant sa force dans le plus pur patriotisme, soit aussi celui qui anime le pays tout entier.

Donnez-nous une armée qui soit en état de faire triompher le grand principe de la civilisation moderne : *Le droit prime la force*, en opposition du principe barbare : *La force prime le droit*, au nom duquel on nous a mutilés et au nom duquel la malheureuse population de Bazeilles a été massacrée en défendant ses foyers.

Ayons foi dans l'avenir, Dieu ne permettra pas que la France reste ensevelie sous ses ruines ; elle se relèvera plus grande et plus forte que jamais, pour continuer à remplir dans le monde sa mission providentielle : *Gesta Dei per Francos*.

Fidèle à cette mission de civilisation, de liberté et de progrès, elle saura mériter encore le bel éloge que le grand poëte national de l'Angleterre lui décernait il y a trois siècles : La France est le soldat de Dieu. (SHAKEASPEARE.)

DÉVELOPPEMENT DES DÉPENSES

De l'entretien de l'Infanterie en temps de paix, d'après la présente organisation.

DÉPENSES D'ENTRETIEN DE L'INFANTERIE EN TEMPS DE PAIX.

Comme nous l'avons vu, par un léger dédoublement des cadres, l'organisation du temps de paix nous donne celle du temps de guerre. Nous allons examiner quelles seront les dépenses que cette nouvelle organisation occasionnera à l'État.

Nous emploierons, pour les décomptes de solde et autres allocations, les tarifs en vigueur ; c'est, du reste, le seul moyen de faire ressortir les avantages économiques de notre système, en comparant les résultats à ceux de l'ancienne organisation.

CHAPITRE PREMIER.

Dépenses annuelles d'un bataillon d'infanterie sur le pied de paix.

EFFECTIF.	DÉSIGNATION DES GRADES.	SOLDE annuelle par grade.	DÉCOMPTE de la solde.	INDEMNITÉ de logement.	FRAIS de bureau.	TOTAL.	OBSERVATIONS.
	OFFICIERS.	Fr.	Fr.	Fr.	Fr.	Fr.	
1	Chef de bataillon	4 200	4 200	720	120	5 040	
2	Capitaines (4) { de 1ʳᵉ classe, 2	3 900	5 800	720	120 (1)	6 640	(1) dont un adjudant-major.
	de 2ᵉ classe, 2	2 600	7 800	4 880	»	8 880	
1	Médecin aide-major de 1ʳᵉ classe	2 050	2 050	360	»	2 410	
3	Lieutenants (2) { de 1ʳᵉ classe, 2	2 050	4 100	480	1 000	5 580	(2) dont un officier-payeur et de détail.
	de 2ᵉ classe, 2	1 950	3 850	720	»	4 570	
4	Sous-Lieutenants	1 850	7 400	960	»	8 360	(3) au capitaine-major.
16	TOTAUX		37 200	5 040	1 240	43 480	43 480 fr. 00

A ajouter : 365 rations de fourrage à 1 fr. 25 pour le cheval du chef de bataillon 456 25

TOTAL POUR LES OFFICIERS........ 43 936 fr. 25

— 239 —

EFFECTIF	DÉSIGNATION DES GRADES.	SOLDE par jour.	DÉCOMPTE ... pour une année.	DÉCOMPTE pour solde annuelle.	TOTAUX.
		Fr. c.	Fr.	Fr. c.	
	TROUPE.				
4	Adjudants sous-officiers...............	2 13	1 460	3 109 80	
4	Sergents-majors......................	1 23	1 460	1 795 80	
25	Sergents et Sergents-fourriers, y compris le Sergent secrétaire de l'Officier payeur.....	0 85	9 125	7 756 25	
1	Caporal-tambour ou clairon........	0 68	365	248 20	
42	Caporaux............................	0 56	15 330	8 584 80	
72	Soldats d'élite de 1re classe........	0 45	26 280	11 826 00	
8	Tambours ou Clairons................	0 50	2 920	1 460 00	
260	Soldats de 2e classe..................	0 40	94 900	37 960 00	
416	Total............		151 840	72 740 85	72 740 85

À reporter

Report...... Fr. 72 740, 85

A ajouter :

151 840 journées de prime journalière de masse individuelle à 0 fr. 10 c....		Fr.	15 184, 00
151 840 rations de pain à 0 fr. 20 c. la ration.....................			30 368, 00
Bois.......... {	450 quintaux à 2 fr. 50 pour les ordinaires........ Fr.	1 125, 00	1 500, 00
	150 quintaux à 2 fr. 50 pour le chauffage des chambres.......	375, 00	
Habillement.... {	pour 33 sous-officiers à 59 fr. 10 (moyenne d'après le budget 1870)..	1 950, 30	16 887, 30
	pour 383 caporaux et soldats à 39 francs...... (idem)	14 937, 00	
Literie. Abonnement pour 416 fournitures à 10 fr. 793.................			4 489, 88
Masse générale d'entretien à 150 francs par compagnie................			600, 00
Haute paye d'ancienneté aux sous-officiers, caporaux et soldats de 1ʳᵉ classe, environ,.			1 000, 00
Premières mises de petit équipement pour 125 hommes incorporés annuellement, à raison de 40 francs par homme..			3 000, 00
Total pour la troupe... Fr.			147 770, 03

Récapitulation.. { Dépenses des officiers.....................Fr. 43 936, 25
{ Dépenses de la troupe..................... 147 770, 03 } 191 706, 28

La dépense totale d'un bataillon étant de 191 706 fr. 28 c., pour les huit bataillons de chaque grand dépôt elle s'élèvera à la somme de .... *A reporter* (page 142) Fr. 1 533 650, 24

A déduire :

1° On a vu que la portion du contingent annuel affecté à l'infanterie était de 50 000 hommes. Il revient donc 1 000 hommes à chaque grand dépôt divisionnaire. Conformément à l'art. 23 de la loi, les trois quarts des jeunes soldats du contingent de 2ᵉ année, envoyés dans les camps à l'époque des grandes manœuvres et dont l'instruction est complétement achevée, sont renvoyés le 1ᵉʳ octobre en congé renouvelable.

Le 1ᵉʳ décembre suivant, le dernier quart est également renvoyé dans ses foyers.

Le départ de ces hommes amène une diminution dans les dépenses :

Pour les premiers, nous avons 750 × 90...	69 000
Pour les derniers..........250 × 31...	7 750

C'est donc *soixante seize mille sept cent cinquante* journées d'économie que les congés renouvelables nous donneront, ci............ 76 750

2° Pour séjour aux hôpitaux, habituellement, on compte 1/25 de l'effectif entretenu pour en être déduit ; les huit bataillons effectifs ont environ 3 500 hommes, le 1/25 étant 140, qui × 365 nous donne *cinquante-et-un mille cent journées*.   51 100

ENSEMBLE............   127 850

Report.......... Fr. 127 850

Les bataillons effectifs étant constamment au complet, fixé par la loi des finances, nous n'avons pas d'autre déduction à opérer. En raison du court séjour que font les hommes sous les drapeaux, il n'est pas accordé de congé, à moins de maladie bien constatée. Nous porterons à 1 franc par jour et par homme l'économie moyenne résultant des déductions ci-dessus ; ce sera donc *cent vingt-sept mille huit cent cinquante francs* qu'il y a lieu de déduire de la somme de 1,533,650 fr. 24 c.: ci............ .... 1 533 650 24 »

La dépense des huit bataillons s'élève à..................... Fr. 1 405 804 24

La dépense des huit bataillons effectifs étant de 1 405 804 fr. 24 × 50, nous aurons celle des 400 bataillons effectifs des cinquante grands dépôts divisionnaires, ci............... Fr. 70 290 212 00

CHAPITRE II.

Dépenses d'un bataillon de cadres d'instruction.

EFFECTIF	DÉSIGNATION DES GRADES	SOLDE par an	DÉCOMPTE de la solde annuelle	LOGEMENT	FRAIS de bureau	TOTAL
		Fr.	Fr.	Fr.	Fr.	Fr.
	OFFICIERS.					
1	Chef de bataillon.	4 200	4 200	720	120	5 040
2	Capitaines { de 1re classe. . . .	2 900	5 800	720	»	6 520
	{ de 2e classe. . . .	2 600	7 800	1 080	»	8 880
4	Lieutenants { de 1re classe. . .	2 050	4 100	480	»	4 580
	{ de 2e classe. . .	1 950	3 900	480	»	5 380
4	Sous-Lieutenants.	1 850	7 400	960	»	8 360
14	TOTAUX.		33 200	4 440	120	37 760
						A reporter.

Report... fr. 37 760, 00

A ajouter :

365 rations de fourrage à 1 fr. 25 c., pour le cheval du chef de bataillon, ci 456, 25

Indemnité de déplacement aux officiers pendant les trois mois de tournée dans les communes, pour l'instruction des hommes de la 2ᵉ réserve :

1° Au chef de bataillon, à raison de 60 francs par mois...... Fr. 180
2° A 5 capitaines, à 40 francs par mois, soit 200 × 3 600
3° A 8 lieutenants ou sous-lieutenants, à 30 francs par mois, soit 240 × 3, ci .... Fr. 720

 1 500, 00

Total............ 39 716, 25

A diminuer l'indemnité de logement pendant trois mois dans les communes 1 110, 00

La dépense pour les officiers s'élève à .... Fr. 38 606, 25

— 245 —

EFFECTIF	DÉSIGNATION DES GRADES	SOLDE par jour		DÉCOMPTE des journées par an	SOLDE annuelle		TOTAUX	
		Fr.	c.	Fr.	Fr.	c.	Fr.	c.
	TROUPE.							
4	Adjudants sous-officiers............	2,	13	1 460	3 109,	80		
4	Sergents-majors.................	1,	23	1 460	1 795,	80		
24	Sergents ou Sergents-fourriers.....	0,	85	8 760	7 446,	»		
1	Caporal-Tambour ou Clairon.......	0,	68	365	248,	20		
40	Caporaux.......................	0,	56	14 600	8 176,	»		
8	Tambours ou Clairons.............	0,	50	2 920	1 460,	»		
72	Soldats d'élite de 1re classe........	0,	45	26 280	11 826,	»		
153	TOTAUX....			55 845	34 061,	80	34 061,	80

A AJOUTER :

55 845 journées de prime journalière de masse individuelle, à 0. 10 par jour, ci.... 5 584, 50
55 845 rations de pain, à 0, 20, ci.. 11 169, 00

A reporter........ 50 815, 30

Report......Fr. 30 815, 39

Indemnité de rassemblement aux sous-officiers, caporaux et soldats études de 1re classe, instructeurs pendant la tournée des communes :

1° 360 journées d'adjudant sous-officier, à 0 fr. 15......Fr.	54, 00	
2° 2 520 journées de sous-officiers à 0 fr. 08..........	201, 60	800, 10
3° 10 830 journées de caporaux et soldats à 0 fr. 05.....	544, 50	
Bois........ { 247 quintaux à 2 fr. 50 pour les ordinaires........	617, 50	980, 00
{ — 145 pour le chauffage des chambres......	362, 50	
Habillement.. { pour 32 sous-officiers, à 59 fr. 10, dépense moyenne:....	1 891, 20	6 610, 20
{ pour 121 caporaux et soldats, à 39 fr., dépense moyenne.	4 719, 00	
Literie........ Abonnement pour 153 fournitures de couchage, à 10 fr. 79,3 ci....Fr.		1 651, 32
Masse générale d'entretien, abonnement pour quatre compagnies à 75 francs.		
Haute-paye d'ancienneté pour les sous-officiers, caporaux et soldats de 1re classe............		1 000, 00
Total....Fr.		62 156, 92

Récapitulation..{ Dépenses des officiers.............. Fr. 38 606, 25
{ Dépenses de la troupe............. 62 156, 92 } 100 763, 17

A déduire :

1° Nous avons vu que les cadres des bataillons d'instruction auraient la facilité d'aller en congé du 1er juillet au 1er Janvier. Sur les 14 officiers des cadres du bataillon nous supposons qu'il y en ait la moitié qui ait profité de cette faveur. La moyenne de la solde, logement compris, pour les officiers des divers grades du bataillon, est de 2 688 fr. 57. Le quart de cette somme représente l'économie individuelle de chaque officier pendant la durée de son congé, soit donc 672 fr. 14 × 7 ....Fr. 4 704, 98

2° Quant aux sous-officiers et soldats qui ont demandé des congés, nous prendrons également la moitié de l'effectif. Nous avons dit qu'il faudrait leur faire quelques avantages, pour les aider à vivre chez eux, en leur laissant la solde de présence dépouillée de tous les accessoires. Il y aura donc environ 40 hommes envoyés en congé: multiplié par 182, nous avons un total de 7 280 journées pour les déductions suivantes :

7 280 journées de prime de masse individuelle à 0 fr. 10................. Fr.	728, 00
7 280 rations de pain à 0 fr. 20..........	1 456, 00
Économie sur le quart de chauffage.......	245, 00
Économie sur le quart des dépenses de literie.	425, 00
Economie sur le quart de la haute paye d'ancienneté.....................	250, 00

A reporter...Fr. 7 808, 98

Report.. Fr.	7 808, 98
Économie sur le quart des dépenses d'habillement......................................	1 652, 50

La masse individuelle, ayant l'abonnement de l'habillement, ne recevra pas, pendant la durée du congé, l'allocation de a prime d'entretien;

3° A déduire, pour séjour aux hôpitaux, le 25e de l'effectif, soit $6 \times 365 = 2\,190$ journées, à une moyenne de 1 franc pour tous les grades...................... 2 190, 00

Ensemble à déduire. Fr.	11 651, 48
Nous reportons le total ci devant.....	100 763, 17
et la déduction.....................	11 651, 48
Reste.. Fr.	89 111, 69

Les dépenses pour un bataillon étant de ce dernier chiffre, en le multipliant par 4, nous aurons celles des quatre bataillons de chaque grand dépôt, soit........ Fr.   356 446, 76

Pour les 50 grands dépôts, la dépense générale esra de.................. Fr. 17 822 338, 00

CHAPITRE III.

Dépenses du personnel d'un grand dépôt divisionnaire.

EFFECTIF.	DÉSIGNATION DES GRADES.	SOLDE annuelle par grade.	DÉCOMPTE de la solde annuelle.	LOGEMENT.	TOTAL.		
		Fr.	Fr.	Fr.	Fr.		
	OFFICIERS :					(A)	3 comptables et 4 aux écoles.
1	Colonel, commandant supérieur.	6 600	6 600	960	7 560	(B)	2 id. et 3 id.
2	Lieutenants-Colonels, dont un commandant en second.	4 950	9 900	1 680	11 580	(C)	2 id. et 2 id.
2	Chefs de bataillon ou major.	4 200	8 400	1 440	9 840		
1	Médecin major de 1re classe.	4 500	4 500	720	5 220		
2	Médecins majors de 2e classe.	3 000	6 000	720	6 720		
7	Capitaines (A). de 1re classe, 3. de 2e classe, 4.	2 900 / 2 600	8 700 / 10 400	1 080 / 1 440	9 780 / 11 840		
5	Lieutenants (B). de 1re classe, 3. de 2e classe, 2.	2 050 / 1 950	6 150 / 3 900	660 / 480	6 810 / 4 380		
4	Sous-lieutenants (C).	1 850	7 400	960	8 360		82 090 fr. 00
24	TOTAUX.		71 950	10 140	82 090 *A reporter.*		

			Report......Fr.	82 090, 00

A ajouter :

Fourrage	{	1 Colonel.................................... 2 2 Lieutenants-Colonels.................. 4 3 Chefs de bataillon et Major, ou Médecin major de 1ʳᵉ classe........ 3	}	9 chevaux × 365 = 3 285 rations à 1 fr. 25 l'une, soit	4 106, 25

Indemnités de fonctions.	{	Au Colonel commandant supérieur, pour porter son traitement à................................Fr. 12 000 Au Lieutenant-Colonel, commandant en second, pour porter son traitement à..................... 7 000	}	4 440, 00 1 210, 00

Frais de bureaux.	{	Au major............................Fr. 600 Au Capitaine-trésorier................ 6 000 Au Capitaine d'habillement........... 1 200 Au Capitaine d'armement............. 1 200	}	9 000, 00

	Total des officiers............Fr.	100 846, 25

EFFECTIF	DÉSIGNATION DES GRADES	SOLDE par JOUR	DÉCOMPTE des JOURNÉES pour un an	DÉCOMPTE de la solde ANNUELLE
		Fr. C.		Fr. C.
	TROUPE			
1	Chef armurier................	2,13	365	777,45
1	Adjudant vaguemestre.........	2,13	365	777,45
1	Tambour-major...............	1,23	365	448,95
1	Sergent-major................	1,23	365	448,95
1	Sergent chef clairon..........	0,85	365	310,25
12	Sergents ou Sergents-fourriers...	0,85	4 380	3 723,00
4	Caporaux tambours ou clairons..	0,68	1 460	992,80
22	Caporaux	0,56	8 030	4 496,80
20	Soldats de 1re classe...........	0,45	7 300	3 285,00
50	Soldats de 2e classe...........	0,40	18 250	7 300,00
113	Totaux.....		41 245	22 560,65

A ajouter :

41 245 journées de prime de masse individuelle à 0 fr. 10, ci... 4 124,50

41 245 rations de pain à 0 fr. 20, ci............... 8 249,00

A reporter..... 34 934,15

		Report... Fr.	34 934 15
Bois.........	{ 200 quintaux de bois à 2 fr. 50 pour les ordinaires, ci........ 500 00 100 quintaux pour le chauffage des chambres....... 250 00 }		750 00
Habillement...	{ 17 sous-officiers, à 59 fr. 10, dépense moyenne annuelle...... 1 004 70 96 caporaux et soldats à 39 f. 3 744 00 }		4 748 70

Literie pour 113 hommes, abonnement à 10 fr. 79,3 par an.   1 219 60
Masse générale d'entretien, 200 fr. par compagnie, 48 × 200.   6 000 00
Haute-paye d'ancienneté pour les sous-officiers, caporaux
et soldats .... Fr.   1 000 00
300 premières mises de petit équipement, à 40 fr., pour
les jeunes gens qui ont devancé l'appel....... ....   12 000 00
Dépenses imprévues........ ....   6 000 00

                             TOTAL de la dépense. Fr.   66 652 45

Récapitulation. { Dépenses des officiers.. 100 846 fr. 25
                       Dépenses de la troupe   66 652 fr. 45 }   167 498 70

                            A déduire :
1° Pour séjour aux hôpitaux, 1/25 de l'effectif. Fr.   6
2° Pour congés ou permissions, 1/16 de l'effectif..   8
                                         14
14 × 365, soit 5 110 journées à 1 fr...............   5 110 00

                           Reste pour dépense... Fr.   162 388 70
Ce reste × 50 donne la dépense des 50 grands dépôts divisionnaires, qui
est de... Fr.   8 119 453 00

CHAPITRE IV.

Instruction des réserves.

PREMIÈRE RÉSERVE.

La portion du contingent annuel affectée à l'infanterie étant de 50 000 hommes, nous avons quatre classes qui, conformément à l'art. de la loi, doivent se rendre habituellement dans les dépôts d'instruction pour y passer un mois, soit 200 000 hommes qui, multipliés par 30, nous donnent..Fr.   6 000 000,00

Il faut ajouter le mois fait en plus par le contingent qui quitte dans l'armée active; on doit se rappeler qu'il doit faire deux mois...............................   1 500 000,00

Ensemble......Fr.   7 500 000,00

A déduire, pour journées d'hôpital, maladies et pour toutes autres causes, 1/10 de l'effectif................   750 000,00

Reste....Fr.   6 750 000,00

6 750 000 journées de solde à 0 fr. 40...........Fr.   2 700 000,00
6 750 000 rations de pain à 0 fr. 20................   1 350 000,00
    15 000 rations collectives de bois pour les ordinaires à 0 fr. 50.....................   22 500,00
Même dépense pour le chauffage des chambres......   22 500,00

$\frac{6\ 750\ 000}{365}$ = 18 493 qui représente le nombre des fournitures, ramené à une année d'occupation, qui ont été employées pour le couchage des hommes, à 10 fr. 793.   199 594,94

A reporter........   4 794 594,94

Report......Fr. 4 794 804,94

A ajouter :

6 750 000 journées de prime de masse individuelle à 0,40 (1)............ 675 000,00

La durée totale du service exigé étant de cinq mois, à faire pendant les quatre années que les hommes doivent passer dans la 1re réserve, chaque homme occasionnera à l'État une dépense d'habillement qui égalera une période de six mois; c'est sur cette donnée que nous établirons les décomptes suivants :

Une capote de soldat d'infanterie coûte 22 fr. 15 c., elle doit faire 3 ans; pour 6 mois,
la dépense sera de..................................Fr. 3, 69.2
Une veste   id.   11 fr. 23 c.,   id......   2, 88.8
Un pantalon   id.   11 fr. 41 c.,   id......   5, 70.5
Une casquette   id.   2 fr. 49 c.,   id......   0, 51.5

La dépense s'élève à....Fr. 12, 80.0

Laquelle, divisée en quatre années, nous donne 3 fr. 20 c. pour la part annuelle imputée à chaque homme. Nous avons 180 000 hommes, défalcation faite de 1/10 de l'effectif. L'habillement des hommes de la 1re réserve coûtera donc.. 576 000, 00

TOTAL de la dépense.....Fr. 6 045 804, 94

_____

(1) La masse individuelle ne sera payée à l'homme qu'après qu'il aura terminé le temps prescrit par la loi dans la 1re réserve, c'est-à-dire après huit ans de service. On n'a pas besoin d'expliquer l'importance de cette mesure.

DEUXIÈME RÉSERVE.

L'instruction de la deuxième réserve n'occasionne à l'État que le léger supplément de solde accordé aux cadres, supplément que l'on a vu figurer dans les décomptes sous le titre de rassemblement. Pour les officiers, cette allocation est presque compensée par la suppression de l'indemnité de logement.

Nous donnerons, pour mémoire, le chiffre de cette dépense :

1° Différence entre l'indemnité de rassemblement et l'indemnité de logement....................Fr. 309, 00 ⎫
2° Indemnité de rassemblement à la troupe, ⎬ 1 109, 10
(Cadres)............................... 800, 10 ⎭

La dépense pour les cadres de 200 bataillons sera donc de............................... 23 802, 00

CHAPITRE V.

Dépenses résultant de l'instruction donnée, avant le tirage au sort, aux jeunes gens de la classe annuelle.

Conformément à l'article 12 de la loi.

La classe annuelle appelée, le 1ᵉʳ octobre, à recevoir l'instruction militaire dans les chefs-lieux de recrutement est, avons nous dit, de 160 à 180 000 hommes..	180 000 h.
Nous déduirons le 1/10 pour maladies, empêchements..	18 000
Reste.....	162 000 h.
Du 1ᵉʳ octobre au 31 décembre, c'est-à-dire pendant une période de 92 jours, ces 162 000 jeunes gens nous donnent un total de journées de...	14 904 000 j.
A partir du 1ᵉʳ janvier, la portion du contingent qui doit être versée dans l'armée figurant dans la dépense des corps auxquels les hommes seront affectés, il n'y a donc pas lieu de les comprendre dans le présent compte. Nous avons dit que la portion du contingent annuel qui est versée dans l'armée étant de 90 000 hommes, il restera à pourvoir aux dépenses de 72 000, du 1ᵉʳ janvier au 1ᵉʳ avril, soit.....................	6 480 000
Total.......	21 384 000 j.
Nous avons à déduire, pour journées de jeunes gens laissés dans leurs foyers pendant les quatre premiers mois, lesquels ayant justifié d'une instruction militaire suffisante, conformément à l'article 13, ne seront appelés que pendant les deux derniers mois, nous admettrons que le nombre s'élève à 15 0/0, ce qui n'est nullement exagéré, soit : 25 800 × 123.............	3 173 400
Reste pour journées............	18 210 600 j.

18 200 000 journées de solde à 0 fr. 40............Fr.	7 280 240,00
18 200 000 rations de pain à 0 fr. 20................	3 640 120,00
121 337 rations collectives de bois pour les ordinaires, à 0 fr. 50...................................	60 668,50
Même dépense pour le chauffage des chambres........	60 668,50
49 864 fournitures de literie occupées 365 jours, soit une année, au prix de 10 fr. 79.3 prix de location..	538 182,15

(A) Dépenses d'habillement pour 72 000 hommes. La portion du contingent versé dans l'armée est comprise dans les comptes établis par les corps. Ainsi que l'article 13 de la loi le recommande, on ne doit donner aux jeunes gens que les effets strictement nécessaires, savoir :

Une veste........Fr.	11 23	
Un pantalon.........	11 41	
Un bonnet de police..	3 40	Fr. 29 732 × 72 000 = 2 140 704,00
Une capote, six mois d'imputation, l'homme laissant cet effet en quittant le dépôt.	3 692	

Effets de petit équipement ·

Une paire de souliers.	6 50	
Une paire de guêtres en cuir............	3 70	
Une chemise..........	3 85	Fr. 18 80 × 72 000 = 1 353 600,00
Une cravate.........	0 75	
Un sac de petite monture..............	4 00	

TOTAL de la dépense.............Fr. 15 074 183,15

(A) Conformément à l'Art. 13, les effets bourgeois apportés par les jeunes gens seront conservés en magasin, de manière qu'ils puissent les reprendre s'ils ne sont pas compris dans la portion du contingent à verser dans l'armée. Cette mesure, essentiellement économique, permet de laisser les effets militaires dans les sous-dépôts de recrutement, où l'homme les reprendra pour les exercices annuels. (Art. 26 et 29.)

CHAPITRE VI.

Dépenses des Écoles.

ÉCOLES DIVISIONNAIRES.

1° Écoles divisionnaires pour l'enseignement professionnel, frais de matériel, achat de livres, éclairage, chauffage, etc. Le personnel est compris dans les dépenses de l'état-major des grands dépôts..Fr.   5 000

2° Écoles divisionnaires du ressort de l'Université, frais de matériel, achat de livres, éclairage, chauffage, gratifications aux instituteurs... 10 000

3° École de gymnastique divisionnaire; matériel, gratifications aux moniteurs... 1 000

4° École de tir divisionnaire, matériel, prix aux meilleurs tireurs, etc... 1 500

5° Allocation pour bibliothèques........................ 2 500

Pour chaque grand dépôt, la dépense sera de........Fr.   20 000

Pour les 50 grands dépôts divisionnaires............Fr.   1 000 000

ÉCOLES CENTRALES OU DE CORPS D'ARMÉE.

1° 10 Écoles centrales de tir, à 5 000 francs l'une, Fr.   50 000
2° 10 Écoles centrales de gymnastique, à 3 000 francs l'une..   30 000
3° 10 Écoles d'application pour les sous-officiers élèves officiers, à 5 000 francs l'une...................   50 000

TOTAL ... Fr.   130 000

Récapitulation { Écoles divisionnaires............ Fr.   1 000 000
{ Écoles centrales................   130 000

TOTAL de la dépense pour les écoles..... Fr.   1 130 000

CHAPITRE VII.

I. — *Amélioration de la solde des sous-officiers.*

Les sous-officiers des huit bataillons effectifs de chaque grand dépôt divisionnaire sont au nombre de.................... 264
Ceux des quatre bataillons d'instruction................. 128
Enfin, ceux du grand dépôt, compagnie hors rang et petit état-major... 17

　　　　　　　　　　Ensemble...... 409

Le nombre total des sous-officiers, pour les 50 grands dépôts étant de 20,450, ci.................................... 20 450
En déduisant le 1/10, pour séjour aux hôpitaux, congés, permissions, etc.. 2 045

　　　　　　　　　　Il reste...... 18 405

En admettant que l'augmentation de solde des sous-officiers soit en moyenne de 1 franc par jour, ce qui nous paraît suffisant pour leur permettre de vivre convenablement, nous aurons $365 \times 18\,405$ soit... Fr. 6 717 825

II. — *Amélioration de la solde des caporaux.*

Il y a 26 700 caporaux ; en en déduisant 1/10 pour séjour aux hôpitaux, congés, permissions, etc., il reste 24 030. Nous les divisons en deux classes, par portions égales; chacune d'elles en comprendra 12 015.

L'augmentation de solde des caporaux de 1re classe sera de 0 fr. 25 c. par jour, soit 91 fr. 25 par an. Ce chiffre, multiplié par 12 015, donne . . . . .Fr.   1 095 828, 75

L'augmentation de solde des caporaux de 2e classe sera de 0 fr. 15 par jour, soit 54 fr. 75 par an, soit pour 12 015. . . . .   657 821, 25

TOTAL de l'augmentation pour les caporaux.Fr.   1 753 650, 00

III. — *Amélioration de la solde des soldats d'élite de 1re classe, tambours et clairons.*

L'organisation comprend 44 200 soldats d'élite de 1re classe,
Plus. . . . .   4 800 tambours ou clairons.

Ensemble. 49 000
A déduire. . . . .   4 900 1/10e congés, etc.

Reste 44 100

L'augmentation de solde sera de 0 fr. 10, soit 36 fr. 50 par an et par homme. La dépense totale pour les 44 100 s'élève à 1 609 650 francs.

RÉCAPITULATION.

1° Sous-officiers. . . . . .Fr.   6 717 825
2° Caporaux. 1 753 650
3° Soldats d'élite de 1re classe, tambours, clairons. 1 609 650

ENSEMBLE. . . . .Fr.   10 081 125

CHAPITRE VIII.

Dépenses diverses.

L'évaluation des dépenses suivantes ne pouvant être précisée, nous avons accepté les chiffres correspondants du budget de 1870.

1° Premières mises d'équipement aux sous-officiers promus sous-lieutenants..................................Fr. 156 750
2° Allocation extraordinaire de rassemblement............ 1 149 300
3° Achat d'effets de campement, fourniture de paille pour les camps d'instruction, réparation du matériel, etc......... 712 220
4° Casernement. La dépense totale s'élève à 6 626 090 francs, pour entretien, réparations, loyers, etc., traitement du personnel de surveillance, acquisition d'immeubles; nous prendrons la moitié de cette somme comme devant incomber au budget de l'infanterie, ci..................... 3 313 045

  Total des dépenses diverses..........Fr. 5 331 315

CHAPITRE IX.

Personnel au recrutement.

(Art. 28, 28 *bis* et 29.)

Ainsi qu'on l'a dit lors de l'organisation des légions départementales, le personnel de toutes armes employé dans le service du recrutement entre dans la composition des bataillons, escadrons et batteries. Ce personnel comprend, pour chaque dépôt de recrutement :

1 Colonel ou lieutenant-colonel,
2 Capitaines,
3 Lieutenants,
4 Sous-officiers, secrétaires ou garde-magasins.

Ce personnel sera pris dans l'infanterie, dans la proportion des 2/3, la cavalerie 1/6, l'artillerie et le train 1/6.

La dépense d'entretien de ce personnel sera affectée à l'arme à laquelle chacun appartient ; pour pouvoir en faire la répartition, nous allons résumer par arme, dans un tableau, l'ensemble du personnel employé.

OFFICIERS	INFANTERIE.	CAVALERIE.	ARTILLERIE ET TRAIN.	TOTAL.
Commandant les dépôts, 86 colonels ou lieutenants-colonels.	57	14	15	86
Capitaines { Dépôts 172, sous-dépôts 190, total 362	212	75	75	362
{ Dépôts 258, sous-dépôts 190, total 448	212	118	118	448
Totaux.	481	207	208	896
SOUS-OFFICIERS ET TAMBOURS				
380 adjudants sous-officiers d'infanterie, instructeurs brevetés (sous-dépôts).	380	»	»	380
344 sous-officiers secrétaires, garde-magasins (dépôts).	228	58	58	344
380 tambours et clairons (sous-dépôts). . . .	380	»	»	380
Totaux.	988	58	58	1 104

Dépenses se rapportant au personnel de l'infanterie.

57	{ Colonels. . . . . 29 à 7 560 tout compris. Fr.		219 140,	00
	{ Lieutenants-colonels 28 à 5 790 id.		162 120,	00
212	Capitaines. . . { 106 de 1re classe à fr. 3 260. . .		345 560,	00
	{ 106 de 2e classe à fr. 2 960. . .		313 760,	00
212	Lieutenants. . { 106 de 1re classe à fr. 2 290. . .		242 740,	00
	{ 106 de 2e classe à fr. 2 190. . .		232 140,	00
380	Adjudants sous-officiers instructeurs brevetés.	{ à fr. 1 500 tout compris, la moitié de la dépense, soit fr. 750, l'autre moitié incombant aux communes. . .	292 600,	00
380	Tambours ou clairons des sous-dépôts, garde-magasins à fr. 600 tout compris. . .	{ La moitié de la dépense, fr. 300, le reste étant à la charge des communes.	114 000,	00
228	Sous-officiers secrétaires, garde-magasins des dépôts à fr. 1 000 tout compris.		228 000,	00
	Total à reporter.		2 150 060,	00

Report......	2 150 060,	00
A diminuer la part des dépenses incombant aux communes, pour l'entretien des 380 capitaines ou lieutenants commandant les sous-dépôts, à fr. 1 375 pour chacun, soit...	522 500,	00
La dépense afférente à l'infanterie s'élève à........	1 627 560,	00

Nous n'avons compris dans le présent compte que les dépenses relatives au personnel; quant à celles qui se rapportent aux frais de recrutement proprement dits, tels qu'ils sont spécifiés au budget de 1870 (section 3, chap. 10) et qui s'élèvent à 619 000 fr., ces sortes de dépenses devant être l'objet d'une imputation spéciale sur le budget de la guerre, nous n'avons donc pas à nous en occuper pour le moment.

CHAPITRE X.

Dépenses pour les tambours de la réserve.

(Art. 24 et 26.)

---

4 000 tambours ou clairons recevant 182 fr. 50 de prime annuelle occasionnent une dépense de fr. 734 000.

Récapitulation.

Chap.	I.	Dépenses	des 400 bataillons effectifs. Fr.	70 290 212,	00
—	II.	—	des 200 bataillons d'instruction..................	17 822 338,	00
—	III.	—	des 50 grands dépôts divisionnaires.................	8 119 435,	00
—	IV.	—	Instruction des réserves.....	6 045 594,	94
—	V.	—	Instruction des jeunes gens avant le tirage au sort....	15 074 183,	15
—	VI.	—	des écoles.................	1 130 000,	00
—	VII.	—	Amélioration de la solde des sous-officiers, caporaux, etc.	10 081 125,	00
—	VIII.	—	Dépenses diverses..........	5 331 315,	00
—	IX.	—	du personnel d'infanterie employé dans le service du recrutement................	1 627 560,	00
—	X.	—	tambours et clairons des réserves.....................	734 000,	00
			Total......	136 255 763,	09

A comparer ce total avec celui d'autre part qui comprend les dépenses de même nature d'après l'ancienne organisation... 135 186 986, 26

Différence....... 1 068 776, 83

ANCIENNE ORGANISATION.

Dépenses d'entretien de l'infanterie, d'après le budget de 1870.

Chap. VI. — Solde et accessoires de solde, masses, abonnements, 101 116 481 francs, sur lesquels il y a lieu de déduire 2 566 853 fr. pour dépenses se rapportant aux troupes en campagne (vivres de campagne, indemnités). Reste............ Fr.   98 549 658, 00

Vivres pour 231 597 hommes de troupe, déduction faite pour séjour aux hôpitaux 1/25 et pour congé 1/32 de l'effectif. 231 597 × 365 = 84 532 905 rations de pain à 0 fr. 20, ci............   16 906 581, 00

Fourrages : 452 235 rations à 1 fr. 25 pour 1 239 chevaux (l'effectif de l'infanterie)............   565 293, 75

Chauffage : la dépense totale étant 1 992 082 francs, nous prendrons les 3/4 de la dépense comme devant être imputés à l'infanterie............   1 464 061, 50

Plus 2 381 320 rations de pain pour la 2ᵉ portion du contingent, à 0 fr. 20............   476 265, 00

Chap. VII. — Habillement, fourniture d'effets à l'infanterie............   9 007 363, 00

Habillement, fourniture aux hommes de la 2ᵉ portion du contingent............   995 413, 00

Achat d'effets de campement pour les camps d'instruction, fourniture de paille, etc.; la dépense totale est de 1 000 000 à diviser par 350 000; la quote-part individuelle étant de 2 fr. 86, la portion à imputer à l'infanterie sera de............   712 220, 08

Chap. VIII. — Lits militaires, la dépense totale étant de 4 473 449, divisée par 350 000 hommes, la quote-part individuelle étant de 12 fr. 7891, la part à imputer à l'infanterie, pour un effectif de 237 767, officiers non compris, est de............   3 040 815, 93

Chap. XVI. — Casernement : la dépense totale s'élève à 6 626 090 francs pour entretien, réparations, loyers, traitement du personnel de surveillance, etc. Nous prendrons, pour le compte de l'infanterie, la moitié de la dépense............   3 313 045, 00

Chap. XVII. — Gymnase militaire et école normale de tir............   36 270, 00

Écoles régimentaires, la dépense totale est de 173 000, nous prendrons les 2/3 pour l'infanterie............   120 000, 00

Total....Fr.   135 186 986, 26

OBSERVATION

Nous n'avons pu, faute de temps, traiter différentes questions importantes, entre autres celles de *l'organisation de l'Artillerie et de la Cavalerie en grands dépôts divisionnaires*.

La dernière guerre vient de démontrer la prépondérance réservée à l'artillerie ; personne ne contestera la nécessité d'une forte organisation de cette arme.

Quant à la cavalerie, malgré les vives attaques dont elle est l'objet, nous pensons qu'elle est appelée à recevoir un grand développement dans des conditions toutes nouvelles. La tactique de la cavalerie subira de profondes modifications, et le nouvel armement dont elle est pourvue apportera de grands changements dans sa manière de combattre. Nous sommes convaincu que le perfectionnement des armes à feu tournera au profit de la cavalerie ; elle sera toujours l'arme mobile par excellence.

Jomini pressentait la révolution qu'exercerait sur la cavalerie le progrès de l'artillerie et de la mousqueterie : « On » ne saurait nier qu'il est des circonstances, surtout dans » les batailles rangées, où dix mille hommes transportés » vivement à cheval sur un point décisif et y combattant à » pied, pourraient faire pencher la balance en leur faveur. » (*Précis de l'Art de la Guerre.*)

Les Allemands ont tellement compris l'importance du rôle que la cavalerie est appelée à jouer dans l'avenir, qu'ils se sont hâtés de porter le nombre des régiments de cette arme à 93, formant un total de 558 escadrons. Nous sommes loin de là ; nos 63 régiments ne nous donnent que 378 escadrons.

La cavalerie, moins encore que les autres armes, n'est susceptible d'être improvisée ; en temps de paix, il est nécessaire que les cadres soient constamment tenus au complet ; hommes et chevaux doivent toujours être prêts pour une prompte mobilisation. Tout doit donc y être préparé de longue main avec le plus grand soin. Malheureusement, une nombreuse cavalerie nécessite des dépenses considérables pour son entretien incessant.

L'étude que nous nous proposons de faire prochainement sur la cavalerie aura pour but de définir son organisation d'après les principes des grands dépôts divisionnaires d'infanterie, en tenant compte, toutefois, de la spécialité de l'arme.

Cette organisation présentera les avantages suivants :

1° Augmentation considérable de l'arme de la cavalerie ; le nombre des escadrons sera porté à 600 ;

2° La moitié des escadrons sera constamment prête pour être mobilisée dans les quarante-huit heures ; l'autre moitié pourra l'être dans un délai de vingt jours à un mois ;

3° Avantages résultant du système proposé, au point de vue économique ;

4° Enfin, nous ajouterons que cette organisation se prête très-avantageusement à la nouvelle instruction que doit recevoir la cavalerie, pour remplir le rôle important qu'elle est appelée à jouer dans les futures guerres.

TABLE

PREMIÈRE PARTIE.

La nouvelle Loi sur le recrutement.

	Pags
AVANT-PROPOS	3
De l'influence de l'instruction et de l'éducation morale sur l'esprit militaire.	9
CHAPITRE I. — Dispositions préliminaires.......................	15
— II. — Des appels.......................................	26
— III. — Versement du contingent dans l'armée.............	37
— IV. — De l'instruction des réserves.....................	44
— V. — Devancement de l'appel...........................	48
— VI. — Des dépôts de recrutement.......................	50
— VII. — Des sous-dépôts de recrutement...................	55
— VIII. — Armée de réserve................................	60
— IX. — Dispositions spéciales concernant les troupes coloniales	62
— X. — Des engagements.................................	65
— XI. — Des rengagements...............................	68
— XII. — Des emplois réservés aux anciens militaires........	73
— XIII. — De la caisse de l'armée..........................	78
— XIV. — Répartition des contingents dans les corps de l'armée.	84
— XV. — De l'exercice des droits politiques de l'armée. 1° Du mandat législatif. 2° Suppression du vote militaire..	88
— XVI. — Du mariage des hommes de troupe................	96
— XVII. — Des enfants de troupe............................	98

DEUXIÈME PARTIE.

De l'Organisation militaire.

		Pages.
Chapitre	I. — De l'avancement	111
—	II. — Des sous-officiers	118
—	III. — Constitution des cadres	121
—	IV. — De l'infanterie	125
—	V. — Des grands dépôts divisionnaires d'infanterie	132
—	VI. — Roulement des bataillons dans les grands dépôts	138
—	VII. — Administration des grands dépôts	142
—	VIII. — *Écoles.* — Ecoles divisionnaires. — 1° Enseignement professionnel	153
	2° Enseignement du ressort de l'Université	156
—	IX. — Ecoles centrales ou de corps d'armée	159
—	X. — *De la mobilisation.* — 1° Mobilisation du pied de paix. 2° Mobilisation pour les camps d'instruction	167
—	XI. — Mobilisation du pied de guerre. — Armée de première ligne	171
—	XII. — Mobilisation de l'armée de réserve. — Armée de deuxième ligne	185
—	XIII. — Organisation et mobilisation des légions départementales. — Armée de troisième ligne	195
—	XIV. — Récapitulation générale des forces de l'infanterie en temps de guerre	203
—	XV. — Considérations générales sur l'infanterie	206
—	XVI. — *Période de transition.*	
	1° Sous le rapport du recrutement	220
	2° Sous le rapport de l'organisation militaire	223
—	XVII. — De l'esprit militaire et des qualités morales de l'armée.	231
Conclusion		235

Pages.

Développement des dépenses de l'entretien de l'infanterie en temps de paix, d'après la présente organisation.

Chapitre I. — Dépenses annuelles d'un bataillon d'infanterie sur pied de paix.. 237

— II. — Dépenses d'un bataillon de cadres d'instruction....... 243

— III. — Dépenses du personnel d'un grand dépôt divisionnaire. 249

— IV. — Instruction des réserves............................ 253

— V. — Dépenses résultant de l'instruction donnée, avant le tirage au sort, aux jeunes gens de la classe annuelle, conformément à l'article 12 de la loi................ 256

— VI. — Dépenses des écoles................................ 258

— VII. — Amélioration de la solde des sous-officiers. — Amélioration de la solde des caporaux...................... 259

— VIII. — Dépenses diverses................................. 261

— IX. — Personnel au recrutement........................... 262

— X. — Dépenses pour les tambours de la réserve. — Récapitulation.. 265

Dépenses d'entretien de l'infanterie, d'après le budget de 1870......... 266

Observation... 267

Tableau A. — Effectif général de l'armée en 1870, d'après les comptes du budget de la guerre.................................... 272

Tableau B. — Développement des effectifs............................. 273

Projet de loi sur le recrutement, présenté à l'Assemblée nationale par la Commission de réorganisation de l'armée................ 269

IMPRIMERIE CENTRALE DES CHEMINS DE FER. — A. CHAIX ET Cⁿ, 20, RUE BERGÈRE, A PARIS. — 7786-2.

Tableau A (ancienne organisation).
EFFECTIF GÉNÉRAL DE L'ARMÉE EN 1870,
D'APRÈS LES COMPTES DU BUDGET DE LA GUERRE.

DÉSIGNATION des ARMES.	HOMMES — ÉTATS-MAJORS. — CADRES DES RÉGIMENTS, BATAILLONS, ESCADRONS, COMPAGNIES OU BATTERIES.						Rapport des officiers à la troupe.	Rapport des cadres en général à la troupe.	CHEVAUX OU MULETS.			
	Officiers.	Sous-officiers et employés assimilés.	Caporaux et Brigadiers.	Soldats hors rang, Tambours, Trompettes, etc.	TOTAL des États-Majors et des CADRES.	Soldats.	TOTAL des HOMMES.			d'Officiers.	de TROUPE, SELLE et TRAIT.	TOTAL.
États-Majors............	3.934	734	»	»	4.668	»	4.668	»	»	1.613	»	1.613
Gendarmerie (1).........	755	1.428	2.601	62	4.794	16.531	21.315	1/37.2	1/3.5	712	13.280	13.992
Infanterie (A) (2).......	11.264	21.505	26.560	15.565	74.894	174.437	249.628	1/16.7	1/3.5	1.239	»	1.239
Cavalerie (3)...........	3.823	3.949	5.849	4.716	18.330	43.253	61.583	1/12.6	1/3.6	5.829	40.549	46.378
Artillerie (4)..........	4.596	3.382	3.435	5.574	13.657	22.810	36.497	1/17.7	1/3.3	2.520	16.580	19.100
Génie (4 bis)...........	256	533	559	524	1.892	4.854	6.746	1/20.7	1/2.9	94	663	757
Équipages militaires (5)	384	442	619	838	2.313	6.644	8.954	1/19.5	1/5	456	7.289	7.745
Vétérans de l'armée.....	6	12	56	»	38	262	300	1/44.	1/7.8	»	»	»
Services administratifs.	2.049	621	780	83	3.538	7.361	10.899	1/3.0	1/2.4	28	»	28
TOTAL....	24.012	32.626	40.142	27.375	124.154	275.859	400.000	1/21.4	1/4.45	12.491	78.331	90.822
TROUPES :												
Employées à l'intérieur.	20.569	28.759	35.184	24.279	108.788	231.242	340.000			9.214	65.046	74.260
Employées en Algérie...	3.443	3.867	4.964	3.092	15.363	44.637	60.000			3.277	43.285	46.562

(A) L'infanterie présente un ensemble de 272 bataillons subdivisés en 2.954 compagnies.
(1) Gendarmerie, y compris les gendarmes d'élite de la Maison de l'Empereur.
(2) Infanterie, y compris la garde impériale, le régiment étranger et les corps indigènes.
(3) Cavalerie, y compris les cent-gardes, la garde impériale et les corps indigènes.
(4) Artillerie, y compris l'artillerie de la garde.
(4 bis) Génie intérieur et Algérie.
(5) Équipages militaires, y compris les équipages de la garde.

PROJET DE LOI
SUR LE RECRUTEMENT

PRÉSENTÉ A L'ASSEMBLÉE NATIONALE

le 12 Mars 1872

PAR LA COMMISSION DE RÉORGANISATION DE L'ARMÉE

TITRE Ier

Dispositions générales.

ARTICLE PREMIER. Tout Français doit le service militaire personnel.

ART. 2. Il n'y a dans les troupes françaises ni prime en argent, ni prix quelconque d'engagement.

ART. 3. Tout Français qui n'est pas déclaré impropre à tout service militaire, peut être appelé, depuis l'âge de vingt ans jusqu'à celui de quarante ans, à faire partie de l'armée active et des réserves, selon le mode déterminé par la loi.

ART. 4. Le remplacement est supprimé.

Les dispenses de service, dans les conditions spécifiées par la loi, ne sont pas accordées à titre de libération définitive.

ART. 5. Les hommes sous les drapeaux ne prennent part à aucun vote.

ART. 6. Tout corps organisé en armes est soumis aux lois militaires, fait partie de l'armée et relève, soit du Ministre de la Guerre, soit du Ministre de la Marine.

ART. 7. Nul n'est admis dans les troupes françaises s'il n'est Français.

Sont exclus du service militaire, et ne peuvent à aucun titre servir dans l'armée :

1° Les individus qui ont été condamnés à une peine afflictive ou infamante ;

2° Ceux qui ayant été condamnés à une peine correctionnelle de deux ans d'emprisonnement et au-dessus, ont en outre été placés par le jugement de condamnation sous la surveillance de la haute police, et interdits en tout ou en partie des droits civiques, civils ou de famille (1).

---

(1) Art. 2 de la loi du 21 mars 1832.

17 *bis.*

TITRE II.
Des appels.

PREMIÈRE SECTION.
Du recensement et du tirage au sort.

Art. 8. Chaque année les tableaux de recensement des jeunes gens ayant atteint l'âge de vingt ans révolus dans l'année précédente, et domiciliés dans le canton, sont dressés par les maires :

1° Sur la déclaration à laquelle sont tenus les jeunes gens, leurs parents ou leurs tuteurs ;

2° D'office, d'après les registres de l'État civil et tous autres documents et renseignements.

Ces tableaux mentionnent dans une colonne d'observations la profession de chacun des jeunes gens inscrits.

Ces tableaux sont publiés et affichés dans chaque commune et dans les formes prescrites par les articles 63 et 64 du Code civil. La dernière publication doit avoir lieu au plus tard le 15 janvier.

Un avis publié dans les mêmes formes, indique le lieu et le jour où il sera procédé à l'examen desdits tableaux et à la désignation, par le sort, du numéro assigné à chaque jeune homme inscrit (1).

Art. 9. Les individus nés en France de parents étrangers, et admis à jouir du bénéfice de l'article 9 du code civil, concourent, dans les cantons où ils sont domiciliés, au tirage qui suit la déclaration par eux faite en vertu dudit article (2).

Les individus déclarés Français en vertu de l'article 1er de la loi du 7 février 1851, concourent également, dans le canton où ils sont domiciliés, au tirage qui suit l'année de leur majorité, s'ils n'ont pas réclamé leur qualité d'étranger conformément à ladite loi.

Les uns et les autres ne sont assujettis qu'aux obligations de service de la classe à laquelle ils appartiennent par leur âge.

Art. 10. Sont considérés comme légalement domiciliés dans le canton :

1° Les jeunes gens même émancipés, engagés, établis au dehors, expatriés, absents ou en état d'emprisonnement, si d'ailleurs leur père, mère ou tuteur, ont leur domicile dans une des communes du canton, ou si leur père expatrié avait son domicile dans une desdites communes ;

2° Les jeunes gens mariés dont le père, ou la mère à défaut de père, sont domiciliés dans le canton, à moins qu'ils ne justifient de leur domicile réel dans un autre canton ;

3° Les jeunes gens mariés et domiciliés dans le canton, alors même que leur père ou leur mère n'y seraient pas domiciliés ;

4° Les jeunes gens nés et résidant dans le canton, qui n'auraient ni leur père, ni leur mère, ni tuteur ;

5° Les jeunes gens résidant dans le canton, qui ne seraient dans aucun des cas précédents, et qui ne justifieraient pas de leur inscription dans un autre canton (3).

Art. 11. Sont, d'après la notoriété publique, considérés comme ayant l'âge requis pour le tirage, les jeunes gens qui ne peuvent produire, ou n'ont pas produit avant le tirage, un extrait des registres de l'état civil constatant un âge différent, ou qui, à défaut de registres, ne peuvent prouver, ou n'ont pas prouvé leur âge conformément à l'article 46 du Code civil (4).

---

(1) Art. 8 de la loi du 21 mars 1832.
(2) Art. 2 de la loi du 21 mars 1832.
(3) Art. 6 de la loi du 21 mars 1832.
(4) Art. 7 de la loi du 21 mars 1832.

Art. 12. Si dans les tableaux de recensement, ou dans les tirages des années précédentes, des jeunes gens ont été omis, ils sont inscrits sur les tableaux de recensement de la classe qui est appelée après la découverte de l'omission, à moins qu'ils n'aient 30 ans accomplis à l'époque de la clôture des tableaux (1).

Après cet âge, ils sont soumis aux obligations de la classe à laquelle ils appartiennent.

Art. 13. Dans les cantons composés de plusieurs communes, l'examen des tableaux de recensement et le tirage au sort ont lieu au chef-lieu de canton, en séance publique, devant le sous-préfet assisté des maires du canton.

Dans les communes qui forment un ou plusieurs cantons, le sous-préfet est assisté du maire et de ses adjoints.

Le tableau est lu à haute voix. Les jeunes gens, leurs parents ou ayants cause sont entendus dans leurs observations. Le sous-préfet statue après avoir pris l'avis des maires. Le tableau rectifié, s'il y a lieu, et définitivement arrêté, est revêtu de leurs signatures.

Dans les cantons composés de plusieurs communes, l'ordre dans lequel elles seront appelées pour le tirage, est, chaque fois, indiqué par le sort (2).

Art. 14. Le sous-préfet inscrit, en tête de la liste de tirage, les noms des jeunes gens qui se trouveront dans les cas prévus par l'article 61 de la présente loi.

Les premiers numéros leur sont attribués de droit.

Ces numéros sont, en conséquence, extraits de l'urne avant l'opération du tirage (3).

Art. 15. Avant de commencer l'opération du tirage, le sous-préfet compte publiquement les numéros et les dépose dans l'urne, après s'être assuré que leur nombre est égal à celui des jeunes gens appelés à y concourir; il en fait la déclaration à haute voix.

Aussitôt, chacun des jeunes gens appelés dans l'ordre du tableau prend dans l'urne un numéro qui est immédiatement proclamé et inscrit. Les parents des absents, ou à leur défaut le maire de leur commune, tirent à leur place.

L'opération du tirage achevée est définitive.

Elle ne peut, sous aucun prétexte, être recommencée et chacun garde le numéro qu'il a tiré ou qu'on a tiré pour lui.

La liste par ordre de numéros est dressée à mesure que les numéros sont tirés de l'urne. Il y est fait mention des cas et des motifs d'exemption et de dispenses que les jeunes gens ou leurs parents, ou les maires des communes se proposent de faire valoir devant le Conseil de révision mentionné en l'article 28.

Le sous-préfet y ajoute ses observations.

La liste du tirage est ensuite lue, arrêtée et signée de la même manière que le tableau de recensement, et annexée avec ledit tableau au procès-verbal des opérations. Elle est publiée et affichée dans chaque commune du canton (4).

DEUXIÈME SECTION.

Des exemptions. — Des dispenses et des sursis d'appel.

Art. 16. Sont exemptés du service militaire, les jeunes gens que leurs infirmités rendent impropres à tout service actif ou *auxiliaire* dans l'armée.

Art. 17. Sont dispensés du service dans l'armée active :

1° L'aîné d'orphelin de père et de mère ;

---

(1) Art. 9. de la loi du 21 mars 1832.
(2) Art. 10 de la loi du 21 mars 1832.
(3) Art. 11 de la loi du 21 mars 1832.
(4) Art. 12 de la loi du 21 mars 1832.

2° Le fils unique ou l'aîné des fils, ou à défaut de fils ou de gendre, le petit-fils unique ou l'aîné des petits-fils d'une femme actuellement veuve, ou d'un père aveugle ou entré dans sa soixante-dixième année.

Dans les cas prévus par les deux paragraphes précédents, le frère puîné jouira de la dispense si le frère aîné est aveugle ou atteint de toute autre infirmité incurable qui le rende impotent ;

3° Le plus âgé des deux frères appelés à faire partie du même tirage, si le plus jeune est reconnu propre au service ;

4° Celui dont un frère sera dans l'armée active ;

5° Celui dont un frère sera mort en activité de service ou aura été réformé ou admis à la retraite pour blessures reçues dans un service commandé ou pour infirmités contractées dans les armées de terre et de mer.

La dispense accordée, conformément aux paragraphes 5 et 6 ci-dessus, ne sera appliquée qu'à un seul frère pour un même cas, mais elle se répétera dans la même famille autant de fois que les mêmes droits s'y reproduiront.

Le jeune homme omis, qui ne s'est pas présenté par lui et ses ayants cause au tirage de la classe à laquelle il appartient, ne peut réclamer le bénéfice des dispenses indiquées par le présent article, si les causes de ces dispenses ne sont survenues que postérieurement à la clôture des listes.

Les causes de ces dispenses doivent, pour produire leur effet, exister au jour où le conseil de révision est appelé à statuer.

Celles qui surviennent entre la décision du conseil de révision et le 1er juillet, point de départ de la durée du service de chaque classe, ne modifient pas la position légale des jeunes gens désignés pour en faire définitivement partie.

Néanmoins, l'appelé qui, postérieurement, soit à la décision du conseil de révision, soit au 1er juillet, devient l'aîné d'orphelins de père et de mère, le fils unique ou l'aîné des fils, ou, à défaut du fils ou du gendre, le petit-fils unique ou l'aîné des petits-fils d'une femme veuve ou d'un père aveugle, est, sur sa demande et pour le temps qu'il a encore à servir, mais après une année de présence sous les drapeaux, envoyé dans ses foyers en disponibilité (1).

Art. 18. Peuvent être ajournés deux années de suite à un nouvel examen, les jeunes gens qui, au moment de la réunion du conseil de révision, n'ont pas la taille d'un mètre cinquante-quatre centimètres, ou sont reconnus d'une complexion trop faible pour un service armé.

Les jeunes gens ajournés à un nouvel examen du conseil de révision sont tenus, à moins d'une autorisation spéciale, de se représenter au conseil de révision du canton devant lequel ils ont comparu.

Après l'examen définitif, ils sont classés, et ceux de ces jeunes gens reconnus propres soit au service armé, soit à un service auxiliaire, sont soumis, selon la catégorie, propres dans laquelle ils sont placés à toutes les obligations de la classe à laquelle ils appartiennent.

Art. 19. Sont, à titre conditionnel, dispensés du service militaire :

1° Les élèves de l'École polytechnique, de l'École dite des Jeunes de langues, de l'École des Chartes et de l'École forestière, à condition qu'ils passeront dix ans tant dans ladite école que dans les services publics ;

2° Les membres de l'Instruction publique et de l'École normale supérieure de Paris, dont l'engagement de se vouer, pendant dix ans, à la carrière de l'enseignement aura été accepté par le conseil de l'Université avant l'époque déterminée pour le tirage au sort ;

3° Les professeurs des institutions nationales des sourds-muets, aux mêmes conditions que les membres de l'instruction publique ;

4° Les membres et novices des associations religieuses vouées à l'enseignement et autorisées par la loi, ou reconnues comme établissement d'utilité publique qui auront pris le même engagement ;

---

(1) Voir l'art. 13 de la loi du 21 mars 1832, modifié par la loi du 1er février 1868.

5° Les jeunes gens qui, se trouvant dans les cas prévus par l'article 79 de la loi du 15 mars 1850, et par l'article 18 de la loi du 10 avril 1867, auront contracté le même engagement ;

6° Les élèves ecclésiastiques désignés à cet effet par les archevêques et par les évêques, et les jeunes gens autorisés à continuer leurs études pour se vouer au ministère dans les cultes salariés par l'État, sous la condition qu'ils seront assujettis au service militaire, s'ils cessent de suivre la carrière ou les études en vue desquelles ils auront été dispensés, ou si, à vingt-six ans, les premiers ne sont pas entrés dans les ordres majeurs, et les seconds n'ont pas reçu la consécration.

ART. 20. Les membres de l'instruction publique, les jeunes gens qui, sans appartenir aux associations religieuses mentionnées au § 4 de l'article précédent, se trouvent dans les cas prévus par l'article 79 de la loi du 15 mars 1850, ou par l'article 18 de la loi du 10 mars 1867, et qui ont contracté l'engagement de se vouer pendant dix ans à l'enseignement, sont tenus de passer une année, qui leur sera comptée en déduction des dix, soit sous les drapeaux, soit dans une école déterminée par le Ministre de la Guerre.

ART. 21. Les jeunes gens liés au service dans les armées de terre ou de mer, en vertu d'un engagement volontaire, d'un brevet ou d'une commission, et les jeunes marins portés sur les registres matricules de l'Inscription maritime, conformément aux règles prescrites par les articles 1, 2, 3, 4 et 5 de la loi du 3 brumaire an IV, ainsi que les jeunes gens désignés à l'article 19 ci-dessus, qui cessent d'être dans une des positions indiquées audit article avant d'avoir accompli les conditions qu'il leur impose, sont tenus :

1° D'en faire la déclaration au maire de la commune dans l'année où ils auront cessé leurs services, fonctions ou études, et de retirer expédition de leur déclaration ;

2° D'accomplir dans l'armée active le service prescrit par la présente loi, et de faire ensuite partie des réserves selon la classe à laquelle ils appartiennent.

Faute par eux de faire la déclaration ci-dessus et de la soumettre au visa du préfet du département, dans le délai d'un mois, ils seront passibles des peines portées par l'article 61 de la présente loi.

Ils sont rétablis dans la première classe soumise au service à partir du 1er juillet qui suit la cessation de leur service, fonctions ou études. Mais le temps écoulé depuis la cessation de leurs services, fonctions ou études, jusqu'au moment de la déclaration, ne compte pas dans les années de service exigées par la présente loi.

Toutefois, est déduit du nombre d'années pendant lesquelles tout Français fait partie de l'armée active, le temps déjà passé au service de l'État, par les marins inscrits et par les jeunes gens liés au service dans les armées de terre et de mer, en vertu d'un engagement volontaire ou d'une commission.

ART. 22. Peuvent être dispensés à titre provisoire, comme soutiens indispensables de famille, et s'ils en remplissent effectivement les devoirs, les jeunes gens désignés par les conseils municipaux de la commune où ils sont domiciliés.

La liste est présentée au conseil de révision par le maire.

Ces dispenses peuvent être accordées par département jusqu'à concurrence de quatre pour cent du nombre des jeunes gens reconnus propres au service et compris dans la première partie des listes du recrutement cantonal.

Tous les ans, le maire de chaque commune fait connaître au conseil de révision la situation des jeunes gens qui ont obtenu les dispenses à titre de soutiens de famille pendant les années précédentes.

ART. 23. En temps de paix, il peut être accordé des sursis d'appel aux jeunes gens qui, avant le tirage au sort, en auront fait la demande au conseil municipal de la commune où ils sont domiciliés.

A cet effet, ils doivent établir que, soit pour leur apprentissage, soit pour les besoins de l'exploitation agricole, industrielle ou commerciale, à laquelle ils se livrent pour leur compte et pour celui de leurs parents, il est indispensable qu'ils ne soient pas enlevés immédiatement à leurs travaux.

ART. 24. Ces demandes de sursis sont instruites dans chaque commune par le maire ; le conseil municipal donne son avis. Elles sont remises au conseil de révision et envoyées par duplicata au sous-préfet, qui les transmet au préfet, avec ses observations, et y joint tous les documents nécessaires.

Il peut être accordé, pour tout le département et par chaque classe, des sursis d'appel jusqu'à concurrence de quatre pour cent du nombre de jeunes gens reconnus propres au service militaire dans ladite classe et compris dans la première partie des listes du recrutement cantonal.

Art. 25. Le sursis d'appel n'est accordé que pour un an, mais il peut être renouvelé deux années de suite ; après quoi le jeune homme qui en a été l'objet est soumis aux obligations du service de la classe à laquelle il appartient, et de manière qu'il passe au moins un an dans l'armée active.

Art. 26. Les jeunes gens dispensés du service dans l'armée active, aux termes de l'article 17 de la présente loi, les jeunes gens dispensés à titre de soutiens de famille, ainsi que les jeunes gens auxquels il est accordé des sursis d'appel, sont astreints, par un règlement du Ministre de la Guerre, à certains exercices.

Quand les causes de dispenses et de sursis viennent à cesser, ils sont soumis à toutes les obligations de la classe à laquelle ils appartiennent.

Art. 27. Les jeunes gens dispensés du service de l'armée active aux termes de l'article 17 ci-dessus, les jeunes gens dispensés à titre de soutiens de famille, ainsi que ceux qui ont obtenu des sursis d'appel, sont appelés, en cas de guerre, comme les hommes de leur classe.

L'autorité militaire en dispose alors selon les besoins des différents services.

Elle peut, exceptionnellement, les maintenir dans la situation où ils avaient été laissés par décision antérieure.

TROISIÈME SECTION.

Des conseils de révision et des listes du recrutement cantonal.

Art. 28. Les opérations du recrutement sont revues, les réclamations auxquelles ces opérations peuvent donner lieu sont entendues, les causes d'exemption et de dispense prévues par les articles 16, 17 et 18 de la présente loi sont jugées en séance publique par un conseil de révision composé :

Du préfet, président, ou, à son défaut, du secrétaire général ou du conseiller de préfecture délégué par le préfet ;

D'un conseiller de préfecture désigné par le préfet ;

D'un membre du conseil général du département autre que le représentant élu dans le canton où la révision a eu lieu ;

D'un membre du conseil d'arrondissement également autre que le représentant élu dans le canton où la révision a lieu.

Tous deux désignés par la Commission permanente du Conseil général conformément à l'article 82 de la loi du 10 août 1871 ;

D'un officier général ou supérieur désigné par l'autorité militaire.

Un membre de l'intendance, le commandant du recrutement, un médecin militaire ou, à défaut, un médecin civil désigné par l'autorité militaire assistent aux opérations du conseil de révision. Le membre de l'intendance est entendu dans l'intérêt de la loi toutes les fois qu'il le demande, et peut faire consigner ses observations au registre des délibérations.

Le conseil de révision se transporte dans les divers cantons. Toutefois, suivant les localités, le préfet peut exceptionnellement réunir, dans le même lieu, plusieurs cantons pour les opérations du conseil.

Le sous-préfet ou le fonctionnaire par lequel il aura été suppléé pour les opérations du tirage, assiste aux séances que le conseil de révision tient dans son arrondissement.

Il a voix consultative.

Les maires des communes auxquelles appartiennent les jeunes gens appelés devant le conseil de révision assistent aux séances et peuvent être entendus.

ART. 29. Les jeunes gens portés sur les tableaux de recensement sont convoqués, examinés et entendus par le conseil de révision. Ils peuvent alors faire connaître l'arme dans laquelle ils désirent être placés.

S'ils ne se rendent pas à la convocation, ou s'ils ne se font pas représenter, ou s'ils n'obtiennent pas un délai, il est procédé comme s'ils étaient présents.

Dans le cas d'exemption pour infirmités, les gens de l'art sont consultés.

Les cas de dispenses sont jugés sur la production de documents authentiques, ou, à défaut de documents, sur les certificats signés de trois pères de famille domiciliés dans le même canton, dont les fils sont soumis à l'appel ou ont été appelés. Ces certificats doivent, en outre, être signés et approuvés par le maire de la commune du réclamant.

ART. 30. Lorsque les jeunes gens portés sur les tableaux de recensement ont fait des réclamations dont l'admission ou le rejet dépend de la décision à intervenir sur des questions judiciaires relatives à leur état ou à leurs droits civils, le conseil de révision ajourne sa décision, ou ne prend qu'une décision conditionnelle.

Les questions sont jugées contradictoirement avec le préfet, à la requête de la partie la plus diligente. Les tribunaux statuent sans délai, le ministère public entendu.

ART. 31. Hors les cas prévus par l'article précédent, les décisions du conseil de révision sont définitives. Elles peuvent néanmoins être attaquées devant le conseil d'Etat pour incompétence et excès de pouvoirs.

Elles peuvent aussi être attaquées pour violation de la loi, mais par le Ministre de la Guerre seulement, et dans l'intérêt de la loi. Toutefois, l'annulation profite aux parties lésées.

ART. 32. Après que le conseil de révision a statué sur les cas d'exemption et sur ceux de dispenses, ainsi que sur toutes les réclamations auxquelles les opérations peuvent donner lieu, la liste du recrutement cantonal est définitivement arrêtée et signée par le conseil de révision.

Cette liste, divisée en cinq parties, comprend :

1° Par ordre de numéro de tirage, tous les jeunes gens déclarés propres au service militaire et qui ne doivent pas être classés dans les catégories suivantes ;

2° Tous les jeunes gens dispensés en exécution de l'article 17 de la présente loi ;

3° Tous les jeunes gens conditionnellement dispensés en vertu de l'article 19, ainsi que les jeunes gens liés au service en vertu d'un engagement volontaire, d'un brevet ou d'une commission et les jeunes marins inscrits ;

4° Les jeunes gens qui, pour défaut de taille ou pour toute autre cause ont été dispensés du service dans l'armée active, mais ont été reconnus aptes à faire partie d'un des services auxiliaires de l'armée ;

5° Enfin les jeunes gens qui ont été ajournés à un nouvel examen du conseil de révision.

ART. 33. Quand les listes du recrutement de tous les cantons du département ont été arrêtées, conformément aux prescriptions de l'article précédent, le conseil de révision, auquel sont adjoints deux autres membres du conseil général également désignés par la commission permanente et réuni au chef-lieu du département, prononce sur les demandes de dispenses pour soutien de famille, sur les demandes de sursis d'appel, ainsi que sur les permutations autorisées par l'article 38 ci-après.

QUATRIÈME SECTION.

Du registre matricule.

Art. 34. Il est tenu par département, ou par circonscriptions déterminées dans chaque département, en vertu d'un règlement d'administration publique, un registre matricule, dressé au moyen des listes mentionnées en l'article 32 ci-dessus, et sur lequel sont portés tous les jeunes gens qui n'ont pas été déclarés impropres à tout service militaire, ou qui n'ont pas été ajournés à un nouvel examen du conseil de révision.

Ce registre mentionne l'incorporation de chaque homme inscrit, ou la position dans laquelle il est laissé, et successivement tous les changements qui peuvent survenir dans sa situation, jusqu'à ce qu'il passe dans l'armée territoriale.

Art. 35. Tout homme inscrit sur le registre matricule, qui change de domicile, est tenu d'en faire la déclaration à la mairie de la commune qu'il quitte et à la mairie du lieu où il vient s'établir.

Le maire de chacune des communes transmet, dans les huit jours, copie de ladite déclaration, au bureau du registre matricule de la circonscription dans laquelle se trouve la commune.

Art. 36. Tout homme, inscrit sur le registre matricule, qui entend se fixer en pays étranger, est tenu, dans sa déclaration à la mairie de la commune où il réside, de faire connaître le lieu où il va établir son domicile, et, dès qu'il y est arrivé, d'en prévenir l'agent consulaire de France. Le maire de la commune transmet, dans les huit jours, copie de ladite déclaration, au bureau du registre matricule de la circonscription dans laquelle se trouve sa commune.

L'agent consulaire, dans les huit jours de la déclaration, en envoie copie au Ministre de la Guerre.

TITRE III.

Du service militaire.

Art. 37. Tout Français qui n'est pas déclaré impropre à tout service militaire fait partie :

De l'armée active pendant cinq ans;

De la réserve de l'armée active pendant quatre ans;

De l'armée territoriale pendant cinq ans;

De la réserve de l'armée territoriale pendant six ans.

1° L'armée active est composée, indépendamment des hommes qui ne se recrutent pas par les appels, de tous les jeunes gens déclarés propres à un des services de l'armée et compris dans les cinq dernières classes appelées;

2° La réserve de l'armée active est composée de tous les hommes également déclarés propres à un des services de l'armée et compris dans les quatre classes appelées immédiatement avant celles qui forment l'armée active;

3° L'armée territoriale est composée de tous les hommes qui ont accompli le temps de service prescrit pour l'armée active et la réserve;

4° La réserve de l'armée territoriale est composée des hommes qui ont accompli le temps de service pour cette armée.

L'armée territoriale et la deuxième réserve sont formées par régions déterminées par un règlement d'administration publique; elles comprennent pour chaque région les hommes ci-dessus désignés aux §§ 3 et 4, et qui sont domiciliés dans la région.

Art. 38. L'armée de mer et les corps organisés de la marine sont composés, indépendamment des hommes fournis par l'inscription maritime :

1° Des hommes engagés volontairement et rengagés dans les conditions déterminées par un règlement d'administration publique;

2° Des jeunes gens qui, au moment de la révision, auront demandé à entrer dans ladite armée, ou dans un des corps organisés, et auront été reconnus propres à ce service;

3° Enfin, et à défaut d'un nombre suffisant d'hommes compris dans les catégories précédentes, du contingent du recrutement affecté par décision du Ministre de la Guerre à l'armée de mer et aux corps organisés de la marine.

Ce contingent est formé dans chaque canton des jeunes gens appelés par ordre de numéro sur la première partie de la liste du recrutement cantonal, et dans la proportion déterminée par cette décision.

La permutation avant l'incorporation est autorisée entre ces jeunes gens, et ceux de la même classe destinés à l'armée de terre.

Pour les hommes qui ne proviennent pas de l'inscription maritime, le temps de service actif est de cinq ans, et de deux ans dans la réserve.

Ces hommes passent ensuite dans l'armée territoriale.

Art. 39. La durée du service compte du 1er juillet de l'année du tirage au sort.

Chaque année, au 30 juin, en temps de paix, les militaires qui ont achevé le temps de service prescrit dans l'armée active, ceux qui ont accompli le temps de service prescrit dans la réserve de l'armée active, ceux qui ont terminé le temps de service prescrit pour l'armée territoriale, enfin ceux qui ont terminé le temps de service pour la réserve de cette armée, reçoivent un certificat constatant :

Pour les premiers, leur envoi dans la première réserve;

Pour les seconds, leur envoi dans l'armée territoriale;

Pour les troisièmes, leur envoi dans la deuxième réserve.

Et, à l'expiration du temps de service dans cette réserve, les hommes reçoivent un congé définitif.

En temps de guerre, ils reçoivent ces certificats immédiatement après l'arrivée au corps des hommes de la classe destinée à remplacer celle à laquelle ils appartiennent.

Art. 40. Tous les jeunes gens de la classe appelée, qui ne sont pas exemptés pour cause d'infirmités, ou ne sont pas dispensés en application des dispositions de la présente loi, ou n'ont pas obtenu de sursis d'appel, ou ne sont pas affectés à l'armée de mer, font partie de l'armée active et sont mis à la disposition du Ministre de la Guerre.

Ces jeunes soldats sont tous immatriculés dans les divers corps de l'armée et envoyés, soit dans lesdits corps, soit dans des bataillons et écoles d'instruction.

Art. 41. Après une année de service des jeunes soldats dans les conditions indiquées en l'article précédent, ne sont plus maintenus sous les drapeaux que les hommes dont le chiffre est fixé chaque année par le Ministre de la Guerre.

Ils sont pris par ordre de numéro sur la première partie de la liste du recrutement de chaque canton et dans la proportion déterminée par la décision du ministre ; cette décision est rendue aussitôt après que toutes les opérations du recrutement sont terminées.

Art. 42. Nonobstant les dispositions de l'article précédent, le militaire compris dans la catégorie de ceux ne devant pas rester sous les drapeaux, mais qui, après l'année de service mentionnée audit article, ne sait pas lire et écrire, et ne satisfait pas aux examens déterminés par le Ministre de la Guerre, peut être maintenu au corps pendant une seconde année.

Le militaire placé dans la même catégorie qui, par l'instruction acquise antérieurement à son entrée au service, et par celle reçue sous les drapeaux, remplit toutes les conditions exigées, peut après six mois, à des époques fixées par le Ministre de la Guerre, et avant l'expiration de l'année, être envoyé en disponibilité, dans ses foyers, conformément à l'article suivant.

Art. 43. Les jeunes gens qui, après le temps de service prescrit par les articles 41 et 42, ne sont pas maintenus sous les drapeaux, restent en disponibilité de l'armée active, dans leurs foyers et à la disposition du Ministre de la Guerre.

Ils sont, par un règlement du ministre, soumis à des revues et à des exercices.

Art. 44. Les hommes envoyés dans la réserve de l'armée active restent immatriculés d'après le mode prescrit par la loi d'organisation.

Le rappel de la réserve de l'armée active peut être fait d'une manière distincte et indépendante pour l'armée de terre et pour l'armée de mer, il peut également être fait par classe, en commençant par la moins ancienne.

Les hommes de la réserve de l'armée active sont assujettis, pendant le temps de service de ladite réserve, à prendre part à deux manœuvres.

La durée de ces manœuvres ne peut dépasser quatre semaines.

Art. 45. Les hommes en disponibilité de l'armée active, et les hommes de la réserve, peuvent se marier sans autorisation.

Les hommes mariés restent soumis aux obligations de service imposées aux classes auxquelles ils appartiennent.

Toutefois les hommes en disponibilité ou en réserve qui sont pères de quatre enfants vivants passent de droit dans l'armée territoriale.

Art. 46. Des lois spéciales détermineront les bases de l'organisation de l'armée active et de l'armée territoriale, ainsi que des réserves.

TITRE IV.

Des engagements. — Des rengagements et des engagements conditionnels d'un an.

PREMIÈRE SECTION.

Des engagements.

Art. 47. Tout Français peut être autorisé à contracter un engagement volontaire, aux conditions suivantes :

L'engagé volontaire doit :

1° S'il entre dans l'armée de mer, avoir seize ans accomplis, sans être tenu d'avoir la taille prescrite par la loi, mais sous la condition qu'à l'âge de dix-huit ans il ne pourra être reçu s'il n'a pas cette taille ;

2° S'il entre dans l'armée de terre, avoir dix-huit ans accomplis et au moins la taille de 1 mètre 54 centimètres ;

3° Savoir lire et écrire ;

4° Jouir de ses droits civils ;

5° N'être ni marié, ni veuf avec enfants ;

6° Être porteur d'un certificat de bonne vie et mœurs délivré par le maire de la commune de son dernier domicile ; et s'il ne compte pas au moins une année de séjour dans cette commune, il doit également produire un autre certificat du maire des communes où il a été domicilié dans le cours de cette année.

Le certificat doit contenir le signalement du jeune homme qui veut s'engager, mentionner la durée du temps pendant lequel il a été domicilié dans la commune et attester :

Qu'il jouit de ses droits civils ;

Qu'il n'a jamais été condamné à une peine correctionnelle pour vol, escroquerie, abus de confiance ou attentats aux mœurs ;

Si l'engagé a moins de vingt ans, il doit justifier du consentement de ses père, mère ou tuteur.

Ce dernier doit être autorisé par une délibération du conseil de famille.

Les conditions relatives, soit à l'aptitude militaire, soit à l'admissibilité dans les différents corps de l'armée, sont déterminées par un décret inséré au *Bulletin des lois*.

ART. 48. La durée de l'engagement volontaire est de cinq ans.

Les années de l'engagement volontaire comptent dans la durée du service militaire fixée par l'article 37 ci-dessus.

En cas de guerre, tout Français qui a accompli le temps de service prescrit pour l'armée active et la réserve de ladite armée, est admis à contracter dans l'armée active un engagement pour la durée de la guerre.

Cet engagement ne donne pas lieu aux dispenses prévues par les paragraphes 4 et 5 de l'article 17 de la présente loi.

ART. 49. Les hommes qui, après avoir satisfait aux conditions des articles 41 et 42 de la présente loi, vont être renvoyés en disponibilité, peuvent être admis à rester dans ladite armée de manière à compléter cinq années de service.

Les hommes renvoyés en disponibilité peuvent être autorisés à compléter cinq années de service sous les drapeaux.

ART. 50. Les engagés volontaires, les hommes admis à rester dans l'armée active, ainsi que ceux qui, en disponibilité, ont été autorisés à compléter cinq années de service dans ladite armée, ne peuvent être envoyés en congé sans leur consentement.

ART. 51. Les engagements volontaires sont contractés dans les formes prescrites par les articles 34, 35, 36, 37, 38, 39, 40, 42 et 44 du Code civil, devant les maires des chefs-lieux de canton.

Les conditions relatives à la durée des engagements sont insérées dans l'acte même.

Les autres conditions sont lues aux contractants avant la signature, et mention en est faite à la fin de l'acte, le tout sous peine de nullité.

DEUXIÈME SECTION.

Des rengagements.

ART. 52. Des rengagements peuvent être reçus pour un an au moins et deux ans au plus.

Ces rengagements ne peuvent être reçus que pendant le cours de la dernière année de service sous les drapeaux.

Ils sont renouvelables jusqu'à l'âge de 29 ans accomplis pour les caporaux et soldats, et jusqu'à l'âge de 32 ans accomplis pour les sous-officiers.

Les autres conditions sont déterminées par un règlement inséré au *Bulletin des lois*.

Les rengagements, après cinq ans de service sous les drapeaux, donnent droit à une haute paye.

Art. 53. Les engagements prévus à l'article 49 de la présente loi et les rengagements sont contractés devant les intendants ou sous-intendants militaires dans la forme prescrite dans l'article 51 ci-dessus, sur la preuve que le contractant peut rester ou être admis dans le corps pour lequel il se présente.

TROISIÈME SECTION.

Des engagements conditionnels d'un an.

Art. 54. Les jeunes gens qui ont obtenu des diplômes de bacheliers ès-lettres, de bacheliers ès-sciences, et qui ont commencé leurs études dans les facultés de l'Université et y ont pris des inscriptions ;

Ceux qui font partie de l'École centrale de l'industrie et du commerce, des écoles des arts et métiers, des écoles des beaux-arts, du Conservatoire de musique, ou ont été déclarés admissibles auxdites écoles, les élèves des écoles vétérinaires et des écoles d'agriculture, sont admis avant le tirage au sort, lorsqu'ils présentent les certificats d'études émanés des autorités désignées par un règlement inséré au *Bulletin des lois*, et après un examen déterminé par le Ministre de la Guerre, à contracter des engagements conditionnels d'un an, selon le mode déterminé par ledit règlement.

Art. 55. Indépendamment des jeunes gens indiqués en l'article précédent, peuvent être admis, avant le tirage au sort, à contracter un semblable engagement, ceux qui satisfont à tous les examens exigés par un programme publié par le Ministre de la Guerre.

Le nombre de ces admissions est fixé, chaque année, par le ministre.

Art. 56. L'engagé volontaire d'un an est habillé, monté, équipé et entretenu à ses frais.

Il est soumis à toutes les obligations de service imposées aux hommes sous les drapeaux.

Il est astreint aux examens prescrits par le Ministre de la Guerre.

Si, après un an de service, l'engagé conditionnel ne satisfait pas à ces examens, il est obligé de rester une seconde année au service aux conditions déterminées par ledit règlement.

Dans tous les cas, en temps de guerre, il est maintenu au service.

Le temps passé dans l'engagement volontaire compte dans la durée du service militaire exigé par l'article 37 de la présente loi.

Art. 57. Dans l'année qui précède l'appel de leur classe, les jeunes gens mentionnés dans l'article 54 qui n'auraient pas terminé les études de la Faculté ou des écoles auxquelles ils appartiennent, mais qui voudraient les achever dans un laps de temps déterminé, peuvent, tout en contractant l'engagement d'un an, obtenir de l'autorité militaire un sursis avant de se rendre aux corps pour lesquels ils se sont engagés. Le sursis ne peut leur être accordé que jusqu'à l'âge de 23 ans accomplis.

Art. 58. En temps de guerre, les engagements d'un an sont suspendus.

Art. 59. Après que les engagés volontaires d'un an ont satisfait à tous les examens exigés par l'article 56, ils peuvent obtenir des brevets de sous-officier ou des commissions au moins équivalentes.

Les lois spéciales prévues par l'article 46 déterminent l'emploi de ces jeunes gens, soit dans la disponibilité, soit dans la réserve de l'armée active, soit dans l'armée territoriale, ou dans les différents services auxquels leurs études les ont plus spécialement destinés.

TITRE V.

Dispositions pénales.

Art. 60. Tout homme inscrit sur le registre matricule, qui n'a pas fait les déclarations de changement de domicile prescrites par les articles 35 et 36 de la présente loi, est déféré aux tribunaux ordinaires, et puni d'une amende de 10 fr. à 200 fr.; il peut, en outre, être condamné à un emprisonnement de quinze jours à trois mois.

En temps de guerre, la peine est double.

Art. 61. Toutes fraudes ou manœuvres, par suite desquelles un jeune homme a été omis sur les tableaux de recensement ou sur les listes du tirage, sont déférées aux tribunaux ordinaires et punies d'un emprisonnement d'un mois à un an.

Sont déférés aux mêmes tribunaux et punis de la même peine :

1° Les jeunes gens appelés qui, par suite d'un concert frauduleux, se sont abstenus de comparaître devant le conseil de révision ;

2° Les jeunes gens qui, à l'aide de fraudes ou manœuvres, se sont fait exempter par un conseil de révision, sans préjudice des peines plus graves en cas de faux.

Les auteurs ou complices seront punis des mêmes peines.

Si le jeune homme omis a été condamné comme auteur ou complice de fraudes ou manœuvres, les dispositions de l'article 14 lui seront appliquées lors du premier tirage qui aura lieu après l'expiration de sa peine.

Le jeune homme indûment exempté sera rétabli avec le premier numéro sur la liste cantonale.

Art. 62. Tout homme inscrit sur le registre matricule au domicile duquel un ordre de route a été régulièrement notifié, et qui n'est pas arrivé à sa destination au jour fixé par cet ordre, est, après un mois de délai, et hors le cas de force majeure, puni, comme insoumis, d'un emprisonnement d'un mois à un an en temps de paix et de *deux à cinq ans en temps de guerre.*

A l'expiration de sa peine, il est envoyé dans une compagnie de discipline.

En temps de guerre, les noms des insoumis sont affichés dans toutes les communes du canton de leur domicile, ils restent affichés pendant toute la durée de la guerre.

Ces dispositions sont applicables à tout engagé volontaire qui, sans motifs légitimes, n'est pas arrivé à sa destination dans le délai fixé par sa feuille de route.

En cas d'absence du domicile, et lorsque le lieu de la résidence est inconnu, l'ordre de route est notifié au maire de la commune dans laquelle l'appelé a concouru au tirage.

A l'égard des appelés, le délai d'un mois sera porté :

1° A deux mois, s'ils demeurent en Algérie, dans les îles voisines des contrées limitrophes de la France ou en Europe ;

2° A six mois s'ils demeurent dans tout autre pays.

L'insoumis est jugé par le conseil de guerre de la division militaire dans laquelle il est arrêté.

Le temps pendant lequel l'engagé volontaire, ou l'homme inscrit sur le registre matricule aura été insoumis ne compte pas dans les années de service exigées.

Art. 63. Quiconque est reconnu coupable d'avoir recélé, ou d'avoir pris à son service un insoumis, est puni d'un emprisonnement qui ne peut excéder six mois. Selon les circonstances, la peine peut être réduite à une amende de vingt à deux cents francs.

Quiconque est convaincu d'avoir favorisé l'évasion d'un insoumis, est puni d'un emprisonnement d'un mois à un an.

La même peine est prononcée contre ceux qui, par des manœuvres coupables, ont empêché ou retardé le départ des jeunes soldats.

Si le délit a été commis à l'aide d'un attroupement, la peine sera double.

Si le délinquant est fonctionnaire public, employé du gouvernement ou ministre d'un culte salarié par l'État, la peine peut être portée jusqu'à deux années d'emprisonnement, et il est, en outre, condamné à une amende qui ne pourra excéder deux mille francs.

Art. 64. Tout homme qui est prévenu de s'être rendu impropre au service militaire, soit temporairement, soit d'une manière permanente, dans le but de se soustraire aux obligations imposées par la présente loi, est déféré aux tribunaux par les conseils de révision, et, s'il est reconnu coupable, il est puni d'un emprisonnement d'un mois à un an.

Sont également déférés aux tribunaux, et punis de la même peine, les jeunes gens qui, dans l'intervalle de la clôture de la liste cantonale à leur mise en activité, se sont rendus coupables du même délit.

A l'expiration de leur peine, les uns et les autres sont mis à la disposition du Ministre de la Guerre, pour tout le temps du service militaire qu'ils doivent à l'État et peuvent être envoyés dans une compagnie de discipline.

La peine portée au présent article est prononcée contre les complices, indépendamment d'une amende de deux cents francs à mille francs, qui peut aussi être prononcée, et sans préjudice de peines plus graves dans les cas prévus par le Code pénal. Si les complices sont des médecins, chirurgiens, officiers de santé ou pharmaciens, la durée de l'emprisonnement sera de deux mois à deux ans.

Art. 65. Ne compte pas pour les années de service exigées par la présente loi, le temps pendant lequel un militaire a subi la peine de l'emprisonnement en vertu d'un jugement.

Art. 66. Tout fonctionnaire ou officier public, civil ou militaire, qui, sous quelque prétexte que ce soit, aura autorisé ou admis des exemptions, dispenses ou exclusions autres que celles déterminées par la présente loi, ou qui aura donné arbitrairement une extension quelconque, soit à la durée, soit aux règles et conditions des appels, des engagements ou des rengagements, sera coupable d'abus d'autorité, et puni des peines portées dans l'article 185 du Code pénal, sans préjudice des peines plus graves prononcées par ce Code dans les autres cas qu'il a prévus.

Art. 67. Les médecins, chirurgiens ou officiers de santé qui, appelés au conseil de révision à l'effet de donner leur avis conformément aux articles 16, 18, 29, ont reçu des dons ou agréé des promesses pour être favorables aux jeunes gens qu'ils doivent examiner, sont punis d'un emprisonnement de deux mois à deux ans.

Cette peine leur est appliquée, soit qu'au moment des dons ou promesses ils aient déjà été désignés pour assister au conseil, soit que les dons ou promesses aient été agréés dans la prévoyance des fonctions qu'ils auraient à y remplir.

Il leur est défendu, sous la même peine, de rien recevoir, même pour une exemption de réforme justement prononcée.

Art. 68. Dans tous les cas non prévus par les dispositions précédentes, les tribunaux civils et militaires, dans les limites de leur compétence, appliqueront les lois pénales ordinaires aux délits auxquels pourra donner lieu l'exécution du mode de recrutement déterminé par la présente loi.

Dans tous les cas où la peine d'emprisonnement est prononcée par la présente loi, les juges peuvent, suivant les circonstances, user de la faculté exprimée par l'article 463 du Code pénal.

Dispositions particulières.

Art. 69. Les jeunes gens appelés à faire partie de l'armée, en exécution de la présente loi, outre l'instruction nécessaire à leur service, *reçoivent dans leurs corps et suivant leurs grades, l'instruction prescrite par un règlement du Ministre de la Guerre.*

Art. 70. Tout homme ayant passé sous les drapeaux douze ans, dont quatre au moins avec le grade de sous-officier reçoit, des chefs de corps, un certificat qui lui donne droit d'obtenir, au fur et à mesure des vacances, un emploi civil ou militaire en rapport avec ses aptitudes ou son instruction.

Une loi spéciale désignera dans chaque service public la catégorie des emplois qui seront réservés en totalité, ou dans une proportion déterminée, aux candidats munis du certificat ci-dessus.

Art. 71. Nul n'est admis, avant l'âge de *trente ans* accomplis, à un emploi civil ou militaire, s'il ne justifie avoir satisfait aux obligations imposées par la présente loi.

Dispositions transitoires.

Art. 72. Les dispositions de la présente loi ne seront appliquées pour l'armée active qu'à partir du 1ᵉʳ janvier 1873.

Toutefois, la totalité de la classe appelée en 1872 sera mise à la disposition du Ministre de la Guerre, et les jeunes gens qui ne feront pas partie du contingent fixé par le ministre, seront placés dans la réserve de l'armée active, au lieu de l'être dans la garde nationale mobile conformément à la loi du 1ᵉʳ février 1868.

Les jeunes gens qui font aujourd'hui partie de la garde nationale mobile seront également placés dans la réserve de l'armée active.

Enfin, y seront maintenus les militaires de la réserve établie conformément à l'article 30 de la loi du 21 mars 1832, modifié par la loi du 1ᵉʳ février 1868.

Les uns et les autres y resteront jusqu'à l'âge de 29 ans accomplis.

Ils seront ensuite placés dans l'armée territoriale, conformément aux dispositions de l'art. 37 de la présente loi.

Art. 73. Les hommes des classes appelées en vertu de la loi du 21 mars 1832, qu'ils aient été ou non compris dans les contingents fournis par lesdites classes, seront, s'ils n'ont pas été placés dans la garde nationale mobile en exécution de la loi du 1ᵉʳ février 1868, inscrits sur les contrôles de la réserve de l'armée active, jusqu'à l'âge de 29 ans accomplis, et ensuite dans l'armée territoriale, conformément aux dispositions de l'art. 37 de la présente loi.

Art. 74. Les jeunes gens qui, au lieu d'être placés ou maintenus dans la garde nationale mobile, feront partie de la réserve, conformément aux dispositions précédentes, seront soumis à des exercices et revues, déterminés par un règlement du Ministre de la Guerre.

Art. 75. L'obligation de savoir lire et écrire pour contracter un engagement volontaire, ou pour être envoyé en disponibilité après une année de service, ne sera imposée qu'à partir du 1ᵉʳ janvier 1875.

Art. 76. Toutes les dispositions des lois et décrets antérieurs à la **présente** loi, relatifs au recrutement de l'armée, sont et demeurent abrogés.

Tableau B (nouvelle organisation).

DÉVELOPPEMENT DES EFFECTIFS DU PIED DE PAIX ET DU PIED DE GUERRE.

www.ingramcontent.com/pod-product-compliance
Lightning Source LLC
Chambersburg PA
CBHW071421150426
43191CB00008B/994